U0032788

漢武帝

王立群讀《史記》

王立群◎著

目　次

武帝朝堂

武帝平叛

武帝弄臣

武帝家事

武帝功過

漢高祖至漢武帝主要世系簡表

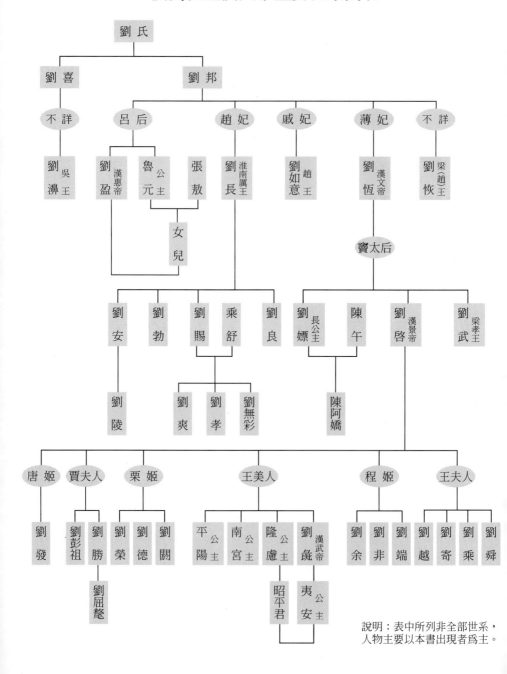

說明：表中所列非全部世系，
人物主要以本書出現者爲主。

漢武帝后妃國戚簡表

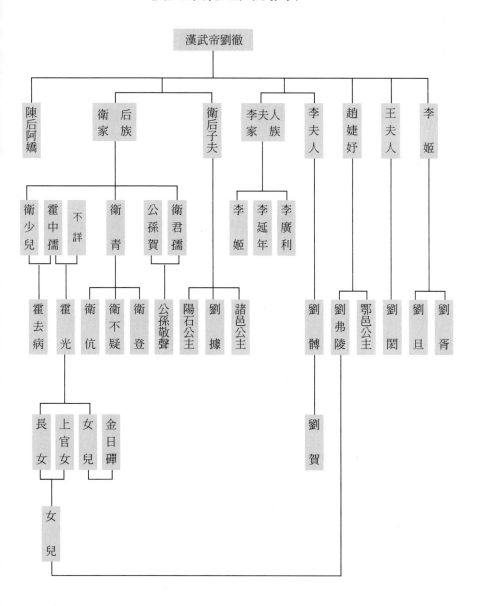

說明：表中所列非全部世系，
人物主要以本書出現者爲主。

漢景帝漢武帝朝百官公卿簡表

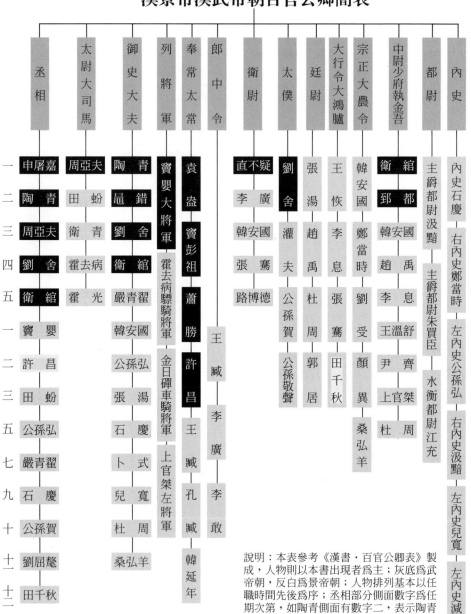

說明：本表參考《漢書・百官公卿表》製成，人物則以本書出現者為主；灰底為武帝朝，反白為景帝朝；人物排列基本以任職時間先後為序；丞相部分側面數字為任期次第，如陶青側面有數字二，表示陶青為景帝朝第二任丞相。

表中所列非全部世系，人物主要以本書出現者為主。

【司馬遷與《史記》】

1.史家絕唱：

司馬遷著就　千古佳作

　　兩千多年前，一位文人遭受了莫大的屈辱，卻「不墮凌雲之志」，以血作墨，心靈爲紙，完成了堪稱「史家之絕唱，無韻之離騷」的歷史巨作。這就是司馬遷和他的《史記》。

　　不過，「史家之絕唱」是贊《史記》「空前絕後」，還是指司馬遷「絕筆之作」？「無韻之離騷」是稱《史記》文采斐然，還是說司馬遷滿腹牢騷？一位普通史官與一部曠世之作，是什麼將他們融成一體？誰啓動了《史記》的千古盛大？又是誰改變了司馬遷的一生？

　　《史記》記載了上起黃帝下至漢武帝約兩千多年的歷史，開創了中國史傳文學的先河。在《史記》之前，中國的歷史書只有兩類，一類是編年體，按年代來記述歷史，其中最有名的，像《春秋》、《左傳》；另一類是國別體，按國家來記載歷史，比如《國語》、《戰國策》。所謂紀傳體就是以人物爲中心來記述歷史，《史記》是中國第一部紀傳體通史。從《史記》以後，中國所有的正史，也就是我們所說的「二十四史」都是紀傳體。《史記》是紀傳體通史，而其他諸史都是紀傳體斷代史，就是一個朝代一個朝代、各自獨立的歷史。

無與倫比的通史巨著

　　《史記》爲二十四史之首，它與其他各史相比明顯高出一籌。重要差別有三點：

第一，《史記》飽含愛憎。

　　實錄難，飽含愛憎的實錄更難。本來，一個史學家面對歷史，只需客觀公正地記述，不要求抒發感情；但是《史記》往往飽含作者強烈的愛憎之情，特別對一些悲劇人物，像〈項羽本紀〉中的項羽，〈李將軍列傳〉中的李廣，司馬遷都寫得悲歌慷慨，盪氣迴腸；而對他憎惡的人物，像〈平津侯主父列傳〉裡的公孫弘，則不惜筆墨，從不同的側面給予揭露抨擊。

　　值得一提的是，司馬遷在《史記》中批判最尖銳的兩個人：一個是大漢王朝的開國皇帝劉邦，一個是和他同時代的君主漢武帝。司馬遷寫劉邦廣招賢才，最終成就大業；更寫他心胸狹隘，殺戮功臣，語言粗俗等諸多不良行爲。對漢武帝的揭露，更是毫不留情。批判開國皇帝，指斥當朝君王；如此書寫，往還千年，也鮮有聽聞。

第二，《史記》文采斐然。

　　《史記》片段之一〈鴻門宴〉，被選爲中國高中語文課本的傳統教材長達半個多世紀，大家津津樂道的就是它的文學魅力。文章一開始，寫項羽「大怒」，表現了項羽在秦亡之後，看不清自己和劉邦的關係已由並肩作戰的友軍，轉爲互爭天下的敵人，政治上的幼稚令人扼腕。全篇纖毫畢現、栩栩如生，儼然一部小說，竟令很多人懷疑它的歷史眞實性。其實，「鴻門宴」在歷史上確有其事。縱觀《史記》洋洋灑灑五十三萬言，此類描述，比比皆是。對於人物的刻畫、場景的描寫、事件的記述，司馬遷都顯示出高超、多樣的文學技藝。

第三，《史記》平民視角。

　　「刑不上大夫，禮不下庶民。」平頭百姓不入史，這是《史

記》之前的一定之規。但是，到了司馬遷這裡，「雞鳴狗盜」之徒也有了一席之地。〈刺客列傳〉、〈游俠列傳〉、〈滑稽列傳〉、〈貨殖列傳〉寫的都是社會底層的人物，或忠義，或智慧，五彩斑斕，妙趣橫生，以至於有學者認為這些篇目就是中國通俗文學的鼻祖。

司馬遷非常善於尋找一般史家忽略了的、而普通平民喜聞樂見的傳主。正是《史記》的不拘一格，填補了我國古代人物史上的許多空白。隨手舉兩個例子。《論語》記載孔子的言行，司馬遷在《史記》裡專門寫了一個〈孔子世家〉，第一次完整地勾畫了孔子的一生，這是迄今為止有關孔子第一篇、也是最權威的一篇人物傳記。中國人歷來講究「知人論世」，所以，今天要讀《論語》，首先要讀〈孔子世家〉，了解孔子的生平，才能正確地解讀《論語》。再比如屈原，他是中國歷史上第一個偉大的詩人，但是，在《史記》之前，先秦的所有典籍中，都沒有屈原的記載，有些人竟以此否認屈原的存在。幸而有《史記》的〈屈原賈生列傳〉，才印證了中國歷史確有一個忠直愛國、九死不悔的屈原。

化奇恥大辱為傳世經典

當然，司馬遷也自視甚高，自稱寫作的目的是「究天人之際，通古今之變，成一家之言」。是什麼給了平凡文弱的司馬遷如此強大的自信心，完成這樣一部著作？是命運的眷顧，還是另有原因？

司馬遷出生於一個普通史官家庭，父親司馬談曾有志於撰寫一部通史。司馬遷繼承父志，為寫作《史記》做過充分準備：行萬里路，師從名家，大量閱讀宮廷藏書。不過，這些經歷，在中國封建社會為數眾多的史官之中並無特別之處。

　　一次突發事件改變了司馬遷的一生，讓他真正懂得了何為「死而後生」，並從此完成了由一位普通史官到偉大史家的根本性轉變。

　　天漢二年（前99），漢武帝派李廣利率兵三萬出征匈奴，同時命李陵為李廣利的軍隊擔任後勤保障（將輜重）。但李陵提出，願意率領五千步兵單獨出征，以分匈奴之兵。

　　李陵之所以要求單獨出兵，原因有兩點：

　　一是，出身、才能的對比。李陵是漢代名將李廣之孫，此前已屢建戰功，深得武帝信賴；而李廣利不過是武帝寵幸的嬪妃——李夫人——的哥哥，靠著外戚身分才當上領兵統帥。

　　《西遊記》中「你挑擔，我牽馬」之類的「輜重」活都是沙僧、豬八戒的事，開路先鋒只有孫悟空能夠擔當。現在，漢武帝分配李陵為一個庸才將軍李廣利搞後勤，無異於孫悟空給豬八戒打雜。李陵自然一百個不願意，所謂分匈奴之兵不過是藉口而已，他希望獨當一面。

　　二是，李陵本人的自信。李陵雖然兵力只有五千，但是，這五千步兵都是精心挑選出來的荊楚勇士，健壯剽悍、驍勇善戰，因而李陵十分有信心。

　　漢武帝看到李陵不願為李廣利做後勤保障，就對李陵交代：我可沒有那麼多騎兵派給你！言外之意，你只能帶你那五千步兵出征。

　　李陵毫不猶豫：我就帶下屬五千步兵出征！

　　漢武帝並不放心，下令讓路博德率兵接應李陵。但是，路博德也不願意。於是，他向漢武帝報告說：現在是秋天，正是匈奴的兵馬最強壯的時候，不適合與匈奴作戰，如果陛下明年春天再出征，我願意和李陵各帶五千人，合擊匈奴！——又一個要單獨出征的人！

漢武帝看到奏章，沒有想到路博德不願意爲李陵做後衛，反而懷疑李陵說了大話之後反悔了，才指使路博德寫這份報告。於是武帝龍顏大怒，逼著李陵立即出兵。在這樣的背景之下，李陵踏上征程。

李陵出兵之初，非常順利，沒有遇到匈奴的主力，一路勢如破竹；還派人回到朝中，畫出戰地圖，向武帝匯報勝況。

但是，後來的形勢急轉直下，李陵的五千騎兵與匈奴單于的三萬騎兵正面遭遇。

面對三萬強敵，李陵毫不膽怯，沉著應戰，殺敵甚眾。

匈奴萬萬沒有想到，對方區區數千步兵竟這麼能打！大單于立即召左右賢王的八萬精兵圍攻李陵。面對十幾倍於自己的強敵，李陵自知寡不敵眾，於是，且戰且退，向漢朝邊境靠攏。

這時，匈奴經過與李陵的反覆較量，已經難以支撐，也準備撤兵。

關鍵時刻，意外發生。李陵的一個部下，因爲被上司羞辱，隻身逃往匈奴，向大單于透露了絕密軍情：

李陵之軍並沒有後援，就算匈奴一時攻他不下，拚體力、熬時間，李陵也撐不了多久。

李陵步兵的箭也快用完。而李陵一部之所以以一當十，就靠一種可以連發的弓箭——弩機，它是普通弓箭的升級版本。弩機的箭將用盡，如同猛虎失去利爪，大勢盡去。

單于聞之，大喜過望，立即組織總攻。此時，李陵的軍隊處在山谷之中，匈奴的軍隊從兩邊的山上向下投大石塊，李陵所剩三千士兵死傷慘重，已無法繼續向邊境撤退。最終，李陵投降，僅四百多人逃歸。

滿朝文武聽說李陵投降，震驚無比。你李陵不是別人，是名將李廣的孫子，是大漢的象徵！戰敗就應「殺身成仁」！

　　此時，臉上已經掛不住的漢武帝強忍羞憤，詢問身邊的史官司馬遷，該如何看待這件事。司馬遷算不得大官，一個太史令，吏祿只有六百石，卻直言以諫：

　　首先，李陵是一位國士（只有一國之中最優秀的人才可以稱之為國士）！他一心想的就是報效國家。

　　另外，李陵率領五千步兵深入匈奴腹地，與數萬匈奴軍隊奮戰多日。雖然戰敗了，但是，他立下的戰功足以告慰天下。

　　再有，李陵這次迫於形勢「詐降」，他是留得一命，日後見機報答漢朝。

　　司馬遷還未說完，逆耳之言已讓漢武帝怒不可遏，立即將司馬遷投入監獄，定為死罪。

　　本來這場朝議是商量李陵之事，為什麼漢武帝要遷怒於司馬遷呢？

　　原來，漢武帝任命李廣利出征匈奴，本就懷有私心，想讓李廣利立功封侯，自己好向愛妃李夫人賣個人情。可是，李廣利這次率三萬軍隊出兵，殺敵一萬多，損失近兩萬，這樣的戰果讓漢武帝無從加封。司馬遷此時盛讚李陵，在漢武帝看來，就是借李陵之功指責李廣利無能，諷刺他誤用李廣利。

　　司馬遷被捕入獄，定罪「誣上」。誣陷皇上，這是非常嚴重的罪名，當處死刑。司馬遷秉性耿直，貿然為李陵開脫，招來劫難。

　　漢武帝時代，觸犯死刑的犯人，有三種選擇：一是「伏法受誅」；二是拿錢免死；三是自請「宮刑」（指閹割男子的生殖器）。拿錢免死需要五十萬，司馬遷「家貧，財略不足以自贖」，拿不出五十萬為自己贖罪免死。因此，只剩下兩條路可供選擇：一是死刑，二是「宮刑」。如果選擇死刑，已經開始著述的《史記》必將夭折；如果接受「宮刑」，一個「刑餘之人」，必將被天下人恥笑為貪生怕死。

司馬遷卻最終選擇了宮刑。

西漢時期，很多人甘願一死也不願接受宮刑。司馬遷也深知，屈辱的生比慘烈的死更加可怕。因為：

身分另類，終身受辱。

接受宮刑之後，就成為不是太監的太監，再不能入士大夫之列，這對於一個血性男人、一位飽讀詩書的文人，都是奇恥大辱！

司馬遷最為可敬的一點是，為了撰寫《史記》，決然選擇宮刑，去承受人生屈辱的極限。

「自宮」（自請宮刑）不僅僅是身體的傷殘，更是心靈深處永遠的傷痛。從此之後，羞辱與難堪將伴他一生。用司馬遷的話說：行莫醜於辱先，而詬莫大於宮刑。「自宮」之後，他的腸子一天到晚在轉，坐在家裡精神恍惚，外出常常不知道該去哪裡；一想到「自宮」的恥辱，背上的汗立刻將衣服浸透（腸一日而九回，居則忽忽若有所亡，出則不知所如往，每念斯恥，汗未嘗不發背沾衣也）。

才命相違，動輒得咎。

司馬遷自視甚高，抱負極大。但是，「自宮」之後，即使有珠玉般的才華，聖賢般的品行，也因為戴罪之身、刑餘之人，再不能以此為榮耀了（雖材懷隨和，行若由夷，終不可以為榮）。司馬遷的「才」和「命」形成了極大的悖反，讓他深感椎痛，以至於「動而見尤，欲益反損」。動不動就受到無端指責；不做事則已，做了事反而更糟糕。可以想見，司馬遷後半生背負著「自宮」的重負，如何孤苦飄零，無所適從！

偉大靈魂成就歷史地位

「自宮」之後，作為男人的司馬遷死了，作為士大夫的司馬遷

也死了，而激揚文字的太史公新生了。「新生」的太史公突然具
備了一種前所未有的認識，開始以飽受歧視的、社會最底層的眼
光，去看待事物，看待人生，看待歷史。對那些是非成敗、灰飛煙
滅、否泰強弱、日月盈虧，司馬遷難免生出一種悲天憫人的感喟和
智慧。從此，在他的筆下，不論是兒女情長的項羽，還是老謀深算
的劉邦；是出使西域的張騫，還是抗匈建功的衛青；是工於心計的
王美人，還是不露痕跡的漢景帝；都因融入了自己的理解而血肉豐
滿，這就是所謂「成一家之言」。

　　這種改變後的「一家之言」，我們可以從幾個方面來談。

1. 生死觀

　　膾炙人口的名言「人固有一死，死有重於泰山，或輕於鴻
毛」源自司馬遷〈報任安書〉。而《史記》之重，亦重於泰山。司
馬遷置屈辱、生死於腦後，成就史書中的「王者之作」，更是作出
了「重於泰山」的人生選擇。

　　《史記‧季布列傳》寫道：

　　季布原是項羽手下的一員虎將，多次打敗劉邦，劉邦對他恨之
入骨。項羽兵敗自殺之後，劉邦懸賞千金捉拿季布，並且宣布：膽
敢窩藏季布者滅三族。季布躲到當時的大俠朱家家中當奴隸。朱家
為了營救季布，親自到京城拜見劉邦最信任的太僕夏侯嬰。朱家對
夏侯嬰說：兩主相鬥，各為其主。季布作為項羽的部下，盡心盡
責，那是他的本分。皇上能把項羽的臣下都殺光嗎？如今，皇上剛
得天下就報私仇，怎麼能顯示寬廣的胸懷呢？真把季布逼急了，他
逃到北邊匈奴或者南方越人處，豈不是拿壯士資助漢朝的敵人？劉
邦聽後，立即赦免了季布，並封季布為郎中（皇帝的侍從）。漢惠
帝時，季布當了中郎將，阻止了呂后對匈奴用兵。漢文帝時，季布
又擔任了河東太守，成為漢朝一代名臣。

　　在〈季布列傳〉結尾，司馬遷說：在項羽那樣以勇猛著稱的

名將面前，季布能憑自己的勇敢顯露名聲，可以稱得上是壯士。但是，季布為了保全性命，在朱家家中當奴隸，這是多大的恥辱啊！為什麼季布不選擇死亡呢？因為他認為自己有才，他把受辱不當作是一種恥辱，而希望有朝一日能夠充分施展自己的才華。

（以項羽之氣而季布以勇顯於楚，身屢典軍，搴旗者數矣，可謂壯士。然被刑戮，為人奴而不死，何其下也！彼必自負其材，故受辱而不羞，欲有所用其未足也，故終為漢名將！）

可見，司馬遷對季布的認識、評價正是基於自己的切身體驗。「天將降大任於斯人也，必先苦其心志，勞其筋骨。」終生追求，何懼屈辱？能成大事者，在這一點上，概莫能外。

2.金錢觀

司馬遷面臨宮刑之時其實還有另一種選擇——以錢贖罪。武帝時期，許多參加對匈作戰的將領犯了死罪都以此買命。司馬遷拿不出五十萬錢而慘遭宮刑，這使司馬遷對金錢有了新的看法。

司馬遷繼承了荀子的思想，承認人們追求物質利益的正當性，並且，提出了一系列非常務實的觀點。

《史記・貨殖列傳》認為：追求富有是人的天性。司馬遷說：天下人忙忙碌碌，都是為追逐利益而來。擁有一方土地的王侯，還嫌自己不夠富有，何況是天下百姓呢？（天下熙熙，皆為利來；天下攘攘，皆為利往。夫千乘之王，萬家之侯，百室之君，尚猶患貧，而況匹夫編戶之民乎？）

我們民族的傳統一向重義輕利，儒家提倡安貧樂道，言利者會被人們不齒。孔子在《論語・雍也》中有一段名言：

子曰：賢哉！回也。一簞食，一瓢飲，在陋巷。人不堪其憂，回也不改其樂。賢哉！回也。

孔子讚賞顏回安於清貧，也就同時貶斥了物欲和金錢。然而，不衣不食，何談禮義廉恥！司馬遷似乎有所洞察，在中國歷史

上，第一次明確提出，人們追求物質利益是正當的，只要是「取之有道」！

3.犀利深刻

司馬遷刻畫歷史人物，入木三分；原因在於，司馬遷從自己的經歷中讀懂了許多歷史人物，讀懂了許多他過去認識不深刻的東西。

從來史官對本朝皇帝都十分敬畏，司馬遷是個例外。高祖十年（前197），陳豨被逼造反。劉邦親率大軍平叛，呂后利用陳豨事件誅殺了韓信。劉邦得知韓信「謀反」被誅一事後，派人拜蕭何爲相國，加封蕭何五千戶，還派五百士兵作爲警衛。文武百官得知蕭何加封，紛紛前來祝賀。原秦朝東陵侯召平卻前來弔喪。蕭何大驚，詢問原因。召平說：相國的大難從此開始了！你想，爲什麼皇上在外風餐露宿地平叛，你奉命鎮守關中，不受征戰之苦，反而受到加封？因爲韓信剛剛謀反，皇上懷疑你也有反意，所以加封你。希望你不要接受任何封賞，把全部家財捐出來作爲軍費，皇上一定很高興。蕭何趕快依計行事。劉邦對蕭何的這種做法有什麼反應呢？《史記》中〈蕭相國世家〉寫了四個字：上乃大悦。

蕭何是什麼人？他是劉邦早年在沛縣時的上司，一向對劉邦關愛有加。劉邦起兵反秦，蕭何帶領全族人一直追隨劉邦。劉邦當了皇帝，功臣爭封，大臣們都主張曹參的功勞第一；唯獨劉邦堅持蕭何的功勞第一。劉邦說，所有的功臣都是獵狗（功狗），唯獨蕭何是指揮獵狗的獵人（功人）。（高帝曰：夫獵，追殺獸兔者狗也，而發蹤指示獸處者人也。今諸君徒能得走獸耳，功狗也；至如蕭何，發蹤指示，功人也。）可見，劉邦對蕭何多麼信任！但是，韓信事件之後，劉邦對蕭何也不放心了。「上乃大悦」四個字淋漓盡致地寫出了劉邦對開國功臣的猜忌之心。把一個開國皇帝的心事剖析得如此深刻，二十四史中唯獨《史記》能做到！

　　唐人劉知幾說，寫史要具備「三才」：史才、史學、史識。其中，最重要的是史識。史識是史書的靈魂，沒有靈魂的史書只是材料的堆砌。《史記》固然離不開司馬遷之父司馬談的開創之功，離不開司馬遷讀萬卷書行萬里路而博聞廣識；但是，所有這一切都不足以鑄就司馬遷修史的偉大靈魂。眞正讓司馬遷區別於其他所有史家，讓《史記》有別於其他史書的關鍵，是司馬遷的不幸遭遇。正是這種不幸遭遇，造就了司馬遷的史識，鑄就了司馬遷的偉大。

　　遭受宮刑之前，司馬遷一心要當一個皇帝的忠臣、寵兒（絕賓客之知，忘室家之業，日夜思竭其不肖之材力，務壹心營職，以求親媚於主上），但是，慘遭宮刑之後，他淪落到太監般的尷尬地步，被開除出社會正統之列。至此，他不再書生之見，不再人云亦云，而開始有所懷疑有所批判，擁有了充滿個人意志的識見和膽略，千古不朽的《史記》橫空出世。

　　漢武帝對司馬遷的戕害，改變了司馬遷一生的命運，也成就了一個偉大史學家和一部卓絕的史學著作。這個讓司馬遷生不如死又死而後生的漢武帝，到底是草菅人命還是天威難測？如此性情中人，是透過怎樣複雜的鬥爭登上權力頂峰的呢？

【武帝繼位】

2.潛龍在淵：

漢武帝繼位　懸念迭生

　　漢景帝前元元年（前156），也就是景帝登基那年，他的第十個兒子出生，取名爲「彘」。雙喜臨門的劉氏皇族並不十分在意這個小嬰兒的誕生。因爲，封建帝制「立嫡立長」，後宮三千佳麗，一位美人生育的十皇子，距離權力中心可謂「十萬八千里」。但是，就是這個毫不起眼的「彘兒」，後來竟成爲中國歷史上叱咤風雲的一代君王——漢武帝。漢武大帝是非功過，後世津津樂道，就連他的即位都充滿了懸念。排行第十的他，爲什麼能坐上皇帝寶座？稱帝的背後，隱藏了多少宮廷爭鬥？

漢武帝：被命運垂青的皇十子

　　漢武帝一生叱咤風雲，在中國歷史上創造了六個「第一」：
　　第一個用儒家學說統一中國思想文化。
　　第一個創立太學，培養人才。
　　第一個大力拓展疆土，奠定中國遼闊疆域。
　　第一個開通西域。
　　第一個用年號紀元的皇帝。
　　第一個用罪己詔的形式，進行自我批評。
　　這六個第一，特別是罷黜百家，用儒家思想作爲國家統治思想，影響深遠。
　　同時，這個聲名赫赫的漢武帝，在位時間也非常長。他從16

歲即位到70歲去世，執政54年。兩千多年後，清代的康熙皇帝，從西元1661年到1722年，執政61年，才刷新了他的這個「在位紀錄」。一個國家紀錄保持了兩千多年，很不容易。

然而，後世對漢武帝的一生毀譽參半。有人稱他雄才大略，有人說他窮兵黷武，有人贊他豐功偉績，有人批他專制獨裁。這個讓兩千多年來人們說不盡道不完的漢武帝，究竟是一個什麼樣的人物？司馬遷在《史記》中又是如何記載和評價自己這位頂頭上司呢？

漢武帝是第一個用年號紀元的皇帝。在漢武帝之前，皇帝沒有年號，所以，史書記載漢景帝，都說前多少年，中多少年，後多少年，按前、中、後排。漢景帝前元元年（前156），漢景帝的第十個兒子出生了，取名為彘，劉彘。正史沒有記載為什麼漢武帝取名為「彘」，只有《漢武故事》略有一筆：景帝亦夢高祖謂己曰：王美人得子可名為彘，及生男，因名焉，是為武帝。

漢景帝是一個高產皇帝，他共有十四個兒子，比劉邦的八子多得多。十四個兒子分別出自六個妃嬪。其中的王娡王美人，生了後來的漢武帝；唐姬生了一個；賈夫人生了兩個，有一個中山靖王劉勝，大家應該比較耳熟。看過《三國》的人都知道，劉備自稱「劉皇叔」，他喜歡追溯自己的皇家血脈，一追追到哪兒去了？追到漢景帝的兒子中山靖王那兒去了。漢景帝已經是「英雄父親」了；中山靖王更不得了，他有一百二十多個兒子！劉備自稱中山靖王的後裔，難保不是渾水摸魚。到現在，我們都難以查清，劉備究竟是中山靖王哪個兒子的後代；無論如何，劉備跟皇室攀上親戚了！蜀漢政權強調自己是「正統」，原來也不過如此。

景帝另外兩個妃嬪，栗姬和程姬，各生了三個兒子。最後還有漢武帝的姨母，也就是王娡王美人的妹妹王兒姁，當年也被送入太子宮中，為景帝生了四個兒子。

十四個兒子中，漢武帝是普通嬪妃之子，不是嫡子；排名不靠前，皇十子。中國封建帝王繼承制度有兩個原則，一個叫立嫡，就是立皇后的兒子；一個叫立長，就是立長子。很明顯，劉徹都沾不上邊。難道他前面的九個哥哥都願意放棄太子之位嗎？命運為什麼偏偏垂青於皇十子劉徹呢？

「命裡有時終須有，命裡無時莫強求。」劉徹好運眷顧，既是吉人天相，又是景帝後宮中五個地位不等、性情各異的女人多年角逐的結果。這五個女人是些什麼人？她們憑什麼左右太子之位？司馬遷在《史記‧外戚世家》中是如何記載這場宮闈戰役的呢？

薄氏祖孫：失寵後的二重變奏

第一個女人——薄皇后。她是漢景帝的第一個皇后。漢景帝還是太子的時候，祖母就給他指定了這個皇后。

漢景帝的祖母是誰？她也姓薄，即薄太后。這個薄太后曾經是魏王魏豹的一個嬪妃。後來，魏豹兵敗滎陽，被劉邦所殺，薄姬被劉邦收留。身為敗將妻眷，薄姬在劉邦軍中只能做一個普通女工。一次，劉邦偶然發現薄姬長得很漂亮，就把她選入後宮。當時正是楚漢戰爭的滎陽會戰時期，歷時漫長。劉邦的結髮妻子呂后正在項羽的大營裡做人質，劉邦身邊早已聚集了很多女人。老實巴交的薄姬並沒有引起他的關注。劉邦的這些嬪妃裡有兩個是薄姬的姊妹淘。有一天，這兩個女人聊天，嘲笑薄姬，說：我們姊妹曾經約好了，將來無論誰被皇上寵幸，千萬別忘記了另外兩個夥伴。現在我們都被寵幸了，就剩薄姬，運氣不好，魅力不大，還在後宮裡傻等著呢！這話剛好被劉邦聽見，他頓生憐憫之心，就召見薄姬，要她伴寢。

薄姬一直是隻沒沒無聞的「醜小鴨」。不過，給劉邦伴寢的這

天晚上，她突然開了竅，變得很會說話。她說：我昨天晚上夢見蒼龍盤腹，今天您就寵幸了我。這是一個貴徵啊！意味著劉邦就是將來的「真龍天子」。薄姬這樣善良木訥的老實人，也學會了不失時機地自我行銷，可見宮闈競爭之激烈。不管此話是真是假，反正劉邦聽了十分歡喜。因為這一夜情，薄姬很幸運地懷孕了。這個孩子就是高祖劉邦八子中的第四子劉恆。這是她第一個幸運。

薄姬的第二個幸運之處在哪兒呢？就是她的不受寵。劉邦活著的時候，除了和薄姬有過一夜情，再也沒有召見過她。在後宮的眾多妃嬪中，薄姬最受冷落。所以，呂后掌權時，她把劉邦的妃嬪全關在宮中，唯獨放走了這個薄姬。為什麼？呂后覺得薄姬無足輕重，量她到哪裡也成不了氣候。

薄姬到哪兒去呢？她去了代地，和她的兒子代王劉恆生活在一起。在戚夫人等眾多妃嬪受迫害的時候，薄姬意外地被放出了宮。

這還沒完，呂后「清君側」的第二步就是翦除皇子。在呂后最後瘋狂的高后七年，三任劉姓趙王被害之後，呂后召薄姬之子劉恆改任趙王，劉恆藉口為嫡母守邊，婉辭相拒，遠離了這次對劉姓諸皇子的大屠殺。我們不知道劉恆順利躲過這一劫，薄姬是不是發揮了作用。無論如何，劉恆躲過去了，薄姬也躲過去了。這是薄姬的第三個幸運。

薄姬的守拙，如同《莊子‧逍遙遊》中的臭椿樹。它的樹幹長滿疙瘩不合繩墨，樹枝彎彎曲曲也不合規矩；長在路邊，木匠都不願回頭多看一眼。正是臭椿樹的「一無是處」，才保全了性命。

薄姬的第四個幸運是：高后八年（前180），齊王劉襄起兵，周勃、陳平、劉章內應，裡外夾擊，一舉消滅了京城諸呂。蕩平諸呂誰的功勞最大？齊王劉襄和他的弟弟劉章。但是，最後在繼承人問題上，大臣們不願意擁立劉襄和劉章。因為他們年齡雖小，

卻非常能幹。大臣們斷定，如果這兄弟二人上台，以後局面將難以控制。倒是那個駑鈍愚呆的代王劉恆，最適合做個傀儡皇帝；而且，劉恆的母親薄太后非常謙恭，她的娘家人也奉公守法，不會造成外戚專權的局面。呂后臨朝稱制、手握帝位的廢立大權，對西漢之後的歷代王朝都是一個深刻教訓。在立誰為帝的問題上，皇室子弟的娘家素質也成了一項重要標準。

於是，劉恆被擁立為皇帝，即漢文帝。漢文帝初一上位，馬上露出了真面目，這是後話。我們要說的薄姬的第四個幸運就是：她的這個兒子劉恆，別人除諸呂浴血奮戰的時候，他在代地休息；等諸呂除完了，他不費吹灰之力當了皇帝，薄姬也就順理成章地成為皇太后。

我們感歎薄姬「吉星高照」。沒有任何護佑，也從來與世無爭；不存在朋友，也就無所謂敵人。她始終處於政治鬥爭的盲點，即使在槍林彈雨中也毫髮無傷。

但是，人的心氣是隨著環境的改變而改變的。兒子當了皇帝，自己成了皇太后，如今的薄太后既不是當年的織布女工，也不是不受寵的普通妃嬪；她現在日思夜想的就是，如何讓帝國榮光從此照進娘家，讓家人永享富貴。兒子，薄太后已經管不了了。事不宜遲，就從孫子著手。薄太后的孫子正是當時的太子，日後的漢景帝。薄太后處心積慮，要為孫子選妃，點名薄家孫女。太子妃是什麼前景啊？太子即位是皇帝，太子妃將來就是皇后。當年呂后不是專門給姓劉的皇子配姓呂的後人，劉呂配？薄太后也要「拉郎配」，搞劉薄配。可是，太子能喜歡祖母給他選的這個太子妃嗎？不能。但是沒有辦法，這是老太后欽點的，在那樣的環境之下，如果不服從，他極有可能丟掉太子之位。

這個太子妃在漢景帝即位以後，就是薄皇后。同樣姓薄，薄太后是命超硬，薄皇后卻實在命太薄。

景帝爲太子時，薄太后以薄氏女爲妃，及景帝立，立妃曰薄皇后。皇后無子，無寵，薄太后崩，廢薄皇后。

薄皇后的一生，始終沒有生孩子。這在「母以子貴」的帝王之家是致命傷！漢景帝有十四個兒子，分別出自六個妃嬪，唯獨這個正牌皇后沒有兒子，的確匪夷所思。漢景帝的生育能力沒有問題，他有十四個兒子爲證啊。莫非薄皇后有問題，不具備生育能力？這裡面恐怕還是「喜歡不喜歡」的問題。「皇后無子」，這就在漢景帝的宮闈之中，造成了非常複雜的局面。畢竟漢景帝即位以後，是要立太子的，「立嫡」無所依憑，皇后的位置能夠坐得穩嗎？一場宮闈角逐，就因爲薄皇后無子、無寵而引發了。

「寵幸」突然變得很玄。薄太后因「無寵」而「幸」，薄皇后卻因「無寵」而「不幸」。《莊子・逍遙遊》中另有一說：農家有兩隻雁，一隻會叫，一隻不會叫，主人殺掉了那隻不會叫的雁招待客人。薄家兩代女人的「同途殊歸」，恰恰對應了臭椿「無用」而保全、大雁「無用」而被殺。所以，故事的荒謬可以是滑稽，但人生的荒謬往往是殘酷。

正因爲「皇后無子」，漢景帝的十四個兒子都有了被立爲太子的可能。這樣，劉徹突破了「立嫡」第一關。但是我們不要忘記，還有第二關——「立長」。排行第十的劉徹距離太子之位依然遙遙無期。這時，劉徹生命中第二個重要的女人出現了。

王娡：遊鳳戲龍未可量

第二個女人，王娡。王娡就是漢武帝的生身母親。講王娡，得從王娡的母親臧兒說起。這個臧兒是什麼來頭？當年，項羽分封十八路諸侯王，其中有一個燕王臧荼，臧荼的親孫女正是臧兒。後來，臧荼投降了漢朝。到了漢五年（前202），燕王臧荼起兵造

反，被劉邦一舉平定，臧氏家族隨之消亡，臧兒雖然僥倖活了下來，卻「紅顏薄命」，婚姻經歷十分坎坷。臧兒的第一任丈夫，姓王，叫王仲。臧兒和他生了三個孩子，一個男孩王信，兩個女兒——王姁和王兒姁。兒女雙全的臧兒在夫家確立了地位，日子慢慢安逸起來。然而好景不常，王仲病故。失去靠山的臧兒果斷選擇改嫁，嫁到長陵田家，又生了兩個兒子——田蚡和田勝，田蚡就是武帝時期權傾一時的宰相。這樣，臧兒嫁了兩次，生了五個孩子。需要說明的是，漢代風俗對女子的婚姻約束是比較寬鬆的，女子喪夫、離異後，都可以改嫁。臧兒因為身世淒苦，就想「拿青春賭明天」、「用婚姻換前途」，把恢復臧氏家族昔日輝煌的夢想，寄託在兩個女兒身上。

大女兒王姁早年由母親做主，千挑萬選，嫁入金王孫家，生下一個女兒。女兒嫁了金龜婿，臧兒本已志得意滿。算命先生突然向臧兒洩漏天機：兩女當貴。你的兩個女兒將來都能大福大貴。這卦本來不必認真，王姁已經嫁得很不錯了啊！但是，臧兒不滿足，她認為金王孫家林子太小，養不起她的寶貝女兒王姁這隻金鳳凰。於是再次果斷決定，把王姁從金王孫家裡奪回來，重新嫁人！這個決定非常大膽！我們推算一下，王姁的婚史，包括出嫁生子，至少要兩年時間。人都有一種慣性，特別是女人，為人妻、為人母已整整兩年，要她從以往的生活環境中硬生生地脫離出來，另覓芳草，即使是現在，也無異於一次瘋狂豪賭。然而，冒險家臧兒硬是把這件事辦成了，整個過程王姁也非常配合。

很快，擺脫了婚姻束縛的王姁，和妹妹王兒姁先後被臧兒送入太子的宮中。原來臧兒眼中的「富貴」只有「君臨天下」的皇家威儀差可比擬啊！把一個已婚並育有一女的女兒送入太子宮中，今天看來都不可思議！即使漢朝民風再開放，太子也絕不會接受這樣的女子為妻。王姁一定是隱瞞了婚史。由此看出，王姁確實有過人之

處。

　　第一，冷酷。王娡本來和金王孫過得好好的，還生了一個女兒，應當說婚姻美滿。可是，臧兒一鼓動，王娡就變臉。王娡離開金王孫的唯一目的是追求「當貴」的生活。一個女人，能夠斬斷舊情，拋夫棄女，毅然決然地改嫁。這不是冷酷是什麼？

　　第二，果斷。王娡離開金王孫時，可謂破釜沉舟，孤注一擲。首先，她能不能進太子宮？其次，算命先生那一卦，到底靈不靈？這都是未知數。最後，就是送到太子宮中，能不能得到太子寵幸，也很難說。但是，瞻前顧後必然錯失良機，所以，王娡非常果斷。

　　第三，有野心。王娡順從母親的意志，放棄幸福安逸的小康生活，一頭栽進勾心鬥角、你死我活的太子後宮。這種義無反顧的原動力就是她的不安於現狀、野心勃勃。

　　第四，冒險精神。王娡冒了多大風險？別的不說，萬一這段婚史被人舉報，會是什麼結果？不要說太子宮中待不住，恐怕連金王孫家也不會再要。王娡就這樣斷了自己的後路！

　　就這樣，王娡姊妹二人都被送入太子宮中，服侍太子，也就是後來的漢景帝。臧兒給自己上了雙保險：兩個女兒無論哪一個得到寵幸，她都是贏家；如果都得到寵幸，她則是大贏家！

　　臧兒這招險棋成功了沒有？

　　王娡送到太子宮中以後，生了一個皇子，三個公主，一龍三鳳。她妹妹王兒姁更了不得，生了四個皇子。在漢景帝的十四個兒子中間，臧兒的兩個女兒一共生了五位皇子。臧兒終於可以揚眉吐氣啦！儘管《史記》裡面沒有講，但是我分析，這一切之所以如此水到渠成，還需要一個重要條件，就是她的女兒都要長得非常漂亮。你想想，王娡再婚，王兒姁初嫁，各自為太子添了四個孩子，不是相貌出眾、萬千恩寵，很難辦到。「沒有金剛鑽，別攬瓷

器活。」臧兒敢賭，就是因爲底氣足。她把寶押在哪兒？押在她兩個女兒的美貌上。她成功了。《漢書・外戚世家》記載：初，皇后始入太子家，後女弟王兒姁亦復入，生四男。

無奈改嫁的母親，失去生父的姊妹，三個弱女子敢作敢當，終於改變了命運。看來，一個人能否成氣候，不在於表相是否柔弱，而在於有沒有一顆強悍的內心。

姊姊王姁入宮以後，先生了三個女兒，然後很快又懷了孕。懷孕期間，王姁告訴太子，自己做了一個夢：「日入其懷。」就是她夢見一個太陽，落到自己的肚子裡邊了。和世界上很多民族一樣，我們的先民歷來信奉太陽崇拜。直到今天，我們還用太陽來比喻帝王。所以「日入其懷」是一個非常顯貴的徵兆。又一個釋夢邀寵的女人！王姁「日入其懷」，大概有三種可能。一個是王姁自神其子。現在會不會有孕婦夢見太陽落到自己肚子裡去了？極少。「日有所思，夜有所夢。」如今沒有做帝王這一說，大家也就不去夢這個太陽了。王姁如此釋夢，很可能是要神話她的兒子，給兒子日後做皇帝造勢。再一個可能，是後人神化劉彘。王姁的兒子後來的確做了皇帝，後人就附會，說她「日入其懷」。第三種可能，就是兩者都有，既有王姁的神化，也有後人的神化。

這裡我們可以說說有關漢武帝的兩部野史，一部叫《漢武故事》，一部叫《漢武帝內傳》。《漢武帝內傳》說得更神乎其神。漢景帝夢見一個神女，拿著一個太陽送到王美人的嘴邊，王美人把這個太陽吞了。吞下太陽以後，她懷孕十四個月，生下的孩子就是漢武帝。這個說法顯然不可靠。倒是「日入其懷」，在《史記》和《漢書》的〈外戚傳〉當中都有記載。不過，這個真實也是相對的，因爲誰也不能進入王姁的夢境看個究竟。

在這樣的吉兆之下，劉彘誕生了。這一年，漢景帝順利登基。可見，彘兒真是一個討喜的孩子。身爲十皇子，劉彘的地位

並不顯要，但深得父王寵愛。四歲時，也就是漢景帝前四年（前
153），劉徹被立爲膠東王。同年，漢景帝又封他的長子，也就
是栗姬的大兒子劉榮做了皇太子。漢景帝遵從祖制，「立嫡」不
成，選擇「立長」。王娡抛夫棄女，投身太子後宮，生了龍子，封
地封王，首戰告捷。但是，她的野心並沒有到此終止，畢竟膠東王
距離皇太子之位相差甚遠，王娡不會就此偃旗息鼓。

3.宮闈角逐：

五女人爭寵　悉數登場

　　景帝前元四年（前153），皇恩浩蕩，四歲的劉彘和異母哥哥劉榮同時加封。一個膠東王，一個皇太子。王美人對劉彘的太子夢，到此似乎該終結了。然而，影響武帝政治生命的五個女人，三個尚未出場。她們是誰？新一輪宮闈戰役如何打響？帝位的各路操盤手將怎樣改變既定的權力走勢？

劉嫖：打女兒牌的太子操盤手

　　第三個影響少年劉彘命運的人是長公主劉嫖。長公主也稱館陶公主、竇太主，她是竇太后的第一個女兒。「長」是個敬稱。有漢一朝，皇帝的女兒稱「公主」，皇帝的姊妹稱「長公主」，皇帝的姑媽則稱「大長公主」。竇太后臨終前，遺詔盡以東宮金錢財物賜長公主嫖。這個長公主真是母親的心肝寶貝、掌上明珠。長公主是漢景帝的姊姊，身居高位，但她還嫌不夠，想讓自己的女兒也同樣風光。在這一點上，她與呂后、薄太后如出一轍。如果繁衍後代是人與生俱來的使命，那麼，這群「女強人」的苦心孤詣大概也出於一種天性，就是自己這一代人富了、貴了，還要拚命讓子孫萬代都能既富且貴。

　　長公主本不應當摻和到「立儲」這件事裡面去，但「舐犢情深」，她放不下自己的寶貝女兒——陳阿嬌，就是那個「金屋藏嬌」的阿嬌。「男怕入錯行，女怕嫁錯郎」，普天下的母親對女

兒，最放心不下的就是婚姻問題。長公主也不能免俗。不過，長公主的眼光相當高，認定只有當朝太子配得上她家的金枝玉葉。

　　劉嫖下手很快，即刻向新立太子劉榮求親。皇帝的親姊姊跟你攀親，求之不得啊。但是，劉嫖十拿九穩的這門親事告吹了。太子劉榮的母親拒絕了，拒絕得非常乾脆，讓劉嫖碰了一鼻子灰。（長公主嫖有女，欲予爲妃。栗姬妒，而景帝諸美人皆因長公主見景帝，得貴幸，皆過栗姬。栗姬日怨怒，謝長公主，不許。）本來自我感覺賣了個天大的人情，怎料人家就是不買這個帳！長公主那個氣啊。這個節骨眼上，王娡、皇十子劉彘的母親出現了。

　　王娡這時候貼上長公主，殺傷力極大！你想想，求親遭拒，正是長公主心裡最脆弱的時候，王美人任何一個親近表示，都足以讓她感激涕零。栗姬自傲自大，不屑交好長公主。而王美人很快就和長公主姊妹情深了。這可能形成什麼局面？就是長公主劉嫖和王美人王娡聯手，獨霸後宮。唐詩人王建〈新嫁娘〉云：未諳姑食性，先遣小姑嘗。可見，搞好跟小姑的關係，無論古今，無論皇室還是平民，都是媳婦在婆家立於不敗之地的撒手鐧，何況是大姑姊！

　　但皇位的繼承講究「立嫡立長」。太子劉榮雖是長子，卻不是嫡子。還有一個無寵無子的薄皇后橫在那裡，不是嗎？不過，說來也簡單。漢景帝只要廢掉薄皇后，改立栗姬爲后不就好了？可是景帝偏偏沒有廢后。這說明了什麼？考驗太子，試探栗姬，抑或礙於薄皇后？不管怎樣，王美人沒有死心。長公主和王美人的如意算盤無非是這樣打的：先將長公主的女兒阿嬌嫁與王美人的兒子劉彘，再擁立劉彘爲太子，之後的帝后關係順理成章。

　　這一幕人際重組、權力再分配的情景劇相當微妙，不斷爲後世演繹成各種版本。有一部很出名的電視劇《漢武大帝》，它怎麼寫這個故事的呢？劇中，長公主派了一個媒婆，叫吳婆，向太子劉榮

的母親栗姬求婚。栗姬斷然拒絕，還把那個媒婆臭罵了一頓。這是小說家之言。事實上，吳婆這個人和找媒婆求婚這件事，純屬子虛烏有。《史記》記載，長公主親自上門找栗姬提親，又當面遭到栗姬拒絕。電視劇中還設計了一個有趣的情節，說王美人主動拜訪長公主，要促成阿嬌和劉徹的婚姻。電視劇這樣寫，是為了突出王美人工於心計。歷史上，長公主碰壁以後，很快轉移視線，提出和王美人結為兒女親家，王美人不過順水推舟罷了。

　　長公主欲予王夫人，王夫人許之。

　　這其中，還流傳著一個浪漫故事。劉徹小的時候，有一天，姑姑長公主把他抱在腿上，問他，你要不要娶妻子啊？又點著她身邊百十個宮女，問劉徹要不要。小劉徹搖頭晃腦，統統不要。長公主點到自己的女兒阿嬌時，劉徹開口了：若得阿嬌作婦，當作金屋貯之。如果有幸娶阿嬌為妻，我要造一座金房子給她住，這就是歷史上非常有名的「金屋藏嬌」。

　　垂髫稚子的一句天真誓言，流傳久遠，以至於人們忽略了它的可靠性。《史記》、《漢書》都沒有關於「金屋藏嬌」的記載。「金屋藏嬌」典出何處呢？《漢武故事》。《漢武故事》現在署名的作者是東漢的班固。班固寫了《漢書》，這是肯定的。說《漢武故事》這部野史也是班固寫的，就比較可疑了，歷史上無據可查。我們只能說這是後人託名班固而作。「金屋藏嬌」可信不可信？因為它出自野史，我們只能姑妄聽之。

　　準「親家」聯手，各有所圖。王美人將長公主視為自己打翻身仗的秘密武器，極力逢迎。長公主則把王美人當作確保子孫萬代榮光的潛力股，奮力提攜。目標很清晰：倒栗挺王，廢榮立徹。

　　現在，決定少年劉徹前途命運的五個女人，已經亮相了三個。她們分別是：薄皇后、王美人、長公主。王美人和長公主結為一個陣營，暫時領先。「王長」聯盟怎樣實現這一戰略路線圖？漢

景帝對此作何反應？五個女人的角力，劉彘的命運又將發生什麼轉機？

栗姬：不能承受皇后之重

　　影響少年劉彘命運的第四個女人——栗姬，她是漢景帝長子劉榮的母親。栗姬（齊地人，即現在的山東人）是較早來到景帝身邊的女人；為景帝一共生了三個兒子。景帝四年（前153），栗姬的大兒子劉榮冊封為太子，栗姬卻意外地沒有被封后。漢景帝決定只立太子不立皇后，一定有他的考慮。大家想想，景帝的處境也很尷尬。儲君只能有一個，自己那麼多兒子，到底立哪一個？他首先立的還是長子，不是嫡子，因為薄皇后無兒無女。儘管如此，封栗姬之子為皇太子，卻沒有立她為皇后，這裡面是不是還有很多變數？

　　第一，栗姬將來能不能被立為皇后？什麼時候可以立為皇后？是否一直以普通嬪妃的身分深居後宮？這是一個問題。一個是皇后，一個是太子，皇后跟太子本來應當是母子關係，現在卻分為兩塊，這個局面要維持多久？什麼時候會改變？

　　第二，如果自己的兒子被立為太子，而自己長期未能封后，會不會影響到兒子的太子地位呢？

　　第三，薄皇后是皇后，栗姬的兒子劉榮是太子，皇后位和太子位兩下分離，會不會給其他的妃嬪們造成一種錯覺？讓她們感到有機可乘？或者說，這根本就是一個真實的危險信號？

　　但是，栗姬完全無視這個危險信號。在兒子劉榮立為太子之後，她遭遇的第一件事，就是長公主代女兒向她提親。交好皇親，是嬪妃固寵的後宮秘方；然而栗姬斷然拒絕，相當冷漠。栗姬的拒絕令人費解。據我分析，原因有二：

首先是妒忌。一直以來，長公主在漢景帝後宮扮演一個婚姻介紹所牽線人的角色，不斷地向弟弟推薦美女。而且她的眼光精準，一介紹就成功，漢景帝對姊姊介紹的這些女人，一個一個加以寵幸、冊封。長公主這樣做，不過是爲了討好弟弟。但是，她的行爲對栗姬刺激很大。栗姬覺得，自己之所以受到冷遇，都是這個長公主在搗鬼，盡弄些狐狸精來迷惑皇帝。

其次是幼稚。栗姬有嫉妒心，作爲一個女人，見自己的丈夫不斷地有人給他介紹新寵，她不高興，甚至嫉妒，這很正常。但是，嫉妒歸嫉妒，她不應該表露出來，尤其不能因此錯失交好皇姊的大好時機。所以，栗姬最大的弱點，就是幼稚。她不知道宮廷鬥爭瞬息萬變，什麼事情都可能發生。

我們替栗姬想一下，她這個時候一心盯著哪兒啊？兒子已經立爲太子，自己差一步就可以當皇后。栗姬肯定盯著那個占著后位、卻不生孩子的薄皇后啊！在什麼時候，用什麼辦法，能讓這個薄皇后把位子騰出來？她冥思苦想，卻萬萬沒有想到，後面還有王娡王美人在盯著自己呢。凡是栗姬不屑的事、不喜歡的人，王娡盡其所能，用最大的熱情去團結。王美人的種種行爲，就是以取代栗姬爲近期目標。

拒親長公主，對栗姬來說眞是一場災難；但是，栗姬對這場災難毫無覺察。而長公主「倒栗挺王，廢榮立徹」的第一步，就是利用與景帝的姊弟關係，攻訐栗姬。

長公主怒而日讒栗姬短於景帝，曰：栗姬與諸貴夫人幸姬會，常使侍者祝唾其背，挾邪媚道。景帝以故望之。

長公主對景帝說，栗姬派她的侍者在長公主背後詛咒（祝）和唾罵（唾）她，而且還諂媚魔道，景帝因此「望之」。這個「望」就是怨恨。漢景帝城府極深，當時並未發作，但他對栗姬的好感指數從此一路暴跌。顯然，長公主、栗姬、漢景帝，三方從未

有機會對此事當面對質、澄清。長公主曠日持久地詆毀，栗姬閉目塞聽地自傲。事態一天天向長公主預計的戰略軌道發展。

栗姬確實犯了一些無可挽回的錯誤。

一是栗姬對帝王妃嬪的地位缺乏足夠認識。自古帝王多薄倖。要堂堂天子對你用情專一、海枯石爛，這怎麼可能啊！在這一點上，薄太后就很通達。不就是一夜情嗎？以後再不見面嗎？可以，她都認了，反正我懷有龍種。隨著時間的推移，看似雲遮霧障、寸步難行的一切必然廓清，結果她有一連串的幸運。

栗姬卻沒有這樣的自覺意識，她成天一肚子委屈：我給你生了一個長子，你倒和那麼多人好，再不理我！甚至把一腔怨氣，發洩到長公主身上。回頭想想，栗姬並不是景帝的第一個女人，卻有幸生了長子，長子又立為太子，她有很多快樂的理由。但她一點也不高興，她只為得不到更多的扼腕，從不為得到的感恩，更不知誠惶誠恐，惜福避禍。

二是栗姬嚴重低估了長公主的能耐。長公主一天到晚琢磨著給皇上找女人，我就不能給你好看。還想把女兒嫁過來，我就不答應！長公主是什麼人？是尊貴的皇姊，長年的御用婚介人，景帝離得了她嗎？你現在和她較勁，她當然要在景帝面前說你的壞話；景帝偏聽偏信也是必然的！栗姬對長公主巨大的破壞性缺乏足夠的估計！王美人是利用長公主，而栗姬卻是得罪長公主。

三是栗姬過分高估了太子位的穩定性。有句話叫做「挾天子以令諸侯」，栗姬挾的不是「天子」，而是「太子」。太子是未來的天子，是我栗姬的親生兒子。有了他，誰都不在話下，你長公主又能把我怎樣？的確，「太子」和「天子」僅一字之差，但差就差在「未來」之上。太子到皇帝，還有很長時間要等待，還有很多變數可能發生。恐怕從劉榮冊封太子那天起，栗姬已經把兒子當成皇帝，自己盡可以頤指氣使、耀武揚威了。

　　四是栗姬對自己取得皇后之位過於樂觀。兒子已經立為太子，自己做皇后之日還會遠嗎？所以，這個準皇后天不怕、地不怕，無論皇親國戚還是權臣寵妃，都敢頂。長公主有什麼了不起？將來我的兒子當了皇帝，我就是皇太后！

　　栗姬的悲劇既有高估，也有低估。總之，對皇權的認識過於膚淺。她不想方設法套牢皇帝，結交皇親，卻「挾太子以令諸侯」，四面樹敵，又如何能出奇制勝，交上好運呢？

竇太后：廢立太子我有話

　　第五個女人——竇太后。

　　這也是一個鼎鼎大名的人物。竇太后初入宮時，名叫竇猗房，只是呂后身邊的一個宮女。呂后恐怕沒有想到，她身邊的這個灰姑娘，日後將取代她，成為大漢又一個威風凜凜的皇太后！

　　一天，呂太后突然決定，把身邊的一批宮女遣送出宮，賜給各劉姓諸侯王，每王分得五人，竇猗房恰好也在被遣之列。竇猗房頭腦靈光，她的小算盤一撥拉，這可是回家團聚的好機會！

　　竇猗房何許人也？她是當時趙國清河人，就是現在河北清河，她希望能把自己分到趙地去。她瞅準機會，給負責分配的宦官打招呼、託關係：將來分的時候，您一定要記得把我分到趙王那兒去。話雖說到了，臨到分的時候，主事的人卻完全忘了這個茬，名單公布，她被分到代國。走的時候，竇猗房哭哭啼啼，死活不幹。但讓竇猗房沒有想到的是和她一起的五個宮女，偏偏只有自己最得代王劉恆喜愛。**這是第一個幸運，得寵。**

　　得寵的竇猗房為代王劉恆生了一女，二子。女兒就是後來的長公主劉嫖，長子劉啟就是後來的漢景帝，次子劉武就是後來的梁孝王。**這是第二個幸運，得子。**

　　後來，代王劉恆躲過了那個高后瘋狂七年的大屠殺，平定諸呂，出乎意料地被推舉爲皇帝，就是後來的漢文帝。**這是第三個幸運，夫貴。**

　　最後，竇猗房雖然受到劉恆的寵幸，但是劉恆前面有一個嫡妻啊，嫡妻生下四個兒子，有史書記載是三個兒子。非常奇怪的是，漢文帝被立爲皇帝以前，他的這個王后死了；漢文帝稱帝之後，王后生的四個兒子又一個接一個地都死了。（代王王后生四男。先代王未入立爲帝，而王后卒。後代王立爲帝，而王后所生四男更病死。）竇猗房沒有謀奪后位，更沒有因此去害人。世間萬物的聯繫有時就那麼殘酷，王后一家母子接二連三地離世，如此厄運成全了竇猗房的**第四個幸運，專寵。**

　　竇猗房的地位突出了，很快被漢文帝封爲皇后，到了景帝朝，她就成了竇太后。

　　我們知道，中國帝王史上，「太后現象」不容小視。既然國事便是家事，那麼，家事也就是國事。所以，做了太后的竇猗房，在皇子的繼承權上，是很有發言權的。

4.立儲風波：

太子位角逐　暗鬥明爭

宮闈角逐的五位女人悉數登場，競爭太子位的各路選手——景帝十四個兒子，也一一亮相。當前局勢，十四進二，皇太子劉榮和膠東王劉徹，勝負難分；是不是已經到了決勝階段？作為景帝朝最有發言權的女人，竇太后心目中的儲君會是誰呢？

假作真時終為假

這位幸運的竇太后還是個多事的女當家。其實，皇太子劉榮和膠東王劉徹，都不是竇太后最中意的皇位繼承人。

我們犯了一個先入為主的錯誤，牢牢把視線鎖定在景帝的兒子身上；殊不知，竇太后最看好的儲君竟是景帝的弟弟、她的幼子——梁王劉武。

竇太后為什麼要力主梁王為帝位繼承人呢？

第一，太后疼愛。梁王是竇太后最小的兒子。我們說「母憐幼子」，這是人之常情！

今天我們到河南永城的芒碭山，就是劉邦當年落草為寇的地方，去看看梁孝王王后的墓，那般規模，就可以想像當時梁國的富庶。事實上，這個富庶和竇太后的賞賜和偏愛是分不開的。

話說回來，竇太后再怎麼疼愛梁王劉武，畢竟是皇族長輩，做事也得靠譜啊！怎麼突然想到讓自己的小兒子去繼承大兒子的帝位呢？

第二，景帝誤導。漢景帝有言在先：千秋之後，傳位梁王。一朝景帝離世，就由弟弟梁王來接替這個「大漢天子」之位。這是怎麼回事？

原來景帝立太子之前，竇太后主持了皇宮中的一場小型家宴。參加這次家宴的有：漢景帝、他的弟弟梁王劉武，還有竇太后的侄子竇嬰。酒酣耳熱之際，漢景帝有意無意地說：千秋之後，傳位梁王。話一出口，太后歡。但是，竇太后的侄子竇嬰很不識趣，馬上端起一杯酒獻給漢景帝，一本正經地說：父子相傳是漢朝的祖制，皇上怎麼能夠擅自傳位給梁王呢？

緊接著，司馬遷又寫了三個字：太后憎。這一「歡」一「憎」之間，太后的真實心態一覽無遺。太后高興的是傳位於梁王，太后惱恨的是竇嬰阻止。竇嬰也是竇家的人啊，親侄子。就因為這兩句話，竇太后取消了竇嬰出入皇宮的門籍，不允許他自由出入皇宮了。可見竇太后是多麼計較小兒子劉武能否繼承皇位。

梁孝王者，孝景弟也，其母竇太后愛之。梁孝王朝，因昆弟燕飲，是時上未立太子。酒酣，從容言曰：千秋之後，傳梁王。太后歡。竇嬰引卮酒進上曰：天下者高祖天下，父子相傳，此漢之約也。上何以得擅傳梁王？太后由此憎竇嬰。

竇太后因為喜歡小兒子梁王劉武，不顧漢朝帝位父子相傳的祖制，希望漢景帝百年之後，由梁王劉武來繼承。她的想法也有依據，因為中國在殷商時期確有另一種皇位繼承方式──「兄終弟及」制，就是哥哥死了，弟弟繼承皇位；或者「兄終弟及」與「父子相傳」並行的「雙軌制」。問題是漢景帝為什麼要選擇在家宴上，說出將來把帝位傳給梁王劉武？究竟是醉後戲言，還是酒後吐真言？他有沒有真心傳位給梁王呢？

事實勝於雄辯。第二年，也就是景帝前四年，漢景帝立皇長子劉榮為太子。顯然，漢景帝不想傳位梁王。那麼，漢景帝之前為什

麼說出如此不負責任的話呢？這裡有兩種解釋：

其一，討好其母。我們前面說過，自古皇帝和太后的關係非常微妙。儘管兒子當政，母親的話語權還是不小的。漢代以孝治天下，景帝對竇太后更是恭順有加，有時到了唯命是從的地步。所以，不能排除景帝為討老太太開心，才發出如此明顯不妥的訊息。

其二，安撫梁王。《史記·梁孝王世家》在記錄此次事件後，尚有如下記載：

二十五年復入朝，是時上未置太子也。上與梁王燕飲，嘗從容言曰：千秋萬歲後傳於王。王辭謝，雖知非至言，然心內喜。太后亦然。其春，吳楚齊趙七國反。

梁孝王當時就知道，景帝說的不是真心話，但是，他也偷著樂。畢竟這是一句很入耳的話。

無論如何，漢景帝這番話是個誤導。說起來複雜，想想也簡單。我景帝十四個兒子，憑什麼把帝位讓給你梁王啊！這是在「逗你玩」哪！可這兩母子就是深信不疑！此後，竇太后的偏心更偏，梁孝王的野心更野。

家宴之後，同年春天，爆發了吳楚七國之亂。漢景帝平叛的時候，任用漢文帝臨死託孤的大臣周亞夫——就是蕩平諸呂的那個周勃的兒子——做太尉統兵。大將軍竇嬰坐鎮滎陽，平定齊、趙；周亞夫則主克吳、楚。周亞夫出征前，向漢景帝披露了自己的平叛總方針：楚兵剽輕，難與爭鋒，願以梁委之，絕其糧道，乃可制之，許之。就是說，吳楚的軍隊，士氣旺盛；這個時候，我們只能夠避讓它們的銳氣，不能與其正面衝突，怎麼辦呢？把梁國扔給他們！牽制他們的兵力，打亂他們的陣腳。

梁國的確是一塊足以令叛軍垂涎三尺的「肥肉」。這個梁國在哪裡呢？山東的西南；然後繼續向南，到河南的東部；然後再到河

南的南部，橫跨山東、河南兩省。當年楚漢戰爭，就是因為梁王彭越在梁地屢斷項羽糧道，四兩撥千斤，終陷楚軍於垓下之圍。現在吳楚七國的叛軍要向西攻打，進入函谷關，必須拿下梁國。否則，可能會導致一個什麼情況呢？一旦叛軍攻梁失利，梁王就有可能讓歷史重演，再斷叛軍糧道！

當然，周亞夫把梁國扔給叛軍，這個計畫十分冒險，可以說「謀國不謀身」。為國家謀劃的多，為個人謀劃的少。現在梁國的國君是誰？竇太后的心肝寶貝、漢景帝的同胞兄弟劉武啊！如果把梁國扔出去，萬一它叫吳楚軍攻陷了怎麼辦？梁王要麼被俘，要麼被殺，那他竇太后能答應嗎？但這個計畫也有它的可取之處，那就是犧牲局部、換取全局。如果梁國沒有被攻陷呢？吳、楚軍隊就不敢西進。這樣，周亞夫就有足夠的時間，調動中央軍主力，切斷吳楚軍糧道。這就是周亞夫「丟車保帥」的全國平叛「一盤棋」。

這個謀略提出來以後，《史記》記載三個字：上許之，皇上批准了這個計畫。漢景帝批准這個計畫，據我估計，有兩個原因。首先是為了平叛，為了整個戰事的推進，不得不讓梁王一人「捐著黑暗的閘門」，據國死守。

其次，漢景帝有沒有什麼不可告人的心事呢？可以假設一下，梁國真要是被攻陷了，梁王被殺，是不是正中漢景帝的下懷？

按照周亞夫「丟車保帥」的謀略，梁國首當其衝。面對吳、楚軍的瘋狂進攻，梁軍苦苦支撐，幾萬人的軍隊頃刻覆滅。戰爭最緊張之際，梁孝王把韓安國為首的六位大將一一請出，跪在地上，拜託這六位將軍，一定要守住梁地。（跪送臣等六人，將兵擊卻吳楚，吳楚以故，兵不敢西而卒破亡，梁王之力也。）可見梁國危險到何等地步。梁王每天派一個使者向周亞夫請救兵，周亞夫卻不發一兵一卒！梁王也窘得很，把狀告到漢景帝那兒。於是，漢景帝親

下詔書，命周亞夫調兵救梁。此處，《史記》又是五個字：太尉不奉詔。

　　周亞夫敢不奉詔？這是抗旨啊！罪當殺頭。景帝可以懲治他啊！結果如何？三個月平叛結束以後，漢景帝不僅沒有處罰周亞夫，反而重用周亞夫，拜周亞夫為相。這說明，漢景帝對周亞夫「不奉詔」根本不在意。漢景帝這個態度，我們可以倒著推出來，漢景帝與周亞夫在平叛開始的時候，曾經有過一個約定，要把梁國扔給吳楚兵。如果梁國被破，那是犧牲局部顧全了大局；如果梁國僅僅被削弱了，也部分滿足了漢景帝的願望。無論如何，今後梁王再向他哥哥漢景帝叫板的實力被削弱了。

　　司馬遷認為，此次平叛，梁國和中央軍隊的功績各占一半。而梁王劉武以一諸侯國之人力物力，立此大功，更是功不可沒。

　　但梁王越是戰功赫赫，越是具備競爭儲君的實力，也將越不為景帝所容！

　　果然，平叛第二年，漢景帝突然宣布，立栗姬之子、皇長子劉榮為太子。而薄皇后仍居后位，栗姬沒能母以子貴，榮登皇后寶座。這次立儲，明面上看，漢景帝是順應朝臣要求，當了四年皇帝沒有立太子，國之根本未定；現在立了劉榮，眾愛卿可以安心了。暗裡去想，更是封堵梁王之念。

　　至此，竇太后第一次發力，為梁王爭奪儲君之位的努力，宣告失敗。

坐失良機落陷阱

　　我們在〈宮闈角逐〉中提到了「倒栗挺王，廢榮立徹」，要讓皇十子劉徹即位，必須先廢掉太子劉榮；而廢掉太子劉榮，必須先將他的母親栗姬拉下馬來。「長王」兩親家聯盟，沒有馬上給栗姬

帶來致命打擊，但接下來的突發事件，徹底毀了栗姬的皇后大夢。

　　有一年，漢景帝病重，預感自己「大去之日不遠」。於是，他把一直彆彆扭扭的栗姬叫到床前，道出了心中的囑託，就是所謂的「託孤」。人之將死，其言也善。景帝「屬諸子為王者於栗姬曰，百歲後善視之」。漢景帝在病重的時候，把已經封王的這些兒子全部託付給栗姬，要她好好照應這些皇子。大家注意，在這個「託孤」中間透露了兩個非常重要的訊息：一是無廢太子之念，二是有立皇后之心。為什麼這麼說？大家想想，栗姬不過是個普通嬪妃，景帝憑什麼把十四個皇子都交給你照顧？因為你是太子的母親啊！所以，景帝不會廢太子。

　　我們再來推算一下「託孤」的時間。如果此時薄皇后沒有廢，或者不打算廢，景帝應當向薄皇后交代後事、善待諸子。現在卻向栗姬託孤，說明薄皇后很可能已經被廢掉了！史載薄皇后於漢景帝前元六年（前151）的九月被廢。所以，「託孤」應該在薄皇后被廢之後，差不多景帝前元七年的時候。而漢景帝此舉就是想告訴栗姬：朕何時不記掛你們母子？要等待時機啊！我不僅不會廢太子，我還在考慮封你為皇后啊！

　　看來，漢景帝對自己的病情很不樂觀，而呂后之禍的慘痛教訓，使漢景帝不得不考慮要對諸皇子有一個交代。呂后當政的七年裡，高祖八個兒子，呂后就收拾了四個，還弄死了一個孫子。漢景帝有十四個兒子，按一半來算，至少也要處理掉七個！皇帝再至尊冷血，也是父親，也有愛子之心。如果老皇帝一嚥氣，皇后就把老皇帝的其他兒子一個個殺掉；這怎麼能讓皇帝放心而去呢？

　　這次「託孤」，的確是漢景帝一次善良真誠的表白。一直鬱鬱不得志的栗姬終於等到鹹魚翻生的這一天。如果她此時通情達理，滿足了景帝「臨終」的唯一「願望」，表現出足夠的大度和胸懷；那麼，劉榮的太子之位進一步鞏固，栗姬的稱后指日可待！

　　然而栗姬「怒，不肯應，言不遜」。

　　先是怒，然後是不答應，再就是出言不遜，說話還很難聽！當年你柔情蜜意的時候怎麼不記得我？現在放不下這群小娃娃，需要老媽子的時候就想到我了！沒門！《漢武故事》記載得更爲惡毒：栗姬怒，不肯應，罵上老狗。還罵皇上是老狗！栗姬確實出言不遜，但是不是到了罵皇上是「老狗」的程度？我覺得不大可能。但栗姬已經錯無可恕。衝動是魔鬼，嫉妒是毒藥。栗姬失去了最後一次當皇后的機會。

　　漢景帝這時是何反應？景帝恚，心嫌之而未發也。漢景帝很惱怒，但沒有發作。

　　漢景帝的「惱」是可想而知的。你的兒子被立爲太子兩年了，我一直沒有立你。爲什麼？我在觀察你。觀察的結果：你不合格！漢景帝爲什麼沒有發作？第一，漢景帝極有城府，不願發作；這筆帳先記著，什麼時候不能收拾你？何必現在發作？第二，漢景帝尚在病中，再一發怒，豈不是病情更加嚴重？所以漢景帝把火壓了下來。不久，漢景帝的病竟然好了。景帝痊癒，栗姬的死期也開始倒數計時！

　　誰是壓垮栗姬的最後一根稻草？

　　景帝七年（前150），外朝的一個管禮儀的官──大行，向皇上寫了一個奏章說，栗姬的兒子立爲太子已經三年，中國歷來是母以子貴，子以母貴，現在該封栗姬爲皇后了。報告一打上去，漢景帝拍案而起，立即廢掉太子。一不做二不休，還把栗姬在朝中的所有親屬全部處死！

　　漢景帝發火是有原因的。一個外朝大臣有什麼資格對後宮冊封說三道四？一定是有人在幕後指使！如果你是皇帝，首先想到的會是誰？當然是直接受益人栗姬啊。景帝怒髮衝冠，心想：一定是栗姬！是她要大行寫這麼個混帳奏章威脅我！她看我老也死不了，等

得不耐煩了！兒子當了三年太子，她還沒有立爲皇后，急不可耐地讓外朝的大臣們來說項！

這樣一來，漢景帝把去年的舊帳加上今年的新帳——舊帳是沒問題，新帳卻是錯的——來了一個秋後總算帳！病中託孤是遠因，啓奏封后是近因，一塊兒發作！

怎麼說「新帳是錯的」呢？漢景帝認定一切都是栗姬搗的鬼，沒料到幕後的指使人竟然是王美人！王美人爲什麼要這樣做？她一點不擔心景帝眞的從諫如流，立栗姬爲后嗎？

其一，王美人看準了景帝此時絕不會立栗姬爲皇后。

其二，王美人想借此激怒景帝，以便事態迅速明朗化。

一個外朝的大臣，哪裡曉得後宮五個女人的勾心鬥角？大行被王美人算計，無心敲響栗姬倒台的喪鐘。景帝前元七年冬，漢景帝貶太子劉榮爲臨江王。這時的太子雖無任何過失，卻深陷權力鬥爭的漩渦，又無力左右局面，成爲五個女人宮闈角逐的犧牲品。

講梁王，說栗姬，都涉及漢景帝的性格。他長於後發制人，心中的惱怒能憋屈很長時間，一旦發作，多管齊下，雷霆萬鈞！乾脆俐落，不留後患！

可憐栗姬憂憤攻心，很快就死了。

景帝七年廢黜太子和景帝六年重病託孤，這兩大突發事件緊密相連，一脈相承。「倒栗挺王，廢榮立彘」，眞正給栗姬帶來致命打擊的不是王美人，也不是長公主，而是她自己！「天作孽，猶可違，自作孽，不可逭。」她由來已久、毫不隱藏的妒忌、怨憤，造成景帝對她習慣性的負面思維，徹底地毀滅了她。

國事不當家事辦

太子之位再次空缺，竇太后再一次跳出來，要爲他的小兒子奔

走呼告。這次「儲君之爭」，又換了主角。一個是竇太后，為梁王劉武爭權；另一個是王娡王美人，要為自己的獨子膠東王劉徹奪位。

為此，漢景帝做了兩方面工作：一方面，對他的母親竇太后，表示同意；另一方面，他又提出，事關重大，需要和朝中大臣們商量。就是所謂的「朝議」。朝議的結果自然是，竇太后的建議被擱置，大臣們一致反對。其中一個人擔當了主角，就是主張殺晁錯的袁盎。

緊接著，以袁盎為首的一批大臣，到宮中見竇太后。竇太后對群臣毫不掩飾，馬上把自己的觀點亮出來，建議立梁王為儲君！袁盎循循善誘，問，您立梁王為儲君，將來梁王下世了，您打算把這個帝位再傳給誰啊？竇太后不知其中有套，想都沒想就說：那就再傳給他哥哥的兒子唄！哥哥死了弟弟當皇帝，弟弟死了又傳回他哥哥的兒子，就是漢景帝的兒子。

袁盎說，春秋時期有一個宋國，宋宣公在臨死的時候，把王位傳給了他弟弟。弟弟做了幾年國君，臨終的時候非常感激哥哥，就留下遺詔，把這個王位再還給哥哥的兒子，並讓自己的兒子到鄭國居住。由於存在兩個可以繼承王位的血脈，宋國的權臣便不斷在兩兄弟的後代中擁立一個，打壓另一個，搞得宋國幾代血雨腥風沒有平安！

聽了袁盎說的故事後，竇太后再不提立梁王為儲君的事兒了。

5.繼位太子：

皇十子勝出　吉人天相

一場圍繞景帝朝太子之位的宮闈角逐，波譎雲詭。景帝長子、原太子劉榮，並無半點過失，卻淪為鬥爭犧牲品，漢景帝為什麼對他薄情寡恩？梁王劉武——景帝胞弟，爭奪帝位，聲勢浩大，景帝見招拆招，卻從不追究。是什麼讓他一忍再忍？膠東王劉徹，景帝十子，一開始並不占優，最終如何脫穎而出，成為景帝朝真正的太子呢？

昏招一出敗局定

因為擔心兄弟失和，引發內亂，竇太后終於放棄了立梁王的主張。整件事情漢景帝做得不顯山、不露水：我是同意了，一點不含糊；大臣們不幹，就沒辦法了。當然，那個深藏不露的幕後總策劃，正是漢景帝。

以孝悌聞名的漢景帝，為什麼在「立儲」一事上力違母命，要將梁王排除在外呢？

一是親情。竇太后想立他的兒子，漢景帝何嘗不想立自己的兒子呢？手足之情終究不敵父子之親啊。

再是祖制。從漢高祖至漢文帝，漢朝的祖制無不是父子相傳，從未有兄終弟及的。

三是梁王驕橫。出入遊戲僭於天子。天子聞之，心弗善也。梁王仰仗著母后的溺愛，大搞特殊化，自比天子做派，惹得漢景帝極

為反感；朝廷對此的反應也是沸沸揚揚，以至於他最可靠的「保護傘」竇太后也坐不住了，痛斥梁國使者之無禮犯上。

韓安國（字長孺，西漢梁縣成安人，御史大夫）及時出面，找到長公主哭哭啼啼。韓安國說，梁王為人之子孝順，為人之臣忠誠，可他什麼時候得到過太后的垂愛啊？當年吳楚七國叛亂，函谷關以東的諸侯國差不多都倒戈了，只有梁王和朝廷最親。出征那天，梁王親自跪送我們六位將軍，最終力挫七國叛亂。如今，太后抓住這麼點禮節上的問題，就問罪梁國使者，真令人心酸啊。

韓安國避重就輕、攻心為上，總算化解了這場信任危機。然而，不信不恭，欺瞞驕橫，狐狸尾巴一旦露出，有了第一次，別人就料到了第二次，即使願意原諒你，內心也難以信任。從此，景帝對梁王更是嚴加戒備。

第二次衝擊太子之位宣告失敗，梁王基本上就從儲君候補名單上被剔除了。那麼，梁王會善罷甘休嗎？

梁王當然十分惱火，他派人四處打聽，到底是哪個不要命的，竟敢壞我的好事？沒幾天接到密報：原來袁盎帶領朝中的一幫大臣，跑到太后跟前，講了些春秋時期的陳穀爛米，硬是把老人家給忽悠住了，最終放棄立梁王為儲君！

梁王咬牙切齒，這些老不死的，你們不是要師法古人、講究祖制嗎？好，我這就讓你們找先帝領賞去！於是，他遣刺客潛入京城，將袁盎和參加朝議的十幾位大臣全部刺殺，一個不留。其狀之慘，舉國動容。

十幾個德高望重的老臣接連暴斃，令漢景帝大為震怒。他下令緝捕兇手，但是，一時間，兇手卻怎麼也抓不到。

他很快意識到，這個幕後的主使人，很可能是他的小弟劉武。於是，專案組到了梁國。一經查證，主要犯罪嫌疑人果然是梁王手下的人；而且，他們竟然堂而皇之地藏進梁王的王宮，逃避追

捕。專案組當然不敢貿然闖入梁王王宮，緝拿疑犯。於是，漢景帝一天一個詔書，勒令嚴查兇手。

這次，又是韓安國打破僵局。韓安國像當年梁王跪送他們六位將軍平叛那樣，跪倒在梁王跟前，涕淚橫流：大王您想一想，您和當今天子的關係，比起天子和那個被廢掉太子的關係，哪個更近？梁王說：他們是父子，肯定親過我們兄弟啊。正是。他們父子骨肉相連，就因為劉榮的母親說錯了一句話，劉榮頃刻間被廢。為什麼？因為朝廷辦事，歷來是不能夠因私廢公的。現在，您率性而為卻罪不加身，那都是老太后一直在後面力保啊。一旦太后百年，您還能夠依靠誰？

韓安國一番話說得梁孝王大驚失色，立刻同意交出兇手。接下來，疑犯自殺，梁王親自上京，負荊請罪，漢景帝也未糾纏，赦梁王罪。梁王一場儲君之爭，此時才算劃上了句號。後來，梁王在母后、皇兄身邊隨侍、懺悔，朝見之期很快就滿了。他請求延期留住長安。景帝再沒有客氣，果斷拒絕他的要求。劉武返回封國，鬱鬱寡歡，沒過多久，中暑而死。

竇太后對幼子梁孝王的溺愛，來自女人的天性，但缺少理性和智慧，最終成為世間母愛「非愛」的典型案例。

梁王因謀刺大臣事發，狼狼退出儲君競爭舞台。這樣排除下來，曾經轟轟烈烈的太子位角逐，就只剩下王美人的兒子、皇十子——劉彘兵不血刃、不戰而勝。

西元前150年，漢景帝立王美人為皇后，劉彘改名劉徹，立為太子。

五女博弈十子勝

劉徹四歲被封為膠東王，七歲就被立為太子，這麼小的孩

子，根本不能左右自己的命運。那麼，在景帝朝的儲君之爭中，他憑什麼最終勝出呢？我們還是從前面講的這五個角逐的女人身上尋找答案，一個一個地分析。

先看薄皇后。這個人，是漢景帝的祖母薄太后指婚、欽點的太子妃，後來一路當上皇后。現在看來，薄皇后是個很無奈的悲劇性人物；因為她不具備籠絡漢景帝的客觀條件和主觀能力。王美人嫁到金王孫家，生了一個孩子，又強行離婚，才來到太子宮。不過，她要臉蛋有臉蛋，要手腕有手腕，人也爭氣，一下子生了一龍三鳳，還攀上了太后的貼心小棉襖、皇帝的長年婚介人——長公主，哪一樣不比薄皇后這個正宮娘娘強十倍？薄皇后雖然是門當戶對、正宗嫡傳，可惜無子無寵，主觀能力弱，客觀條件也不好，互為因果。數來數去，她唯一可以說道的，只不過是有一個好祖母，點名她做了這個皇后。

但就是她的這個後台祖母——薄太后也成事不足。這個老太后能撐多長時間？漢景帝前二年（前155），薄太后就去世了。薄皇后的後台轟然倒地，她也迅即成為景帝的「花瓶」皇后，只看不用。

但是，別看這個人不起眼，在皇十子劉徹繼位的問題上，同樣發揮了不可替代的作用。第一，她的存在，阻止了栗姬在兒子被立為太子的同時，被立為皇后。立劉榮為太子是景帝前四年（前153），薄皇后被廢是景帝前六年（前151），所以立皇長子劉榮為太子，沒有馬上立栗姬為皇后，就是因為薄皇后沒有挪位子。雖然她早晚要被廢，但只要她一天不騰出這個位置，別人就頂不上去。這樣，王美人就贏得了兩年的寶貴時間。這兩年裡，王美人可以籠絡長公主，可以離間栗姬與漢景帝等等。當然，即使栗姬當上了皇后，王美人將來也可以把他們母子同時廢掉，但是，既廢皇后，又廢太子，比起只廢一個太子，難度要大得多。

第二個女人，王美人。這個女人不尋常。在皇十子繼位的路途中，她可以說是步步爲營、著著領先，走對了四步棋。

第一步，遵從母命。王美人的母親——臧兒，叫她跟金王孫離婚，她就毅然決然地離婚。丈夫不要了，女兒也不管了。雖然未來如何，一概不知，但她就敢頂著巨大風險，投奔太子宮中去。第一步棋她走得狠，一棋定江山。

第二步，博得寵愛。皇宮裡那麼多女人，個個年輕漂亮，爲什麼王美人能夠如此得寵？在「母以子貴」的後宮法則裡，得寵不得寵看嬪妃們的孩子就明白了。無子只是現象，無寵才是本質。薄皇后一個孩子沒生；王娡進入宮中，生了一龍三鳳；她妹妹王兒姁更厲害，一連生了四個兒子。漢景帝寵幸妃嬪，眞是愛憎分明。作爲一個有過婚史還隱瞞婚史的人，王美人在眾多美女中間勝出，少不了大量的心計。至於她用了些什麼招數，史書沒有記載，後人無從得知。

第三步，巧抓靠山。王美人憑藉著她敏銳的洞察力，發掘了長公主這個盟友，撕裂了皇室家族的防線。她所以能死死地抓住長公主，一是眼力，她能看出將來誰最能爲自己辦事；二是智力，她能貼得上去，讓人家心甘情願地爲她效力。

第四步，自我炒作。王美人生劉徹的時候，竟然製造了一個「夢日入懷」的神奇故事。她跟景帝說，她夢見把一個太陽吞到肚子裡，生下來的就是劉徹。王美人編、導、演，一人全包，而這場表演的唯一觀眾漢景帝怎麼看呢？此貴徵焉。這是非常貴重的象徵啊。等到新皇后的當然人選栗姬，屢屢尋釁滋事，惹得漢景帝心煩意亂之時，那個「夢日入懷」的王美人也就越來越頻繁地進入景帝的目光中了。

這四步棋：遵從母命、博得寵愛、巧抓靠山、自我炒作，王娡堅持了多久？從劉徹出生（景帝前元元年）算起，到劉徹繼位成

為劉徹（景帝前元七年），整整七年！在五個女人中間，王美人成功的風險最大，且不說她隱瞞婚史的欺君之罪有多嚴重，單說她為劉彘爭奪儲君之位，合縱連橫，暗中密謀，那都是不敢擺上台面的，隨時有可能功虧一簣。但是她成功了，她不僅生下了漢武帝，還親自操刀上陣，成就了武帝一生的霸業。

　　在景帝朝太子之位的爭奪中，薄皇后和王美人，她們一個無意，一個有心，卻都起到了削弱栗姬、太子劉榮，力推皇十子劉彘的作用。那麼，栗姬、長公主、竇太后等人，她們在皇十子最終被冊立為太子的過程中，又起到了什麼樣的作用呢？

　　再說說栗姬。栗姬並不是個壞女人，她缺少的不是人性，而是智慧。景帝託孤，本來人之將死其言也善，即使先說幾句暖心話哄哄他，等皇帝撒手歸西再秋後算帳，也為時不晚。可栗姬脾氣上來，什麼皇帝，什麼託孤，全然不顧：你平時寵這個寵那個，現在你不行了，要斷氣了，想讓我照顧他們，我不幹！栗姬確實無法應對複雜的宮廷鬥爭，但是對於皇十子繼位卻有正面作用。

　　第一，她的存在轉移了竇太后的注意力。竇太后也是隻近視的螳螂，她想立自己的小兒子做儲君，把眼睛盯在了栗姬和皇長子劉榮身上，沒有看到背後的黃雀：王美人。

　　第二，由於栗姬的不理智，反而給王美人的勝出製造了空檔。大家也許還記得，栗姬跟景帝劉啟生了幾個兒子？三個，其中還有一個皇長子！這一點，是她勝算的最大資本，薄皇后無子無嗣，無法跟她同日而語。可惜她敵友不分，長公主屈尊求婚，上好的一張王牌，入不了她的眼；王美人在背後使陰招，她還要「謝謝啊」！

　　第四個女人，長公主劉嫖。劉嫖這個人，要叫我來概括，就一個字：貪！一貪寵，二貪貴。什麼叫貪寵呢？她不斷地向漢景帝推薦美女，圖什麼？討弟弟的歡心，博皇帝的寵愛，這是貪寵。再一

個，貪貴。堂堂皇姊，幹麼要攪到烏七八糟的宮闈爭鬥中去，皇家尊貴的最高級別不是名，不是利，恰恰是矜持！可惜長公主看不透這一點。她之所以跟栗姬鬧翻，跟王美人聯手，都是爲了一個目的：讓女兒陳阿嬌將來當上皇后！

這個長公主，在皇十子劉徹勝敗天平兩邊，又加注了哪幾個砝碼呢？

首先，她種下了漢景帝對栗姬怨恨的種子。怎麼講？長公主不斷地在漢景帝面前說栗姬的壞話，即使漢景帝沒有照單全收，哪怕只聽進去一半，也足以置栗姬於死地！漢景帝可以不要栗姬──年老色衰、脾氣暴躁的舊愛，但是，卻離不了劉嫖。你想，天子如果親自四處選美，成何體統？現在好了，不用你出馬，有姊姊體恤你，不斷地給你送！漢景帝清譽在外，還落得身邊美女不斷，何樂不爲！所以，長公主說栗姬的壞話，就是種下了漢景帝對栗姬的怨恨的種子。這個種子什麼時候開花結果？等到大臣們提出要立栗姬爲皇后了，這個種子瞬間開花結果，廢太子、貶栗姬，把栗姬的族人全部斬草除根！

另外，長公主劉嫖力挺劉徹，爲王美人在儲君之爭的正面戰場上，出了大力。王美人和皇十子位卑言輕，競爭太子位，他們還是勢單力薄；這就需要有人從旁相助。這個人是誰呢？長公主。就拿詆毀栗姬這件事來說，長公主再怎麼說，都不過分，人家是同胞姊弟一家親，大姑姊數落弟媳婦，就是說錯了，漢景帝也不會責怪。反過來，王美人對栗姬說三道四，只會適得其反。漢景帝生性多疑，你那樣詆毀她，是不是想取而代之呢？王美人之所以能最後勝出，劉徹由皇十子一躍成爲皇太子，得益於長公主充當了王美人的代言人。

看來，景帝朝太子之位的最終確立，薄皇后、王美人、栗姬、長公主，這四個女人都有意無意助了一臂之力，爲皇十子劉徹

繼位增加了砝碼。那麼，景帝朝最有權勢的女人──竇太后，她把寶押在自己的小兒子梁王劉武的身上，是不是就削弱了劉徹的勝算呢？

第五個人物，竇太后。我們先說對竇太后的評價。我剛才對劉嫖的評價是貪。這個竇太后呢，既「貪」且「霸」。大兒子已經是皇帝，還想讓小兒子也當皇帝！幸虧竇太后只有兩個兒子，要有十個八個兒子怎麼辦？做母親做到這個程度，太貪婪了。

再一點，霸道。她兩次公開提出要廢除祖制，立幼子劉武為儲君的繼承人。當然，她的霸道和她的地位有關，誰叫她是皇太后？漢朝的太后，似乎有干政的傳統，自呂后始，薄太后、竇太后，到武帝的母親王娡王太后，無一例外。

除了貪、霸，竇太后還有一個特點，蠢。竇太后蠢在什麼地方呢？蠢在她不知道小兒子劉武，完全不適合當皇帝；而且也不可能當上皇帝。一個諸侯國的國君，有謀殺大臣之罪，怎麼能當皇帝？再一個，竇太后想讓兒子劉武當皇帝；但是她沒有換位思考，「汝愛汝子，彼愛彼子」，漢景帝也是，也想立自己的兒子為帝啊！

那麼，這個又貪、又霸、又蠢的竇太后，在皇十子繼位的問題上，起了什麼作用呢？延緩。漢景帝在立太子的事情上，一直是非常遲緩。景帝前元年（前156）繼位，四年之後，為了堵住梁王，才立了太子。梁王第二次發力競爭太子之位，漢景帝頗費了些心思。先廢前太子，再封王美人為后，最後立王美人之子劉徹為太子，這中間相差至少四個月以上。為什麼等了四個月？漢景帝就是在想方設法做通竇太后的工作。栗姬感情用事被廢於前，梁王謀殺大臣排除於後，加上寶貝女兒長公主遊刃有餘，從中斡旋；竇太后終於把關鍵的一票投給了王美人，而劉徹順理成章地成為等額選舉的幸運兒。所以，竇太后只是延緩了王美人冊封皇后，延緩了劉徹

冊封太子，不能從根本上阻止這一進程。

　　五個女人，五種性情，各懷心事，選擇不同的路途奔跑，有的半路迷失，有的覓得捷徑，最終成就了劉徹繼位。這就好像一個生態圈，栗姬要趕走薄皇后，竇太后想幹掉栗姬，王美人又得擺平竇太后，長公主算是她的同謀，這五個女人相生相剋，頗耐人尋味。不過，我們講了那麼多，其實五個女人都抵不過一個男人——漢景帝。仲裁權把持在他的手上，所有榮華富貴必須由他來點石成金。

6.景帝清障：

皇長子自盡　干係難脫

五女博弈十子勝，不能不感歎造化弄人。然而，在漢王朝這個家族大企業中，真正的最高領導人漢景帝卻大打太極，別說當局者迷，就是旁觀者也鬧不清這葫蘆裡賣的究竟是什麼藥。塵埃落定，漢景帝又將何為？是安撫廢太子劉榮？還是力挺新太子劉徹？這位九五之尊的父親到底站在哪邊？

長子殞命

「從來只有新人笑，有誰聽到舊人哭。」幸運兒的身後，往往有倒楣蛋墊背。整個太子廢立事件，劉徹的幸運不言而喻。那麼，誰是倒楣蛋？廢太子劉榮。他本身並無半點過失，就因為母親一言不慎，大漢江山，咫尺之遙，失之交臂。然而，壞運氣總是結伴而來。貶為臨江王以後，又過兩年，漢景帝中元二年（前148），劉榮再次撞上槍口！有道是，削職抵罪。劉榮已經失去了最尊貴的太子頭銜；除了一條命，他還能拿什麼來贖罪？而他父親漢景帝，在性命攸關之時，又將做何表現？

廢太子劉榮犯的是逾制之罪。前面講過，漢景帝的弟弟梁王也是大搞「逾制」，惹得景帝一肚子火。廢太子劉榮怎麼會「逾制」呢？原來，他在做臨江王的時候，把自己的宮殿擴建到祖廟之地。祖廟是祭祀祖先的地方啊，麻煩大了！漢代各諸侯國、各郡郡府所在地有兩大祖廟，一個是漢高祖劉邦的廟，另一個是漢文帝

劉恆的廟，周圍有一圈低矮的圍牆。劉榮沒有侵占祖廟的內院，只把仍屬於祖廟範圍的周邊之地占了。可想而知，劉榮是經過周密策劃的，準備「智踩高壓線」。不過「再狡猾的狐狸也敵不過好獵手」！一份檢舉信遞上去，漢景帝立刻下令，召劉榮進京。據說，劉榮進京那天，剛一上路，他坐車的車軸就斷了。臨江國的百姓紛紛謠傳，國君這一去怕是回不來了。

到了京城，劉榮直接被送到中尉府。劉榮還心存僥倖：「朝中有人」嘛，何況這人還是當今皇上，自己的親生父親。誰知，中尉聲色俱厲、鐵面無私，一點沒把劉榮放在眼裡。這個中尉就是《史記·酷吏列傳》明文記載的一個酷吏——郅都。身為廢太子，劉榮的自尊心已經搖搖欲墜，經郅都一番冷言惡語，更是羞憤交加。兩人僵持不下，太子要求筆墨，想給父皇寫一封信，一方面說明情況，一方面表示謝罪。孰料這郅都非常強硬，堅決不給！誰說老虎屁股摸不得？我今天偏要摸！何況你還是隻沒牙的紙老虎！最後還是誰解了圍呢？就是竇太后的侄子竇嬰，因為做過劉榮的太子太傅，念及師生之情，偷偷給他送去了刀筆。劉榮寫完就自殺了。（臨江王欲得刀筆為書，謝上，而都禁吏弗與。魏其侯使人問予臨江王，臨江王即得為書，謝上，因自殺。）

小小中尉竟然逼死皇長子劉榮！此事傳出，朝野震驚，皇室寒心。劉榮「逾制」有錯，但罪不至誅！

如果劉榮不犯法，也不自殺，最後會不會還是被殺？這個問題要分兩點來回答。

命案蹊蹺

第一，劉榮為什麼要自殺？可以想像劉榮獄中的處境，一個詞：孤苦伶仃。劉榮當時不過十多歲，這麼小的孩子，太子之位剛

剛被廢，又被關進大牢，絕望之中最需要什麼？爹娘啊！但母親栗姬早已憂憤而死，母親娘家在朝中做官的人也都被誅殺。所以困境之中，僅存的希望就是「給父皇寫信」。可就是這一點卑微的要求也被拒絕了，曾經萬人擁戴的大漢儲君，如今連支筆也討不到。從小嬌生慣養的皇子，此時叫天不應叫地不靈。無助和恐懼攫住了他，劉榮無法承受，宿命般地走上了絕路。

第二，誰是整個事件的主謀？劉榮自殺，雖然事出偶然；但他死後，各方反應，著實蹊蹺！

第一個作出強烈反應的，是他的老祖母竇太后。竇太后聽說長孫自殺，勃然大怒，立即要求處死禍首郅都。竇太后是個很有權勢的女人，說她貪啊，霸啊，蠢啊，都沒錯。但是，她的這些人性弱點，終究只是出於一種天然的母性情感。對兒女，做母親的和外人的價值判斷絕對不同。不是說哪個有錢有勢了，她就喜歡誰；相反，她們往往心疼最潦倒的孩子。竇太后不是呂后。我們要理解這個人物，首先要把她當一個母親來看，其次才是一個擅權的女性。俗話說，「幼子長孫心頭肉」。人類的隔代情結最突出地體現在祖母和長孫之間。這個長孫先是被廢，接著竟因為一點小錯被逼自殺！竇太后當然要求立即處死郅都！對於此事，郅都到底負有多大責任，她根本無暇分辨。

第二個受到刺激的人是誰？按常理來說，人生一大痛事：「白髮人送黑髮人」，一國之君竟不能保全兒子性命，手捧絕命書——曾經的求救信，做父親的該是怎樣的痛徹心扉！然而，漢景帝一不痛心，二不震驚，好像死的是別人的孩子。他很被動、很勉強地把逼死兒子的郅都免了官，以罰代殺。這還不夠，沒幾個月，漢景帝竟然派人到郅都家中送上一個大禮——任命郅都為雁門郡太守。還有一個附贈品，給他特權，作為邊郡太守，郅都可以便宜行事。所謂「便宜行事」，就是遇到緊急情況，郅都可以不向任何人

報告，自主處理。天下竟有如此涵養深厚的父親！

景帝曰：都忠臣。竇太后曰：臨江王獨非忠臣邪？最終，郅都被竇太后羅織的罪名所殺。

面對「仇人」郅都，母子的反應天壤之別。竇太后欲「食肉寢皮」很正常，漢景帝「無動於衷」卻令人詫異。從中我們能品出點什麼呢？

漢景帝不是一個任人擺布的皇帝，眾人皆動他不動，其實，人人都是他棋盤上的棋子。那麼，如此心思縝密的皇帝，讓酷吏郅都審訊廢太子劉榮，是何用意？

我們先查詢《史記・酷吏列傳》的記載，看看郅都究竟是怎樣一個人。

郅都原是漢景帝身邊的侍從。有一次，景帝外出打獵，隨侍的除了郅都，還有一個賈姬。途中，賈姬去皇家獵苑的衛生間。不知道從哪兒冒出來一頭野豬，也跟了進去。漢景帝眼睜睜看著賈姬和野豬，一前一後進了衛生間，大驚失色。

一向薄情的漢景帝怎麼突然知道疼人了呢？原來，漢景帝一共十四個兒子，其中賈姬生了三個，僅次於王美人的妹妹王兒姁，屈居亞軍。無子無寵，有子有寵，由此可見賈姬在漢景帝心目中地位非同尋常。情急之下，景帝使眼色給郅都，叫他進衛生間解救賈姬。郅都文風不動，權當沒看見。景帝急了，提著劍往裡衝。郅都攔住景帝，「噗通」一聲跪下來：皇上，您即使不愛惜自己的生命，也得為太后、為大漢江山著想啊！為了一個女人，您怎能如此冒險呢？

郅都是酷吏，漢代的酷吏有一個共同特點，就是只忠於皇帝一個人，其他人的死活與他無關！後來，野豬在衛生間裡晃蕩了一圈，出來了；緊接著，花容失色的賈姬也出來了，一場虛驚。這次獵場驚魂立即被報到竇太后那兒。竇太后一聽，好個忠臣！救子有

功！於是重賞郅都，大加信用。

「獵場驚魂」是第一件事。

過了不久，齊地的濟南郡有一個姓瞯的人家，仗著宗族勢大，為非作歹。太守對此束手無策。漢景帝毫不猶豫，把郅都派過去。郅都一上任，眨眨眼就把黑幫老大殺了。一時間全城悚然，臨城的郡守見了郅都都像見到頂頭上司，低眉順眼，察言觀色。這是郅都的第二件事：鎮壓豪強。

講到第三件事，真相昭然若揭。當年漢景帝一邊廢太子、貶栗姬，還殺盡了栗姬在朝中的所有親屬，而行刑的劊子手是誰呢？正是郅都！這其中還有一個小插曲，本來負責主審栗姬親眷的中尉並不是郅都，是一個叫衛綰（西漢代國大陵人，歷任中郎將、河間王太傅、太子太傅、御史大夫，並做過三年丞相）的人。漢景帝覺得衛綰太老實，沒魄力，不適合做這種殺人的事；就把衛綰叫來說，衛大人日理萬機，辛苦啦！這樣，朕放你幾個月大假，讓郅都頂替你，怎麼樣？衛綰一走，郅都到任，把栗姬的親屬趕盡殺絕。這樣我們就不難明白，為什麼一落到郅都手裡，劉榮馬上崩潰，因為他娘這一支的親人都死於這個「魔王」之手，自己也命不久矣！

憑這三件事，看得出漢景帝對郅都是「知人善任」，何時何地如何任用，他心知肚明。

如果漢景帝想放劉榮一馬，只要換下郅都即可，可是他沒有。難道他不想放過兒子劉榮嗎？劉榮之死的背後究竟有著怎樣不可告人的秘密呢？

如果我們把這兩件事串聯起來：其一，劉榮自殺以後，竇太后跟漢景帝的兩種不同反應：一個痛心疾首，一個麻木不仁。其二，漢景帝任命殺死栗姬娘家人的郅都為案件主審人。至少可以得出一個結論，劉榮被逼自殺，漢景帝脫不了干係！甚至有可能是漢

景帝早就盤算好了的，從廢太子那天起，這次殺人計畫已經列入議事日程。

幕後之凶

我個人認為，皇長子劉榮之死，漢景帝是主謀，這是一起「父殺子」案！令人不解的是，一個父親，而且還是九五之尊的皇帝，為什麼一定要逼殺自己的長子呢？何況兒子已不做太子，不足以威脅他人，何以如此狠心非得趕盡殺絕？

我想，不外乎兩個原因：

第一，廢太子對現任太子的威脅。歷朝歷代被廢太子的結局都非常慘，因為太子是儲君，是後備君主；總有一些大臣圍繞在他的身邊，目的只有一個：培養潛力股。一朝太子登基，擁立太子的功臣，就相當於大筆原始股持有者，昔日的投資定獲豐厚回報。高官厚祿，榮華富貴，必將源源不斷，滾滾而來。但是，任何投資都是有風險的。如果登基未成，半路夭折，成為一個廢太子，其中的盤根錯節就成了新老皇帝的心腹之患。因為這些人為了挽回自己的投資成本，隨時可能把廢太子再次抬出來，和新太子抗衡，攪亂時局。這就是劉榮的必死的原因，他的廢太子身分，注定他隨時可能被皇帝、新太子當作政敵，視為隱患。

劉榮被貶到臨江後，本應非常清楚自己的地位。你已經被廢了，你的母親已死，母親家族的人也被殺盡。在這種情況下，必須戰戰兢兢，如履薄冰；劉榮卻自作聰明，擴建宮殿，侵占祖廟。這已不是「莫須有」之罪，而是昭然若揭的違法事實！

這樣來看，劉榮遺傳了母親栗姬的一個致命弱點：缺乏自知之明！他完全意識不到自身的危險。過去是「一線」太子，現在好歹還是皇子吧，是諸侯王吧；儘管退居「二線」，撈些特權還是

可以的吧。殊不知，被廢掉的太子絕對遠遠不及其他「二線」諸侯王。諸侯王從來沒有做過太子，不可能對新太子構成太大威脅。唯獨廢太子，你的存在就是新太子的眼中釘、肉中刺，恨不能除之而後快。你竟然還「逾制」犯忌，必定是咎由自取！

第二，擊潰「廢太子」黨。當年劉邦愛憐嬌妻幼子，想讓戚夫人的兒子趙王劉如意繼位，把呂后生的惠帝劉盈換下來，不過雷聲大雨點小，費了好大勁兒也沒得逞。為什麼呢？劉邦這時候還在講民主，凡事和大臣們商量，希望能夠群策群力。大臣們一不同意，劉邦就讓步。

漢景帝完全是另一種風格。他廢太子是突然發力，來勢兇猛，打了群臣一個措手不及！但是，他還是遭遇了強大阻力，依然有「不畏死」的權臣忍不住要管這樁不是「家務事」的「家務事」。一個是周亞夫，就是平定吳楚七國之亂的太尉。另一個呢？就是平定吳楚七國之亂的大將軍竇嬰。這兩人既是重臣，又是功臣，因為平叛有功，竇嬰被封為魏其侯，周亞夫為條侯。難得這兩位浴血沙場的黃金組合，朝堂之上更是意氣相投、惺惺相惜。朝中大事，條侯和魏其侯，這兩張至關重要的選票，往往投進一個票箱內。景帝提出廢太子劉榮，條侯和魏其侯再次達成共識：反對！然而，反對無效！漢景帝一旦決定了，那就是「鐵板釘釘」，而且還回了腳，沒人能拔得出來！

皇上鐵腕，做臣子的應當知難而退。但是，周、竇二人「牛」勁很大。周亞夫原來跟景帝關係非常好，當年借「平叛」打擊梁王，兩人連夜促膝長談，不是「自己人」，以景帝的城府，怎麼可能向周亞夫交底？但因周亞夫力保劉榮，二人關係從此破裂。竇嬰原來是太子太傅，專門教導太子劉榮，眼看自己一手帶大的得意門生，如被縛小雞，孤立無援，任人宰割；竇嬰心更痛，行為更出格！乾脆稱病不朝，蹺班了！

　　大家從景帝的角度來看整件事。朝中最為德高望重的兩大權臣，都是廢太子劉榮堅定不移的擁護者，漢景帝能不提防嗎？以他們的作風，憑他們的實力，一旦景帝百年，這二人再打出擁立廢太子劉榮的旗號，新太子劉徹能與之抗衡嗎？誰說廢太子劉榮已為「魚肉」了呢？這不是有兩位來自決策層的強硬派人物一直在力挺他嗎？這二位越是護佑著劉榮，漢景帝就越是不能放過劉榮；他們的態度越堅決，景帝的下手就越快、準、狠。「逾制」只是導火線，「廢太子」黨和漢景帝的默默僵持才是真正火藥桶。所以，擊潰「廢太子」黨，滅絕群臣再次擁立「廢太子」的幻想，是漢景帝謀殺劉榮的根本原因。

　　「景帝清障」，為誰清障？清什麼障？講了半天，真正的受益者還沒有出場。新太子劉徹，才是導致一切恩怨的根源。為了新太子劉徹，為了清除他登基道路上的第一個，也是最重要的障礙——廢太子劉榮；除了迫使劉榮自殺，景帝別無上策。漢景帝偏愛皇十子劉徹嗎？不是。換了皇二子、皇三子、皇十一子，誰坐在這個太子的位子上，景帝都會為他清障。景帝是父親，可他更在乎的角色是皇帝。這就決定了他的庇佑只能給新太子，給不了廢太子。終人一生，誰不曾遭遇這樣的兩難境地？誰又能坦然作出如此冷靜的抉擇呢？

7.平安太子：

周亞夫就範　除卻心患

太子，年輕而高貴，立於權力的風口浪尖，無一兵一卒自保，恰似寶玉易碎。從太子到武帝，整整九年（7–16歲）的預備役，劉徹怎樣度過這段風雲變幻的成長期？漢景帝如何苦心經營，爲愛子鋪平登基大道？

細柳營中有亞夫

漢景帝的皇長子劉榮非常不幸，立太子四年後被廢，兩年後被逼自殺。景帝可不想讓這樣的悲劇在新太子身上重演。

漢景帝運用了怎樣的手腕，保證大漢政權平穩過渡呢？

第一步，他除掉了廢太子劉榮。爲新太子劉徹掃清了可能捲土重來的政治敵手；同時震懾諸皇子，斷絕他們對太子位的覬覦。

那麼第二步呢？他還有什麼樣的手腕，保證大漢政權的平穩過渡呢？

第二個讓漢景帝放心不下的人，就是平叛吳楚七國之亂的功臣條侯周亞夫。

周亞夫是太尉周勃之子。因爲長兄周勝犯法被廢，周亞夫繼承父親的爵位，封爲條侯。而周亞夫之所以「大牌」，始於他和漢文帝之間一段百世流芳、英雄浪漫的「細柳營之會」。

漢文帝後六年（前158），匈奴大舉入侵，直接威脅京城安全。漢文帝調撥三支軍隊，分別在霸上（今西安城東）、棘門

（今咸陽市東）、細柳（今咸陽西南渭河北岸）三處紮營，拱衛長安。漢文帝御駕親臨三大軍營，挨家逐戶送去慰問。先至霸上、棘門，主帥莫不熱烈出迎，士兵莫不歡欣鼓舞。看著糧草充沛、士氣高昂，漢文帝懸著的一顆心也就放進了肚子裡。

　　最後，慰問團走到周亞夫的細柳營，出問題了。先頭人員近前一看：但見守營士兵一個個弓上弦、刀出鞘，寒光閃閃，嚴陣以待。先導部隊人家不讓進！漢文帝又派隨從傳話，皇帝來看大夥兒啦！誰料士兵不買帳，冷冰冰回了一句：軍營只聽從將軍命令，不知道皇上的命令！好話說盡，仍是營門緊閉。

　　無奈之下，皇帝使出最後一招：節信！就是派人拿著皇帝的信物，證明確是皇帝親駕勞軍。士兵們得將軍之令，這才打開營門，讓皇帝一行進來。緊接著，守營門的軍士告誡慰勞大軍，軍營之中騎馬不能超速。

　　漢文帝只好帶著隨從，勒著馬韁，徐步緩行。行至帳下，見到了說一不二的周亞夫。周將軍一身戎裝，英武非凡。那時的戎裝，類似於今天的防彈衣，材質堅硬，能抵擋各種兵器的傷害。不同的是，古代戎裝包裹得更嚴密，除了露出一雙眼睛瞄準目標，伸出一雙手攻擊敵人，其餘的地方：頭、肩、肘、四肢，全是硬邦邦的鐵甲。所以，周亞夫一邊拜見，一邊解釋：臣戎裝在身，不能行跪拜禮。

　　檢閱完三大軍營，漢文帝神清氣爽。回宮路上，有人開始嘀咕：這個周亞夫何方神聖？如此傲慢！漢文帝長歎：眾人不知周將軍一片苦心啊！拿霸上和棘門的軍營和周亞夫的細柳營相比，一個是小孩過家家，一個是固若金湯。霸上營、棘門營，一次偷襲就可攻破，而周將軍的軍營任誰也無法撼動啊！（既出軍門，群臣皆驚。文帝曰：嗟乎！此真將軍矣！曩者霸上、棘門軍，若兒戲耳，其將固可襲而虜也；至於亞夫，可得而犯邪。）

　　「細柳營之會」因此成爲極具英雄浪漫主義色彩的文化符號,而「細柳營」更是堡壘牢不可破的代名詞。隨手翻開中國文學史,以細柳營爲命名的詩篇眾多。(唐)胡曾〈細柳營〉這樣寫道:文帝鑾輿勞北征,條侯此地整嚴兵。轅門不峻將軍令,今日爭知細柳營。

　　文帝臨終,密授兒子景帝:國家急難,起用周亞夫。君臣信用,可見一斑。景帝前元三年(前154),吳楚七國叛亂,周亞夫平叛有功,景帝七年(前150),周亞夫官拜丞相。

將軍死亦爲鬼雄

　　據《史記·絳侯周勃世家》記載,周亞夫作風嚴謹、秉章辦事,知無不言、言無不盡,對比不動聲色、擅打「太極」的漢景帝,二人難免出現交流遮罩、溝通阻礙。果然,對於景帝朝三樁重大人事安排,周亞夫一次又一次力阻皇命,攪出了一連串不和諧音符。

　　周亞夫爲什麼不顧一切,去扮演一個「持不同政見者」的刺兒頭?漢景帝又是如何處理這段敏感的君臣關係呢?

　　第一件事,阻止漢景帝廢立太子。周亞夫此舉動機非常單純,就是要維護太子廢立的基本原則:太子沒有大惡不能立而復廢。周亞夫不是竇嬰,沒有做過廢太子劉榮的老師,一生戎馬倥傯,難得陷入是非漩渦,更勿論與劉榮私交。他執著於事件本身的得失判斷,而看不到事件背後人與人的微妙關係,又或者他根本不屑於去留心這些雞零狗碎。景帝七年(前150),爲了一個廢太子,「謀國不謀身」的周亞夫終於引火上身。(五歲,遷爲丞相,景帝甚重之。景帝廢栗太子,丞相固爭之不得,景帝由此疏之。)

　　第二件事,阻止漢景帝封王信爲侯。王信是新皇后王娡(漢武

帝之母）的哥哥，新太子劉徹的舅父。王娡深諳「媳婦」之道，堅定不移地走大姑姊路線。一樁「娃娃親」就收服大姑姊長公主；又在婆婆竇太后之前，強化「乖媳婦」的形象。老太太就喜歡低眉順眼的小媳婦。於是，竇太后主動提出，要封皇后王娡的哥哥王信爲侯。

周亞夫又一次站出來：我反對。爲什麼反對？就是劉邦白馬盟誓的三句話：非劉氏不得王；非有功不得侯；不如約，天下共擊之。今信雖皇后兄，無功侯之，非約也。景帝默然而止。不姓劉不能封王，沒有功不能封侯，如果違反了就是大逆不道。

周亞夫堅持，皇后的哥哥王信毫無建樹，不能封侯。景帝默然而止。我們知道，景帝是最擅長借力使力的「太極」皇帝。這次封侯，在他心裡早就畫了一個「叉」，但景帝又不能違逆母親竇太后的旨意。他知道朝議時，自然會有人出來接這個罵名。果然，周亞夫義正詞嚴地上場了。武夫周亞夫不行，跟刀槍棍棒處久了，說話也硬邦邦、冷冰冰的。漢景帝故作無奈地拒絕了竇太后的提案。他既利用了周亞夫的原則性，又不滿周亞夫的生硬表現。

第三件事，阻止漢景帝封匈奴降將。景帝朝，出了樁振奮國人的大事件：五位匈奴將領投降大漢！這的確是件讓大漢王國八面威風的事。漢景帝非常得意，爲了進一步顯示受降國君的海量氣度，決定封這五位降將爲侯。

周亞夫又來了：我反對！這是他第三次投反對票。

這次漢景帝和周亞夫兩個人是槓上了，漢景帝堅決要封，周亞夫堅決阻封。我們今天來看這件事，很難說誰錯誰對。對於漢景帝來說，「造勢」也不光是虛名，還有策略上的考慮。匈奴將領降漢者不多。現在有五個人投降，封了他們，就可以鼓勵更多的匈奴將領投降。所以，漢景帝「要封」有道理。

那麼，周亞夫「阻封」的理由是什麼呢？周亞夫說，這五個人

本是匈奴將領，現在投靠漢朝，對於匈奴單于，他們就是不忠之臣。一群貳臣逆子，我們大漢還把他們當寶，這不等於鼓勵大家都去變節做漢奸？你看，周亞夫的反對也有道理。他從道德的立場，做出了判斷。（其後，匈奴王徐盧等五人降，景帝欲侯之以勸後，丞相亞夫曰：彼背其主降陛下，陛下侯之；則何以責人臣不守節者乎？景帝曰：丞相議不可用。乃悉封徐盧等為列侯，亞夫因謝病。景帝中三年，以病免相。）

頂歸頂，最終拍板權還在漢景帝手裡：當然要封！漢景帝這邊一封，周亞夫那邊就撂挑子，索性泡病假，我不幹了！漢景帝也來了脾氣：請病假，我批准！您乾脆後半輩子都歇著吧！一聲令下，把周亞夫的丞相職務給免了。

這樣，周亞夫從一代名將，景帝朝的最大功臣，變成一個賦閒在家的長休病號。

畢竟是兩朝元老，周亞夫的影響和能力都不可小視；雖然忠言逆耳，漢景帝還是想再試探試探周亞夫，給他一個東山再起的機會。

那麼，周亞夫能不能領會漢景帝的一番美意呢？

這一天，漢景帝請他吃飯。周亞夫欣欣然奔赴酒宴。坐到席間一看，一大塊肉！這一大塊肉，四四方方、平平整整，類似西餐牛排。大塊吃肉，大碗喝酒，壯士！可這塊「牛排」既沒有切開，也不給任何餐具，眼瞅著沒法下嘴。周亞夫急了，這不是有意消遣老夫嗎？風風火火地，找主管安排酒宴的官員（尚席）：給老夫來一套餐具。

漢景帝火了，只問一句：你還不知足嗎？意思是：你這個犯了錯誤、討人嫌的倔老頭子，我把你請過來，分你這麼一大塊肉，你還不滿足嗎？周亞夫心想，這塊肉只能看，不能吃啊！見漢景帝在氣頭上，也不敢還嘴，連忙站起來，脫下帽子請罪。景帝不依，周

亞夫只好憋著一肚子火走了。周亞夫在前面走，漢景帝在後面指著他的背影一通斥責：這絕不是一個侍奉少主之人！

這個結論非常可怕，不是侍奉少主之人，那就是亂臣賊子，背後的意思就是要把這根「刺」給剔掉。

我們回頭來破譯一下漢景帝的這個「牛排之謎」──

漢景帝請人吃飯，搞這麼一整塊肉，既沒切好也不給餐具，用意何在？周亞夫典型的「一根筋」，哪有這個悟性？原來，漢景帝在暗示周亞夫，沒有我的幫助，再好的肉就是到了你嘴邊上，你也吃不到。所以，漢景帝在用「吃肉」這件事，比附周亞夫的立功，你憑什麼居功自傲啊？沒有我，你能立功嗎？你的相位，是皇上給的；你的大軍，是皇上派的；你浴血奮戰，所向披靡，那也是皇上的天威。

所以，周亞夫這時唯一能做的就是：離席，向皇帝謝罪，臣無能，皇上聖明，服了您了！這樣，漢景帝就會放過你。周亞夫雖破敵無數，卻從不會揣摩人心；絲毫沒有琢磨出其中的奧秘。他野性難馴，很難博皇上喜歡。

看來，從古至今，都有只琢磨事不琢磨人的人。周亞夫就是！他只需把帶兵打仗的頭腦分出一點點，來琢磨漢景帝，斷不會栽那麼大的跟頭。反過來，只琢磨人不琢磨事的人，或許終身一事無成，但八面玲瓏、巧舌如簧，仕途反而順風順水。

漢景帝「只做不說」，周亞夫又「只琢磨事不琢磨人」，君臣之間因為「牛排之謎」，產生了致命誤解。

預感死期將至，周亞夫的兒子走後門、託關係，想給頤養天年的老父買五百套鎧甲，準備作為殉葬的陪葬品。在漢代，私人購買鎧甲絕對違法，何況還是直接從國家倉庫裡購買？周亞夫的這個兒子，心疼父親到無微不至，對待下人卻十分苛刻。本來鎧甲那麼重，搬運的時候相當累，他還不把工錢給足。於是這些搬運工人就

告狀，告周亞夫兒子買軍械造反！

　　案子很快上報漢景帝。漢景帝一看，周亞夫的兒子，又牽扯到周亞夫。立即批轉查辦。批復到廷尉府，廷尉府文書官拿著景帝批示、法律條文，跑到周亞夫家中做筆錄。周亞夫怎麼辦呢？好好解釋，爭取寬大處理吧。沒有！周亞夫一字不答。

　　文書官碰了一鼻子灰，立即上報。（書既聞上，上下吏。吏簿責條侯，條侯不對。景帝罵之曰：吾不用也！）於是，就有了《史記》中記載的漢景帝唯一一次破口大罵：吾不用也！我不需要核實了！你不服軟，就下地獄吧！

　　漢景帝下令召周亞夫到廷尉府（九卿之一，主管全國刑事案件，相當於最高法院）受審。廷尉指責周亞夫說：你想造反嗎？周亞夫回答：我買的是殉葬用品，怎麼能稱作是造反呢？廷尉狡辯地說：你即使不在地上造反，也想在地下造反。（廷尉責曰：君侯欲反邪？亞夫曰：臣所買器乃葬器也，何謂反邪？吏曰：君侯縱不反地上，即欲反地下耳。）周亞夫越是據理力爭，這些主審官對周亞夫越是肆意污辱。這樣，一代名將周亞夫，投入大牢，絕食五日，吐血而死。

　　漢景帝因為護佑少主而逼殺重臣周亞夫。其實，周亞夫對太子劉徹沒有任何威脅。周亞夫的「三阻」表明他是一位恪守臣道之人。即使在位也不會威脅少主；何況景帝朝末期，他已經賦閒在家，朝中大事鞭長莫及。所以，我認為，極端獨裁的皇權與不肯示弱的相權之間的尖銳衝突，才是周亞夫之死的根本原因。

　　漢景帝也算得上中國歷史上的好皇帝。然而，吳楚七國之亂他枉殺晁錯，平定吳楚七國之亂後他冤殺周亞夫。所謂的好皇帝只是對國家的治理有貢獻，對歷史的發展有貢獻；就個人而言，好皇帝同樣是極端的獨裁者，同樣霸道、殘忍。

工於心計受重用

為了愛子劉徹能成為景帝朝的平安太子，順利繼位。漢景帝披荊斬棘，除掉廢太子劉榮，力拔老丞相周亞夫；做完減法之後做加法，景帝又費心給太子安排一個輔佐他的領路人。

這個人就是我們前面提到過的，被郅都頂下來的老實人衛綰，漢景帝任命他做太子劉徹的太子太傅，也就是太子的老師。按說太子的老師一定是學富五車的讀書人吧？可衛綰是什麼出身呢？《史記》記載，衛綰因為車技一流而（以戲車為郎）做了漢文帝的侍從。換句話說，衛綰從前不過是一名車把式，卻連升三級，成了現任太子身邊的教頭。

看來出身不重要，關鍵是能否入得皇上的法眼。剛愎自用者太重，用不動；逆來順受者太輕，坐不穩；只有剛柔相濟的人，分量正好，最為得力。

衛綰沒沒無聞，不卑不亢，倒是先被漢文帝重用，後來，又被當時還是太子的景帝看好。這又是怎麼一回事呢？

原來，當漢景帝還是太子的時候，曾請漢文帝身邊的一些官員到太子府中，參加一個盛大酒宴。幾乎所有被邀請的人都忙不迭地準時赴會。只有一個人，稱病不去，這個人就是衛綰。可事實上，衛綰並沒有生病，他真實的想法是什麼呢？作為文帝身邊的侍從，你心急火燎跑到太子宮中去喝酒，很容易給老皇帝造成一種印象：你提前去巴結、交往未來的新皇帝，是不是覺得我不久於人世了？沒有利用價值了？忙著找新靠山，改換門庭？察言觀色、工於心計的衛綰沒有去。（孝景為太子時，召上左右飲，而綰稱病不行。）

後來去的人太子沒印象，反而是不去的人被太子記住了。漢景帝繼位後，對他身邊殷勤侍奉的衛綰不理不睬，不聞不問，冷淡

異常。這就是惦記上了。衛綰怎麼辦呢？一味勤勉工作、任勞任怨。不久，漢景帝外出打獵，竟一反常態，和風細雨，讓衛綰上來做他的參乘，就是陪他坐車。衛綰剛剛坐定，漢景帝就問他，知道我今天為什麼請你坐我的車嗎？衛綰說，不知道啊。我本來不過一個車夫出身，聖上卻叫我上來坐車。漢景帝也不解釋，意味深長地說，那一年，我請客，所有的人都來了，你為什麼不來？

以景帝的高智商，他怎麼會不知道衛綰當年不赴宴的真實原因呢？你不是忠於老皇帝嗎？那你現在願不願意效忠我呢？所以他不死心，還要問。衛綰呢？既然我說過的話，就不能反悔。請皇上原諒！那天我確實病了。

臨下車，漢景帝意猶未盡，說，我賞你一把劍吧！衛綰回答，劍是多麼貴重的禮物啊，我不敢要。先皇賞給我的六把劍，還在家裡放著呢。漢景帝不信，愛卿說笑了，一般人拿到劍，要麼是佩戴，要麼是互贈，你擺在家裡幹麼呢？漢景帝疑心極重，馬上派人到衛綰家去察看。果然，六把嶄新的劍，爍爍放光，全在牆上掛著，一點兒沒用過。使者如此這般一說，漢景帝更加受用，因為這表明了衛綰對皇上賞賜相當重視。

看看衛綰，既會裝傻充愣，又善表白心跡；從車夫升遷太子太傅，官居丞相。又想想周亞夫，倔強自我，從不妥協；從丞相落入罷官歸田，慘死獄中。一個駕轅扶車的老車夫，一個調兵遣將的大將軍；智商高下，一望即知，情商強弱，不也昭然？世事如此，怎不叫人心生浩歎！

【武帝新政】

8. 董生對策:

仲舒定大政　獨尊儒術

「十年寒窗無人問，一舉成名天下知。」一位寂寞書生的出現，爲大漢王朝，乃至兩千多年的中國封建社會，定下了「罷黜百家，獨尊儒術」的政治基調；成爲上繼孔子、下啓朱熹的里程碑。他就是董仲舒。董仲舒憑什麼一鳴驚人？武帝因何如獲至寶？成名後的他能否實現「兼濟天下」的書生之夢呢？

天人三策驚漢武

中國有史以來，第一個出了名的「書呆子」，非董仲舒莫屬。一則「目不窺園」的勵志故事，鼓舞了一代代學人淡泊名利、潛心向學。

「目不窺園」的記載出自《漢書・董仲舒傳》。董仲舒這個「讀書蟲」，在景帝朝已經做了博士。那時候的博士是一種職官，實際就是皇帝的學術顧問。知名學者董博士有一所花園套房，可他整天鑽在書房裡，研讀儒學。春日，萬紫千紅開遍，看不見。夏夜，禽鳥百蟲爭鳴，聽不見。寒來暑往，三年沒有踏進後花園一步，因此，人們稱讚他「三年不窺園」。「三年不窺園」後來精鍊爲成語「目不窺園」，形容一個人專心苦讀，心無旁鶩。

景帝下世，武帝登基。一朝天子一朝臣。「目不窺園」的書生董仲舒的學人生涯又會因此發生什麼轉機？

漢武帝建元元年（前140）十月，也就是漢武帝即位的當年，

下詔「海選」。「海選」什麼呢？這次「海選」主題是：賢良方正、直言敢諫。既是「海選」，就要不設門檻地選人才。

這次，董仲舒「舉首」，考了第一名。

皇帝提問，考生回答。這個過程叫「對策」。漢武帝一連三次提問，叫策問；董仲舒一個不落地回答三次，就叫策文。這就有了歷史上毀譽參半的〈天人三策〉。

〈天人三策〉到底說了些什麼？漢武帝為什麼如此看好「書呆子」董仲舒呢？

所謂〈天人三策〉，就是有關天人關係的三篇策文。「天」指上天，這是一個非常抽象的概念。它既不是我們看到的「天」，地球的大氣層；也不是我們知道的「天」，茫茫的大宇宙。而意味著人力所不能控制的自然關係和自然規律，以及這一切的總和。因此，中國古代把「天」也常常稱之為「天道」。至於人，就是你我他，是社會生活中的人群。

千古書生定廟堂

如此精湛的整套理論，董博士是怎樣推銷出去的呢？「興趣是最好的老師。」要激發16歲皇帝的興奮點，最好就從新人上任的「三把火」談起。

〈天人三策〉第一點，新王改制。一個王朝建立以後，新登基的皇帝就是「新王」。改制，「改」是改變，「制」即一整套制度儀式。董仲舒認為，「改制」必須從外在的「儀式」做起。包括兩點：第一，「改正朔」；第二，「易服色」。即「改正朔，易服色，以順天命而已」。

先來談「改正朔」。「正」就是正月，是一年之首；「朔」是初一，是一月之首。所以「改正朔」，按照現在最簡潔的表達，就

是改變曆法。

什麼叫「易服色」呢？「易」也是改變，「服」不僅僅是王朝的服裝，還有祭祀的牲口啊、車馬啊等等，顏色都要變。中國每一個王朝都崇尚一種顏色；夏朝尚黑，商朝尚白，周朝尚赤。新王朝建立以後，舊王朝的顏色扔到一邊，大臣合計，新王拍板，決定標誌新王朝的顏色。

這不是做表面文章嗎？這套儀式能否吸引漢武帝的眼光呢？事實上，年輕的漢武帝瞬間就被說服了。

因為，這套儀式是從理論上求證新政權的合法性。劉邦一介草民，怎麼當上皇帝的？漢朝代替秦朝是異姓取代前朝的重大事件，在普通老百姓眼裡，不就是折騰唄！「王侯將相寧有種乎？」大家能不能跟你的風？也搞上幾年，把你趕下去，自己當皇帝？你奪秦朝的天下，我們再奪你劉姓江山。關於這一點，董博士還有四個字：「順應天命」。這裡暗含了一個什麼意思呢？就是君權神授。新朝奪取舊朝是天意，不是任何人憑藉武力和計謀就可以辦得到的。因此，新政權是合法的。

經過董博士一番推理假設、概念置換，神聖的光環馬上罩在歷代皇帝的頭上，從而論證了西漢王朝的合法性，而君主是「真命天子」，上天的兒子，命中注定被派來解救蒼生於「倒懸」的。

如果進一步分析，君權神授其實是一把雙刃劍。第一是承認君權，第二是限制君權。你能當皇帝，是上天賜給你的；反過來，你如果像秦始皇一樣胡作非為，上天就會警告你。警告多次，上天就不再支持你了，就要剝奪你的權利。

其後的論著中，董仲舒把這種觀點繼續放大、精鍊；不斷用地震、日食等告誡皇帝，一旦出現這些現象，趕緊閉門思過，反省所作所為為何令天怒人怨。這就是書生意氣的董仲舒，曲折表達著自己的政治思想，一廂情願地認為這種理論堅不可摧，並希望以此馴

化無道君王。

董博士〈天人三策〉第一擊「新王改制」，捍衛了西漢王朝的合法性，給年輕的新君吃了一粒定心丸。因此，深得少年天子的欣賞。

〈天人三策〉第二點，「大一統」。所謂「大一統」，就是高度重視天下統一。這個觀點得益於董博士三年不窺園，曾定點攻克《春秋公羊傳》。（《春秋》大一統者，天地之常經，古今之通誼也。）這一點與武帝的政治理想一拍即合。景帝一朝「七國之亂」，堂堂大漢竟賴和親苟安，這些都令他痛恨不已、如鯁在喉；中央集權，一統華夏，是漢武帝一生孜孜以求的夙願。

〈天人三策〉第三點，「興太學，舉賢良」。任何時候，人才都是稀缺資源；所以，古有伯樂，今有獵頭。怎樣發現人才？邂逅？大海撈針；世襲？良莠不齊。只有將選才制度化、規範化，才能保證人才輸送的長期、有效。董仲舒就是憑「舉賢良」脫穎而出。董仲舒將前人積累的經驗向前推進一步。讓「舉賢良」成為一種定期的人才選拔制度：要求每兩年，面向全天下的儒生，進行一次海選，廣招賢士。（臣愚以為，使諸列侯、郡守、二千石，各擇其吏民之賢者，歲貢各二人，以給宿衛；且以觀大臣之能。）

古語說：授人魚不如授人以漁。與其送你一條魚，不如教你捕魚的方法。「舉賢良」無疑是董仲舒教授漢武帝如何「捕魚」的。除此之外，董博士還有妙招，教漢武帝如何「養魚」。

這就是「興太學」，培養人才。太學就是設立在京城的國家最高學府。（古之王者明於于。是故，南面而治天下，莫不以教化為大務，立太學以教於國，設庠序以化於邑。）董仲舒建議設立的太學是中國歷史上第一所國立中央大學。到了隋代，太學之外又成立了國子監，國子監既是最高學府又是這個最高學府的管理機構。當然，太學完全不同於現代意義上的大學，它僅指設於京城的最高學

府。設庠序以化於邑。而當時在京城之外也開辦了很多學校。

董仲舒還建議諸侯、郡守等高官，每年必須向國家推薦兩名人才，並以此考察大臣的識別能力。如果舉才不當，則要處罰推薦者。（所貢賢者有賞，所貢不肖者有罰。）董仲舒將舉賢制度化（歲貢各二人），是一個重大創舉。只有舉賢制度化，才能使人才輩出。

這種舉賢制實際上就是漢代的察舉制。

中國古代的人才選拔大體經歷了六個階段：遠古社會的「選賢任能」制，周代的「世卿世祿」制，春秋戰國秦漢初的軍功爵祿制，漢代的察舉徵辟制，魏晉南北朝的九品中正制，以及自隋代以來實行了一千三百多年的科舉制。

〈天人三策〉第四點，「尊儒」。現在我們一提董仲舒，就會想到「罷黜百家，獨尊儒術」，其實這話不是董仲舒說的，〈天人三策〉中的原話是：諸不在六藝之科、孔子之術者皆絕其道，勿使並進。只要讀「六經」就行了，其他的課外書就不要讀了，好好學你們的《詩》、《書》、《禮》、《樂》、《易》、《春秋》吧。「六經」實際上是五經，《樂》經春秋戰國以後就失傳了。好了，現在儒學就是各位的糧票！做官、做人一個都不能少。

「防民之口甚於防川。」其實，最難約束的不是行為，而是思想。為此，秦皇漢武，啟動各自的智囊團，打出截然相反的「文化牌」。秦始皇焚書坑儒，不准讀書，漢武帝允許讀書，卻只准讀儒家的一類書。（今師異道，人異論，百家殊方，指意不同，是以上亡以持一統；法制數變，下不知所守。臣愚以為，諸不在六藝之科、孔子之術者，皆絕其道，勿使並進。邪辟之說滅息，然後統紀可一而法度可明，民知所從矣。）

〈天人三策〉第五點，「更化」。董仲舒提出的「更化」，就是「改革」。為什麼秦朝如此短命？為什麼大漢發展緩慢？董仲舒

認為：漢朝得天下後，一心想打造一個超級帝國，但未能如願；問題就出在該改革時沒改革。（故漢得天下以來，常欲善治，而至今不能勝殘去殺者，失之當更化而不能更化也。）

看來，董博士的〈天人三策〉洋洋灑灑，從儀式的鼎新，到行政的革故，既有比較研究，又有第一手的考察資料，故而聽著好聽，用著好使。難怪，武帝粲然。

唯有儒家活水來

〈天人三策〉是書生開出的治國藥方，五味對策，直指漢王朝五大病灶，脈把得準，句句切中要害。「罷黜百家，獨尊儒術」，更是石破天驚。西漢開國以來，以竇太后為代表的傳統型領導，一貫奉行黃老之學，崇尚無為而治；董博士的「尊儒」貿然插足，格格不入。為什麼漢武帝甘當不肖子孫，「獨尊儒術」呢？儒家果真是治理天下的不二法門嗎？

我們不妨從諸子百家思想中，逐一分析。

首先，我們看法家。法家學說是封建帝王最推崇的。為什麼？法家的核心精神是高度重視國家利益，輕視個人利益；不講「人治」，追求「法治」。「國家利益」說起來冠冕堂皇；實際上，國家就是朕家，國家利益也不過是皇帝一家人的利益。但是，僅靠嚴刑峻法，必然亡國。秦朝的滅亡給後來者敲了一記警鐘。群眾不是群氓，完全無視民眾意願，他們會揭竿而起。硬「來」不行，不「來」更不行。怎麼辦？披上一件溫情的外衣吧。這件外衣就是董仲舒改造的新儒學。漢武帝在位54年，對匈奴作戰44年。窮兵黷武，勞民傷財，只有法家提倡的高度中央集權做得到。如果既想規避法家旗號的政治風險，又要高度中央集權，試試董博士的新儒學吧，既仁義，又有「大一統」，兩不誤。

其次，來看道家。道家的核心思想是什麼呢？無為。強調遵從自然規律，無須過多管制，必然「功成事遂」，「無為而無不為」。這實際上是「以弱勝強」的管理方法。漢初積貧積弱，民生凋敝，為了保養民力，增殖人口，就要無為而治，休養生息。文景之治後，國民生產總值穩步提高，少年天子劉徹接手的已經是初具規模的大漢帝國。生性活潑、意氣風發的他要一飛衝天，道家會拖他的後腿。而儒家的積極濟世，董仲舒言之有理、行之有據的五大對策，卻令武帝心馳神往、躍躍欲試。

劉徹還是太子的時候，父親景帝給他一個儒生衛綰，奶奶竇太后又添一個信奉黃老的汲黯；都是指導老師。一儒一道，武帝兼收並蓄。早年他文韜武略、經天緯地，是儒家的進取；晚年他迷戀黃老、燒香拜佛，是道家的無為。在武帝這裡，道家是調味品，儒家是主食。這才是漢武帝真正的政治食譜。由於它營養均衡、方便有效，後世追捧者甚多。

雄才大略的漢武帝在百家之學中，透過董博士，再次體會了儒學的魅力。從此，本為民間一家的儒學被指定為官方思想，戴上了皇冠，擁有了權杖，影響中國兩千多年。而曾經目不窺園的書生則實現了他儒學與皇權聯姻的政治理想。

那麼，「罷黜百家，獨尊儒術」到底給我們帶來了什麼呢？

我們先看正面。

一，主流文化，國家的凝聚力。我們這個國家，經過兩千多年，始終沒有出現大的分裂，這麼多民族能凝聚成一個整體，和儒家長期統一中國的文化思想關係密切。特別是中華民族生死存亡之時，大家本著「天下興亡，匹夫有責」的價值信念，共赴國難；以儒家思想為核心的中華文化功不可沒。

二，儒生入仕，政局的安定力。董博士〈天人三策〉提出的一整套人才培養、選拔制度，井井有條、嚴絲合縫。這樣，從中央太

學到地方學校，實現了全民儒學總動員，造就了中國歷史上一大批以儒家思想作為信仰的文人。這些文人再通過「舉賢良」，通過「科舉」，走上官場，就是文官。了不得！

為什麼了不得？

中國古代政壇有四種人，分別代表四種力量。第一，文官；第二，武將；第三，外戚；第四，宦官。他們各自的政績大體如何呢？

總的來看，哪一個朝代文官集團掌權，政治就比較清明，持續的時間也較長。如果武將掌權，往往出現藩鎮割據，像唐代的中後期。如果宦官跟外戚兩股勢力掌權，基本上是這個王朝最黑暗的一個時期。

為什麼呢？文官從小熟讀儒家經書，講忠、講孝、講仁義，有一整套儒家價值系統。有價值觀念的官員和沒有價值觀念的官員是絕不相同的。有價值觀念的文人為官後，不僅僅聽從上司的命令，自己心中總有一把尺子，這把尺子就是儒家價值體系。我們前面講到的周亞夫和衛綰，都屬於這一類，即使因此獲罪於皇帝，也沒辦法，我得聽從內心的召喚，按這個內在的價值體系行事。沒有價值觀念的官員就大不一樣啦！他唯上是從、唯利是圖，毫無是非觀念，什麼壞事都敢幹。為什麼？沒有價值系統，就沒有底線。沒有價值系統，就不會受到信仰的煎熬和道德的譴責。從這個意義上講，董仲舒首倡尊儒，興辦太學，培養了中國一代又一代以儒家思想為信仰的文官集團，對中國古代封建政治影響更為深遠。

再來看反面。

「獨尊儒術」導致文化專制。做官、做人，都要聽孔夫子的話；儒學不僅僅是神壇供品，而且是安身立命之本！長此以往，必然脾胃虛弱、食欲減退；偏食，何談強壯？無論是精神領域還是思想領域，難免進入一種幼稚、偏執、過於理想化的狀態。儒家地位

提高了，其他諸子百家偏廢了，儒學到後期凝固僵滯，必然禁錮思想，扼殺個性。

　　講了一大篇〈天人三策〉的是是非非，這個才華橫溢的董博士後來到哪兒去了呢？原來，漢武帝並沒有重用他，而是把他派到自己的哥哥江都王那兒做了國相。江都，就是現在江蘇的揚州。

9.竇嬰爲相：

漢武帝欽點　新政棟梁

壯志凌雲，藍圖在手，漢武帝一即位就迫不及待地起用了兩位重量級人物：竇嬰爲相，田蚡太尉。竇嬰何人？竇太后的親侄子，廢太子劉榮的太傅，曾經的反對黨竇嬰。一有政見不合，兩次甩手不幹，這位景帝朝出了名的「問題功臣」，何以位極人臣？竇嬰爲相的背後深藏著怎樣的隱情？

陰差陽錯上青雲

建元元年（前140）夏六月，丞相衛綰因病免職。丞相魏其侯竇嬰、太尉武安侯田蚡，這一對老少組合應運而生。

前朝一刺頭，今朝爲丞相。是什麼讓竇嬰的命運出現驚天大逆轉？

第一，田蚡運作。竇嬰老來轉運，恰恰最該感謝他的競爭對手田蚡。竇嬰與田蚡，兩代外戚；竇嬰是竇太后（武帝祖母）的侄子，田蚡是王太后（武帝之母）王娡的弟弟。田蚡在姊姊王太后上位後，就垂涎丞相之位。衛綰罷免，丞相空缺，田蚡更是摩拳擦掌，志在必得。但是，一個門客給他提了個醒：竇嬰輩分比你高，資歷比你老，出道時間早，戰功赫赫，德高望重，各方面都勝過你。就算皇上拜你爲相，你也最好主動謙讓。竇嬰做了丞相，你肯定是太尉；兩者官階相等，你並不吃虧，還落得「讓賢」美名，何樂而不爲？

　　田蚡一番天人交戰，理智戰勝了感情；決定聽取門客的建議。

　　田蚡向姊姊王太后吐露心事，一向聰明過人的太后馬上把田蚡的想法作爲個人的意見，告知兒子漢武帝。這樣一來，喜歡耍「大牌」的竇嬰眞成了「大牌」。

　　第二，竇嬰尊儒。我們知道，漢武帝一繼位就確定了基本國策：「獨尊儒術」。竇嬰恰恰「好儒」。如此，心比天高的少主武帝和使氣任性的老臣竇相，因爲共同的信仰，走到了一起，協力打造帝國巨輪，破浪遠行。（上雅向儒術，嬰、蚡俱好儒。）

　　翻開《史記》，自大漢開國到文景之治，出入朝堂的功臣良將，都在刻意規避一個背景：外戚。偏偏武帝一朝，丞相、太尉都是外戚。獨斷專行的漢武帝能百分之百地信任竇嬰嗎？朝堂上下就沒有更合適的人選嗎？

　　第三，相才匱乏。誰堪任帝國股肱、一代良相？斯人難覓！武帝實在頭疼。劉邦臨終時，呂后曾連連發問：陛下百歲後，蕭相國若死，由誰來接替呢？劉邦說曹參。曹參之後是誰？劉邦說：王陵可以在曹參之後接任，但王陵智謀不足，可以由陳平輔佐。陳平雖然有智謀，卻不能決斷大事。周勃雖然不擅言談，但爲人忠厚，日後安定劉氏江山爲國立功的肯定是他，用他做太尉吧。

　　劉邦這番話，等於打造了西漢開國一連串丞相的花名冊。我們掰著指頭算一算，劉邦欽點的能臣，無一例外地魚貫登上相位。除此之外曾經爲相的，有一個灌嬰，劉邦部隊的童子軍，當時尚未進入劉邦法眼；還有一個審食其，呂后的倖臣，另當別論。總的來說，西漢開國到文帝時期，都是由開國功臣擔任丞相。爲什麼同一時期的功臣能夠一直沿用三四代呢？原來，這些功臣有一個天然的年齡梯度，有長有少，老功臣去世，少功臣補上來。

　　功臣爲相到誰才截止？蕭何死於惠帝二年，曹參死於惠帝六

年，王陵死於文帝二年，陳平死於文帝二年，周勃死於文帝十一年，灌嬰死於文帝四年。接下來的兩個丞相，一個張蒼，一個申屠嘉，名字就不那麼如雷貫耳了。（而高帝時大臣又皆多死，餘見無可者，乃以御史大夫嘉爲丞相）。

按這樣排隊，大漢的丞相，豈不是「九斤老太」口中的「一代不如一代」？

到了景帝一朝，情況更糟。景帝一共任命了四個丞相。第一任陶青和第四任衛綰，既沒有反秦，也沒去滅項。毫無建樹，表現平庸。衛綰是怎麼做上官的？趕車技術好，服務態度好。倒是另兩位：一個周亞夫，功臣周勃之子；一個劉舍，功臣劉襄之子，跟功臣沾一點邊。

所以，到竇嬰爲相時，西漢政府的相才儲備庫，極度匱乏。

話說回來，漢高祖劉邦知人善用而得天下，文景二帝休養生息得以興邦。放眼滿朝文武，爲什麼一定要用「功臣」之後？功臣爲相本無不妥，知根知底，用著放心。但是，打出來的功臣，是特定時期的產物；和平環境，連仗都沒得打，哪來戰功？

大漢王朝開國六十多年後，環境究竟有何變化？人才危機爲什麼就不可避免呢？

劉邦五十五歲當皇帝，六十二歲去世；八年就忙兩件事：一是不停地平叛，直到高祖十一年，還在爲征討淮南王英布沙場喋血。再一個就是不斷地調停，他的糟糠之妻呂后，還有嬌媚少妻戚夫人，爭風吃醋；她們各自的兒子，太子劉盈和趙王劉如意，爭儲奪嫡。家事國事事事揪心，哪裡顧得上制定人才培養計畫？稀裡糊塗八年，劉邦一命歸西。接著就是惠帝劉盈。惠帝繼位當年，他那被嫉妒折磨得發狂的母親呂后，搞了個人彘事件；惠帝受不了刺激，從此瘋瘋癲癲，不理朝政。又何談人才培養？七年後，惠帝死了，轉到呂后。呂后忙的事就更多了：滅劉姓王，封呂姓王，嚴防

功臣派、皇族派奪權，這一攬子項目，牽扯各方面，她早已分身乏術。又八年，漢文帝從血雨腥風中逃脫，白撿了個皇帝，只想和普天下百姓過幾天安穩日子，沒有野心擬定人才選拔制度。

景帝抱負不小，卻趕上七國之亂，被折騰得顧不上。所以，歷史給漢武帝留下的就是這樣一個攤子：既沒有選才環境，也沒有用才機制。當然，董仲舒有個〈天人三策〉，「興太學、舉賢良」，「一條龍」人才計畫。但是，「十年樹木，百年樹人」。這套計畫短期內根本看不出成果。漢武帝選相，有點矬子裡面拔高個兒的無奈。就這樣，天時地利人和的竇嬰，走上他一生的權力巔峰。

使氣任性多起落

那麼，竇嬰在文景武三朝時起時落，是不是說明他沒有眞才實學，僅僅背靠太后這棵樹，勉強混個一官半職呢？漢武帝一把彈掉前朝老丞相衛綰後，眞是慌不擇路才定下竇嬰嗎？竇嬰究竟是一個什麼樣的人呢？

第一，耿直。竇嬰曾經徹底攪黃了她姑姑竇太后的一場溫情家宴。就因爲漢景帝隨口說了句，千秋之後傳位梁王。竇嬰馬上出來糾錯：天下者，高祖天下。父子相傳，此漢之約也，上何以得擅傳梁王。漢景帝被他那一板一眼的架式，弄得酒都醒了，一聲不吭。竇太后正在興頭上，瞬間面布烏雲。可見竇嬰行事講原則，爲人耿直。

第二，不懂權術。竇嬰說景帝失言，其實，景帝當時是戲言（天子豈能有戲言？景帝也是破了例了）。漢景帝是出了名的太極皇帝，也是有水準的兩面天子。說一套做一套，該哄的哄，該騙的騙，最後，該怎麼辦還怎麼辦。竇嬰不懂權術，以爲自己力挽狂

瀾，其實不過是反應過激罷了。

第三，任性。《史記》評價竇嬰「任俠，自喜」，《漢書》說他「俠，喜士」。點明竇嬰有任情使性的毛病。我們接下來看，太后家宴後這位竇公子又做了些什麼？七國之亂初期，漢景帝一改老謀深算、運籌帷幄的沉穩作風，病急亂投醫，先是誤信袁盎錯殺晁錯，緊接著，看七國越戰越勇，毫無退意，這才放棄幻想，決定武力平叛。危難之際，漢景帝到哪裡覓得能臣虎將呢？漢景帝急中生智，起用兩個人。一個是父親漢文帝交代的，「有事就找周亞夫」的條侯周亞夫；這是左膀。再一個空缺，他準備給自家人留著，心裡踏實。於是，景帝目光鎖定了劉姓宗室和竇姓外戚。

景帝選來挑去，覺得沒有一個人比竇嬰更合適！就召見竇嬰，要他做這個右臂。十萬火急，天降大任；一旦火線建功，凱旋之日必定戰功、官聲，應有盡有。皇帝鄭重其事，把光榮而艱巨的任務拜託竇公子。誰知，竇嬰一句身體不適，就推辭了。任人苦口婆心，偏不領命。

原來，在那次小規模、高規格的家宴之後，竇嬰自我感覺良好。「文死諫，武死戰」，這番立場堅定、旗幟鮮明的諍言，一定能受到賞識。然而事與願違，非但皇帝不以為然，連姑姑竇太后的態度也發生陡轉。過去見了面親親熱熱、噓寒問暖，現在突然不理不睬、冷若冰霜。竇公子一氣之下，把官給辭了！竇太后也是烈性，一生氣，把竇嬰自由出入皇宮的門籍註銷了！姑侄二人陷入僵局。所以，漢景帝此時叫他出任大將軍，竇嬰報病拒絕，讓景帝很是尷尬！

竇嬰生前波折叢生，毀譽參半；死後多年，爭論依然不休。有人評價他「太聰明、不忠誠」。其實不然。竇嬰很聰明，只是他不通權謀，不會來事；而與其說他不忠誠，不如說是優越感太強。無論如何，在這件事上，竇嬰處理失當。

最後，漢景帝好說歹說，竇嬰勉強出征。這一去，立了功，封了侯。竇嬰推崇「武死戰」，他沒有死，得勝回朝了。

第四，廉潔。 平定吳楚七國之亂，成爲竇嬰一生中最輝煌的一頁。漢景帝對竇將軍心服口服，賞賜一千黃金。若干年後，漢武帝也曾賞賜衛青千金，衛青怎麼做的呢？拿出五百金，爲武帝寵妃——王美人的雙親祝壽。雖然這禮送得不光彩，但也不算太丟人。虎落平陽，人在屋簷；那種謙恭，令人心酸。衛青也是外戚，是出身貧苦的福將；他自律謹愼，唯恐給皇帝皇后製造麻煩。

竇嬰不會想那麼多。他怎麼處理這一千金？一個子兒不要，統統放在走廊上，全用來做平叛的軍費。《史記》記載：「金無入家者。」「五花馬，千金裘，呼兒將出換美酒，與爾同銷萬古愁。」這是天性奔放灑脫的盛唐詩人李白。而千年之前，一個外戚功臣竇嬰，也與李白一樣的不羈，一樣的任性。

竇嬰雖任性，卻也能及時轉彎；景帝不動聲色，卻出手狠毒，這樣一對君臣，能否長期共容？

竇嬰平叛立功，文武全才。於是，景帝不計前嫌，任命他做太子的老師。不料，五個女人一番角逐，太子劉榮被廢。這下竇嬰急了，又跑出來反對。反對無效，他就到長安附近一個叫南山的地方，泡病號，一住好幾個月，誰勸也不上朝。

後來有一個門客，跟他說了句交底話。他說，能夠讓你升官發財的人，是誰啊？皇上。最親你的人是誰啊？太后。她是你的姑姑，當今皇上的親生母親。你先是得罪了太后，現在更出格，爲了一個廢太子，跟景帝的關係也搞僵了。如果太后和皇上都恨你，你無權無勢，不是要惹大麻煩嗎？

竇嬰恍然大悟，不再硬撐，打點精神，重又上朝了。漢景帝見竇嬰回來了，什麼也沒說。但是天空中已經飄來烏雲，竇嬰的背運，就從這個時候開始了。

　　那是一次日食。古人認爲，太陽象徵皇帝，一旦出現日食，就是上天對皇帝敲警鐘：你要檢討自己了。現代科技告訴我們，日食是由於月球擋在地球和太陽之間造成的，同一個地方，幾年就會發生一次日偏食，幾百年一次日全食。每次日食皇帝都得檢討，挺不是味兒。於是想辦法變通，找替罪羊。什麼辦法呢？罷免丞相。爲什麼把罪過轉嫁到丞相頭上呢？因爲是丞相輔佐我的，上天要譴責我，也請丞相代爲受過。這回，漢景帝遇上倒楣的日食，找來劉舍做替罪羊，把他的丞相免了。

　　丞相之位空缺，誰來補位？滿朝文武，比資歷，講政績，沒人敵得過竇嬰。而他的姑姑竇太后，雖然和侄兒也有過節，關鍵時刻還是大局爲重，極力聲援竇嬰。

　　漢景帝什麼意見？竇嬰不行，不穩重；於是任命車夫出身的衛綰做丞相。漢景帝開始秋後算帳了——你泡病假朕不責怪，你回朝做事朕也歡迎。但是，想做丞相？不可能了。在景帝那裡，是是非非，一樁一件，他記得清清楚楚。

　　性格決定命運。景帝朝最能幹的兩位功臣：周亞夫蒙冤自殺，竇嬰不得重用，都是性格使然。

10.太后干政：

漢武帝隱忍　皇權旁落

西漢中期，千古大儒董仲舒的「罷黜百家，獨尊儒術」，走入廟堂，公開與先輩執政思想「黃老之學」，唱對台戲。於是，漢武帝和竇太后，大漢宮廷最有權勢的祖孫二人，連袂上演儒道之爭。竇太后為什麼對儒學恨之入骨？轟轟烈烈的宮廷大戲，「幾家歡喜幾家愁」？

新政不可犯舊寵

竇嬰和漢武帝，老丞相與少天子，為打造夢中的強悍帝國，殫精竭慮，夙興夜寐。史學家稱這段時期為建元新政。然而，竇嬰的春風得意再次觸怒了他的姑姑竇太后，被痛斥忘恩負義。建元新政皇上和他的臣子們到底做了些什麼，令這位權高位重的老太如此仇視？

一是「興儒學」。漢武大帝是怎樣興儒學的，前言備述，不再多談。

二是「除弊政」。〈董生對策〉中講過，董仲舒受到漢武帝欣賞的五大原因，有一條「更化」，也就是變革，革除一些弊政。在漢武君臣眼裡，到底有哪些不革不行的弊政呢？

第一條，列侯就國。列侯，就是有封國的諸侯；就國，即回到自己的國土上去。一方諸侯不回自己的封國，上哪兒去呢？原來，漢代封侯，把一個縣封給某個人，這個縣名是什麼，這個人

就叫什麼侯。比如，皇帝把昌平縣封給你，你就叫昌平侯；把順義縣封給你，你就是順義侯。這就是一方父母官！各諸侯理應坐鎮當地，教化子民，守土有責嘛。分了一畝三分地，這些紈袴子弟們也笑納謝恩，走馬上任；可就職程序一辦完，他們就賴在京城不走了！這是爲什麼呢？

首先講待遇。加官晉爵誰都不會拒絕，但是，誰願意放棄長安繁華，跑到不知名的小縣城裡，做一個窮廟裡的富方丈呢？這就「見仁見智」了。不是還有人說：寧爲雞頭不爲鳳尾嗎？關鍵在於你看中的是什麼。

其次爲婚姻。漢代相當多的異姓諸侯王還有一個身分：尚主。什麼是尚主？就是娶了公主做妻子。皇帝的女兒也愁嫁；最愁找不到門當戶對的夫婿。公主金枝玉葉，找丈夫當然得高標準；既要青年才俊，又得達官貴人。這樣，問題就出現了：皇帝的女兒一大群，哪裡找那麼多一、二十歲的金龜婿？公主們首先到地方諸侯王中去選，一個個成了侯夫人。雖說嫁雞隨雞嫁狗隨狗；可都是些過慣了皇宮生活的公主，你那點小林子怎麼養得起金鳳凰呢？尚主諸侯王們也不得不留在京城陪伴嬌妻。

最後是奔前途。不到京城不知自己官小。想在仕途上不斷「進步」，據守京都，結交上流社會，成功係數要大好幾倍。在漢代還有一個不成文的規定：先封諸侯，後當丞相。封了侯，就是拿了一張授命丞相的資格證。萬一不走運，分到邊遠的縣裡，遠離權力中心，這張資格證就派不上用場了。「宰相家奴七品官」，爲前途計，還是留在京城保險一些。

革除弊政的第一條，把諸侯都趕回各自封國，顯然觸動了既得者的利益。

第二條，除關。「關」指函谷關，「除」是解除；「除關」就是解除進入函谷關的關禁。秦朝嚴刑峻法，爲了保衛首都咸陽的安

全，沒有一張正式的公文作為特別通行證，不得出入函谷關。這就是關禁。到了漢代，政通人和，盜賊、叛亂雖未絕跡，卻已經不是社會的主要矛盾了。漢武帝為了彰顯太平，遂令解禁函谷關。

　　第三條，檢舉。即檢舉宗室及諸竇違法者。「宗室」就是劉姓皇族，「諸竇」就是竇氏宗族；簡單來說，鼓勵檢舉皇親國戚中違法亂紀的人，以維護社會穩定，鞏固中央集權。

　　這就是革故鼎新的建元新政。這三條「除弊政」，除了第二條純屬親民之舉；其餘兩條，刀鋒所向，直指權貴。於是，大漢王朝的權貴們鬧情緒了，要上訴，討個說法。找漢武帝，政策正是他定的，無異虎口拔牙。一番分析比較，他們一致鎖定：竇太后！

　　竇太后一直是黃老之學的忠實信徒，而漢武帝這一攬子「除弊政」，又是打著「獨尊儒術」的招牌，這不是公開挑戰祖母竇太后的個人信仰和政治思想又是什麼？權貴們的如意算盤無非如此：瓦解高層，藉機翻盤。

　　於是，竇氏宗族的人，劉姓宗親的人，諸侯國的諸侯，還有尚主的公主，踩破了竇太后的門檻：懲治皇親國戚，我們哪裡還有一點皇室尊嚴？以公主嬌貴之軀，怎忍受得外地艱難，太后慈悲，豈能無視兒孫之苦？

重整冠履權易手

　　對於孫子這場有板有眼的建元新政，竇太后雖然不太看好，但也準備睜隻眼，閉隻眼：年輕人，建功立業心切，由著他吧。不想，老實巴交的御史大夫趙綰新官上任，急於表忠心，他向皇上建議：今後朝中大事是不是不用再向東宮匯報了？東宮就是竇太后的寢宮啊！出其不意的一句話，引爆了竇太后這只火藥桶，挑戰了她可以容忍的極限。竇太后惱怒了：整頓！廢除！建元新政岌岌可危。

祖孫二代何以如此背道而馳？

第一，統治思想之爭。黃老之學起於戰國時期，以道、法家兩種思想綜合而成，打的是黃帝、老子的旗號，實際上是老子之言、道家學說、法家理論，三家強強聯手的一個產物。竇太后癡迷黃老，無以復加——把它列入皇家子弟素質教育的必讀書目。人手一本《老子》，皇帝得讀，太子得讀，所有的竇氏宗族也得讀。（竇太后好黃帝老子言，帝及太子、諸竇不得不讀黃帝老子，尊其術。）孫子漢武帝當年顯然沒有認真研讀《老子》，一繼位就改弦更張，甚至走上「獨尊儒術」的政治路線，老太太當然不能容忍。所以，黃老之學和儒家學說之爭，到武帝初年，已近頂峰。

積怨還可以追溯到景帝時期。景帝時期，有個儒學信徒轅固生，《詩》學博士，講授《詩經》；還有一個提倡黃老的黃生，道家理論權威。朝堂之上，冤家路窄，兩位學者展開激烈交鋒。主題就是：商湯、周武王取代前朝，是尊奉天意；還是大逆不道，以臣弒君？

大家知道，儒家歷來主張：湯武革命，順天應人。「革命」這個詞就是在這裡最早出現的。所謂「革命」，即革先朝的命，革暴君的命。因此，轅固生率先陳詞，桀紂手下的百姓不願爲桀紂出力，而歸心於商湯和周武王，商湯和周武王是不得已而做了天子，這不是受命於天是什麼呢？（夫桀紂荒亂，天下之心皆歸湯武，湯武因天下之心而誅桀紂，桀紂之民弗爲使而歸湯武，湯武不得已而立，非受命爲何？）篤信黃老之學的黃生底氣更足，說：商湯和周武王取代夏桀和商紂，那是以臣弒君，以臣子的身分殺死君主；正義從何而來？

緊接著，黃生繪聲繪影打了個比喻。黃生說，帽子再舊，也得戴到頭上；鞋子再新，也得穿在腳上。喻義是什麼？君主再有過錯，還是帽子；臣子再有才幹，還是鞋子。帽子、鞋子上下有

序，君主和臣子就不能顛倒位置。（冠雖敝，必加於首，履雖新，必貫於足。何者？上下之分也。）夏桀與商紂王雖然是失道之君，但是，他們畢竟還是在上位的君王啊！商湯與周武王即使是聖人，也是在下位的臣子。身為臣子，不能匡正君王的過失而尊奉天子，反而因為君王有過失而誅殺君王，代替君王面南為君。這難道不是以臣弒君嗎？（今桀紂雖失道，然君上也；湯武雖聖，臣下也。夫主有失行，臣不正言匡過以尊天子，反因過而誅之，代立南面，非弒而何？）

黃生這套理論頭頭是道，乍一聽，很能唬住人；出發點也是好的：以臣弒君——西漢政權絕不允許。但這樣一來，就把話說絕對了。

他忽略了一個問題——劉邦是怎麼當上皇帝的？

轅固生抓住要害，突然發難：高祖劉邦到底是帽子還是鞋子？秦末起義，帽子是人家秦二世、秦王子嬰，劉邦只是隻鞋子啊！三年反秦，四年滅項，劉邦坐上了龍椅，不是鞋子頂到頭上去了嗎？你又作何解釋？

黃生啞口無言，沒法自圓其說。漢景帝一看，話題太敏感，苗頭不對。於是拍板：擱置爭議！

從此，以臣弒君的話題冷凍起來，無人敢提。

司馬遷在《史記・儒林列傳》裡記載了這場幽默詼諧的巧言妙辯。耐人尋味的是，景帝及時喊停。學術爭鳴一旦進入政治領域，便異常敏感尖銳，弄得不好就鬧出人命。這樣的事情史不絕書。

果然，轅固生鼓吹儒學，一傳十，十傳百，傳到竇太后耳朵裡了。老太太不動聲色，想見見這位儒學鬥士。

竇太后拿出一本書——《老子》，問轅固生，先生學問高，認得這是什麼書？轅固生瞟了一眼：此是家人言耳。這是婆婆媽媽的老百姓才喜歡的通俗讀物。一下把竇太后給惹惱了；轅固生居

然當面諷刺道家學說，褻瀆竇太后的個人信仰！同時，一個「家人」，直戳太后的痛處。竇太后正是窮苦出身，弟弟竇少君小時候，家裡養不起，轉賣了十幾家，幾十年以後才和姊姊竇太后相認，至今想起都備覺凄涼。轅固生毫不知趣，一口一個「老百姓」、「通俗讀物」。竇太后聽來，就是揭她家的老底。一怒之下，把轅固生扔到一個野豬圈裡，叫他去捕殺野豬！角鬥士和野獸對陣，還有長劍短刀；轅固生一介書生，赤手空拳，豈不送命？幸虧漢景帝及時遞給他一把劍。轅固生心一橫，一劍刺中野豬心臟，撿了一條命。事後，漢景帝趕快把轅固生調走，到諸侯國當國相。所以，竇太后維護黃老之學真是不遺餘力，甚至不惜殺人；借豬殺人！

第二，統治地位之爭。竇太后本來很有風度，並未過問孫子新政「三把火」。只是趙綰的一句話引起她的警覺和憤怒：從此國家大事不必請示東宮。這是要求太后交出權力啊！竇太后歷經三朝的老太后，漢文帝的皇后，漢景帝的皇太后，漢武帝的太皇太后。大漢天子都是她的至愛親人，大漢皇宮就是她的家。你漢武帝不過孫子輩，我還沒有嚥氣，就要踢我出去？是可忍，孰不可忍！

對待平民轅固生，竇太后可以把他投到野豬圈自生自滅；對待自己的親孫子、當朝皇帝，她如何給他下馬威呢？

第一步，抓把柄。大臣們要我交權，一定做了什麼見不得人的事。於是，竇太后暗中派人調查，而且目標定點，就那兩個給皇帝出歪主意的大臣：御史大夫趙綰、郎中令王臧。偏偏這兩個人不爭氣。經調查，確實明擺著有問題。這就不怪竇太后不客氣了，兩人立即被投入大牢。

第二步，區別對待。不同的人用不同的處理辦法。竇太后把推廣建元新政的人分為三等：第一等，漢武帝。這是她的親孫子，愛之深，所以責之切；竇太后不會去動一根汗毛。漢武帝還是漢武

帝，只不過他的「左右手」不能再張牙舞爪。「左右手」是丞相竇嬰和太尉田蚡。竇嬰是她的侄子，田蚡是王太后的弟弟，這讓老太后怎麼砍得下去呢？第二等，竇嬰、田蚡，外戚罷官。這也是寬大處理。第三等，御史大夫趙綰和郎中令王臧。對這兩位迫不及待向新主子獻媚的臣子，竇太后絕不手軟，逼迫二人獄中自殺。

第三步，改換朝官。竇太后對這個「初生牛犢不畏虎」的不肖皇孫，非常不放心；絕不能再做老好人了。她決意干政，而且大刀闊斧。該罷的罷，該樹的還得樹。於是，以柏至侯許昌為丞相，武強侯莊青翟為御史大夫。

這兩個人什麼來歷？普通諸侯而已，就因為信奉黃老而一步登天，進入了大漢政權的第一梯隊。

老樹根深難撼動

建元新政推行兩年後，即毀於竇太后這「三板斧」（諸所興為者皆廢）。應了那句老話，薑是老的辣。那麼，建元新政為什麼夭折？竇太后為什麼完勝？僅僅因為她握有的政治資源嗎？司馬遷在《史記》中還隱藏了哪些被人忽略的史實呢？

西漢宮廷，儒道對峙，儒家一派始終處於下風下水。管中窺豹，我們就拿叔孫通，這個歷經秦漢兩朝、侍奉六個主子的儒生，作為一個典型案例來分析。

叔孫通第一任主子是秦始皇，他的職位是待詔博士。這是他第一次「兼濟天下」。

秦始皇死了以後，叔孫通的第二任主子變成秦二世。陳勝吳廣起義，前方紛紛亮起警報，朝臣惶惶不可終日。偏偏秦二世不承認，喝問群臣，真的有很多人造反嗎？人人面色沉重，低頭承認。唯獨問到叔孫通，一臉不在乎：哪是造反？不過是些毛毛

賊！秦二世聞之大喜。說實話的人全掉了腦袋，叔孫通戰戰兢兢，捲起第二任主子的最後一筆賞賜——「帛二十匹，衣一襲」，投奔第三任主子。

叔孫通的第三任主子是誰呢？叔孫通找主子，可不是「說走咱就走」，意氣相投就奔過去。他首先要爲天下豪傑一個個把脈算命，最後決定：押項梁！

項梁死後，叔孫通投靠了楚懷王心。楚懷王心死後，他又跟隨項羽。

漢二年（前205）四月，彭城之戰，劉邦坐擁56萬大軍，叔孫通辭職報告也沒打一個，很快跳槽，躋身劉邦帳下。這已經是叔孫通的第六任主子了。或許，如果叔孫通太老實，就會像惰性氣體一樣，沉落在最底層，無緣發跡。可如此走馬燈似地跳槽，每一次下場差不多，能撈到什麼好處？後來，56萬的劉邦大軍由勝轉敗。但這一次叔孫通看準了，輸了也跟著劉邦。

叔孫通雖然見風轉舵，到底是大儒。盛名之下，還肩負沉重的教學任務，帶著一百多個弟子。弟子們都以爲跟著名師，會仕途寬廣。誰知整個楚漢戰爭，歷時四年，叔孫通向劉邦推舉了一個又一個壯士，對自己一百多個弟子反而舉賢避親，隻字不提。引得大夥兒怨聲載道，師父太薄情了，只顧自己風光，不管我們死活。叔孫通安慰大家，戰爭期間，知識分子不管用啊，你們能夠爲大王冒矢石，入白刃，帶兵打仗嗎？既不能，就安心練好自家本事。時機到了，師父不會忘記你們的。

等到楚漢戰爭結束，漢王五年（前202）二月，劉邦在山東登基，叔孫通認爲時機到了。他細細密密，做出了登基大典的整套方案，必恭必敬地呈送高祖劉邦。劉邦文化水平不高，最討厭繁文縟節，凡事越簡單越好。比如，他反秦，攻進咸陽，出台的什麼政策綱領呢？〈約法三章〉。十個字：「殺人者死，傷人及盜抵

罪。」就一句口號。所以，叔孫通這套儀式，劉邦看不下去了，只表謝意，儀式免掉。等到登基那天，大臣們爭功邀賞，大呼小叫，甚至以劍擊柱，現場一度失控。劉邦咬牙切齒，無可奈何。（群臣飲酒爭功，醉或妄呼，拔劍擊柱，高帝患之。）

這樣，叔孫通和他的一百多個弟子，終於派上用場了。加上從山東招募的三十個儒生，天天演練禮儀恭行，備戰朝覲大禮。高祖七年（前200），長樂宮建成。叔孫通作為朝覲儀式的總導演，指揮文武百官跪、坐、立，將全套儀式演練了數月。慶典那天，文武百官戰戰兢兢，嘩啦啦跪下一大片，高呼：「萬歲！萬歲！萬萬歲！」劉邦在馬背上打了大半輩子，從沒見過這種陣勢。脫口而出一句千古名言：「吾乃今日知為皇帝之貴也！」我今天才知道，做皇帝是多麼尊貴啊。叔孫通的專項研究通過驗收，非常成功，獲得重賞，獎金全部分給他那些待業在家的學生。（於是高帝曰：吾乃今日知為皇帝之貴也。乃拜叔孫通為太常，賜金五百斤。）

司馬遷評價叔孫通「直而不挺，曲而不撓，大直若拙，道同委蛇」。我卻總看他得不償失！叔孫通做人之曲意逢迎，映射出儒生生存之艱難。北宋初年有位詩人王禹偁，曾做詩〈四皓廟〉。四皓，即「商山四皓」（秦末漢初的東園公、角里先生、綺里季和夏黃公四位著名學者。他們不願意當劉邦手下的官，長期隱藏在商山：今陝西省丹鳳縣境內，後來，張良設謀，呂后請他們四人出山輔佐太子劉盈。出山時都80有餘，眉皓髮白，故稱「商山四皓」）。其中兩句：「秦皇焚舊典。」秦始皇把前朝的典籍燒了；「漢祖溺儒冠。」漢高祖居然把尿尿到儒生的帽子裡面。可見儒生地位之低下。

所以，竇太后之所以能一舉摧毀「獨尊儒術」的建元新政，不僅在於她個人的權勢，更在於有漢以來，宮廷內外積習的「抑儒」政治氣候。

11.田竇交惡：

權力更迭日　干戈必起

建元六年（前135），竇太后去世，漢武帝終於可以自由行使意志。但是，他曾經任命過的竇嬰和田蚡，同爲外戚能臣，命運卻發生了很大變化。一個賦閒在家，一個官居丞相，爲什麼他們命運迥異？曾經同壕戰友，如今一處江湖一居廟堂，情轉涼薄難免，又爲何竟至勢不兩立？

患難見眞情

建元二年（前139），竇太后隻手遮天，徹底粉碎建元新政。豪氣衝天的少年天子遭此重創，何去何從？漢武帝此時的選擇，是以沉默應對瘋狂。風物長宜放眼量，不爭一日之高低。今日太后的不可一世，源於巨大的政治資本，武帝無可企及。而未來呢？一個歷經文景武三朝的垂垂老嫗，能有多少時日？相反，年僅17歲的漢武帝，未來則意味著無限可能。武帝有足夠的時間。

等待絕非蹉跎，漢武帝秘密著手未來規劃。建元五年（前136），竇太后生命進入倒數計時，漢武帝開始設立五經博士。「五經」，即《詩經》、《尚書》、《儀禮》、《周易》、《春秋》。文帝時期，設《尚書》、《詩經》爲官學，立博士。漢景帝再設《春秋》博士。漢武帝建元五年，增加《周易》、《儀禮》，合爲五經。每經都設博士，合稱爲五經博士。當時，五經並非儒家版權所有，五經博士也無關中央人事變革；但五經與儒學血

肉相融，漢武帝此舉實爲「獨尊儒術」打底。

建元六年（前135），竇太后謝世。漢武帝終於可以大施拳腳。首先，他懲辦竇太后治喪委員會的主要成員：丞相許昌、御史大夫莊青翟。罪名是治喪不力。太后親命之人，怎麼會治喪不力？世易時移，不言而喻。

漢武帝隨後任命武安侯田蚡爲丞相，韓安國爲御史太大夫。檢閱武帝新一套班子，發現少了一個人──竇嬰。建元二年（前139），竇嬰與田蚡同時從決策層被驅逐出局。爲什麼如今田蚡依舊在，竇嬰不見影呢？

答案很簡單。外戚能臣，背後永遠站著一個巨大的家族。朝中人在，你好我好大家好，共贏。朝中人不在了，你的家族背景就是「尾大不掉」，危險。竇嬰事件只是武帝時代的第一案例。再往後，衛皇后和大將軍衛青，姊弟二人也是一榮俱榮，一損俱損。

竇太后一去世，竇嬰政治生命即刻宣告結束。

同爲外戚，竇嬰年老失勢，田蚡少年得志。這對舊日戰友，重新排序，令人唏噓。然而，竇嬰處江湖之遠，田蚡居廟堂之高，本該形同陌路，爲何結下冤仇？

我們前面分析過竇嬰的性格：使氣任性。「氣」，就是義氣，豪俠之氣。英雄暮年，竇嬰逞氣而奮不顧身，皆因一介武夫灌夫而起。

竇嬰推崇春秋戰國「四公子」之一的信陵君，散財養士，門客三千。而門客的生存方式，一般是充分考察各路豪傑情況，挑選其中最有權勢者做主人，在他家吃喝穿用，給他出謀劃策。竇嬰貴倖之時，門客趨之若鶩；一旦下課回家，門客也作鳥獸散。世態炎涼，竇嬰的心理落差可想而知。

唯獨灌夫，一如既往，日日探望竇嬰。一個是賦閑的丞相，一個是落職的將軍，惺惺相惜，同病相憐。那麼，灌夫爲何不識時

務，如此看好竇嬰呢？在灌夫眼裡，過氣的竇嬰依然頭頂兩大光環：第一，外戚。第二，諸侯。本來，竇嬰年長，灌夫年幼，中間橫著巨大的代溝；然而，心靈契合拉近了年齡差距。二人相見恨晚，結下忘年之交、生死之交。

那麼，竇嬰的這位患難知己灌夫，究竟是個什麼樣的人呢？

灌夫本來姓張，他的父親叫張孟。張孟曾做劉邦騎兵司令灌嬰的門客，深得主人青睞。於是，張孟就冒了灌嬰的姓，改名灌孟。平叛吳楚七國之亂，灌孟和灌夫是沙場父子兵。父親灌孟不服老，哪裡危險就往哪兒衝，最後血染疆場。漢代法律規定，父子同時參軍，一人戰死，另一人准許護送靈柩回家。灌孟死了，灌夫完全可以理直氣壯地回家奔喪，但是，灌夫遺傳了老父的牛脾氣，不取吳王劉濞人頭，就不是灌孟的兒子！

他帶領十幾個家奴，徵召了幾十位壯士，直奔吳國大營。剛走出軍門，幾十個壯士腿軟了，除了兩個不怕死的，其餘倉皇四散，轉眼不見。

「明知山有虎，偏向虎山行。」灌夫振臂一揮，十幾個家奴衝鋒陷陣，直闖吳軍大營。無奈寡不敵眾，家奴們幾乎全部陣亡，只剩一位壯士，掩護灌夫撤回。灌夫身受十幾處重傷，危在旦夕；幸好軍中常備上好刀槍藥，灌夫趁年輕，撿回一條命。

灌夫一下子成了軍中英雄，備受追捧。

出了名的灌夫，立即引起朝廷關注，被任命為中郎將。從古至今都有這樣一種人，只能打仗不能做官。灌夫自制力差，做了幾天中郎將，就因違規被免職了。這是景帝年間。

武帝繼位，起用灌夫為淮陽（今河南淮陽）太守。淮陽是當時交通樞紐，需要一個勇敢、有擔當的人鎮守。灌夫果然不辱使命，武帝更器重他的一往無前。建元元年（前140），漢武帝想讓灌夫輕鬆輕鬆，就把他調到自己身邊做太僕。太僕就是皇帝車隊的

隊長。景帝朝的衛綰，也是從司機當上了丞相。皇帝這是有意栽培灌夫，偏偏灌夫粗枝大葉，哪裡領會聖上這番美意？

灌夫不怕廝殺肉搏，就怕沒事幹，閑得心慌。灌夫喝酒，不醉無歸。太僕任上第二年，灌夫酒後跟人打了一大架。挑戰對象是誰呢？竇太后的娘家兄弟，竇甫。兩人本來相處很好，酒喝多了，就開始耍酒風，推推搡搡。灌夫可是從吳軍大營闖出來的孤膽英雄，逮著竇甫狠捶一頓。

這就闖下大禍，打了竇太后的娘家兄弟，而且還是竇太后的警衛隊隊長，長樂宮衛尉。太后能饒你？於是，漢武帝就把他緊急調到燕國去做國相。灌夫還是不爭氣，再次犯法撤職。武帝徹底失望，免去灌夫官職。

灌夫有個怪僻：好欺強，卻不凌弱。見了比自己位高的人，不但不以禮相待，還屢屢在大庭廣眾之下羞辱他們。對那些比自己位低的人，反倒謙卑客氣。

灌夫專找有權有勢的人開刀，而且盡挑眾目睽睽之時擺陣。這種做派，匪夷所思；仔細一想，不就是貪圖一個不慕權貴的虛名嗎？

冤仇步步積

我們來看看這對忘年交，竇嬰使氣任性，灌夫有勇無謀；還都有壞毛病：一個好耍大牌，一個貪杯鬧事。一老一少兩頑童。但竇嬰和灌夫越走越近，最終惹出一樁大麻煩，導致一連串悲劇發生。

什麼麻煩具有如此殺傷力？

灌夫的姊姊去世了，服喪期間，他去拜見當時的丞相田蚡。田蚡看見灌夫穿著喪服，就說了一句戲言：本來想和你一塊兒去魏其

侯（竇嬰）家喝酒的。多不巧，你還在服喪呢，只好作罷。漢代禮法規定，穿著喪服是不能喝酒的。其實，田蚡並沒有真打算去拜訪失勢的魏其侯。但是，灌夫誤以為這是結交田丞相的大好機會，應聲而答：將軍既然願意去拜訪竇嬰，我怎麼敢以喪服在身而推辭呢？我們明天一早就去竇嬰家吧。田蚡一聽，哭笑不得。隨口一句人情話，灌夫卻當真，只好敷衍應承下來。

灌夫喜不自勝，十萬火急告訴了魏其侯竇嬰。聽說田蚡要來，竇嬰也大喜過望。連夜打掃房間，夜半即置辦酒菜，天濛濛亮，一切準備就緒，就水米不打牙在那兒等著。從五更到中午，竇嬰越等心越涼。連聲問灌夫，丞相是不是忘了？灌夫臉上掛不住，馬上去請。

田蚡居然還在睡大覺！慢騰騰地起了床，田蚡說，昨夜宿醉，把你們的事兒忘了，既然你來了，咱們就去吧。一路上晃晃悠悠，根本不當回事。灌夫心裡就窩了火。家宴開始，灌夫再也忍不住了，趁著酒性，對田蚡冷嘲熱諷。竇嬰害怕灌夫喝多了，又要痛打田蚡；趕緊給他扶了出去，回來反覆賠禮。還好，田蚡酩酊大醉，盡興而歸。

看來，竇嬰和灌夫這兩頑童並不天真，他們興師動眾地宴請田蚡，為了什麼？無非兩點：東山再起，結交新貴。但是，竇嬰有可能東山再起嗎？前面說過，竇太后死了，竇嬰的政治生涯就走到了盡頭。田蚡能把竇嬰放在眼裡嗎？一個毫無利用價值的老頭，當年丞相之位還是我讓給你的。所以竇嬰這場家宴，很不明智。怎麼說你也是外戚能臣，德高望重，這時候應該端端架子，尊重的前提是自重。真正的君子不會讓你屈尊，猖狂的小人更不在乎你的屈尊。

田蚡嗅到了竇嬰巴結的氣味，動起了歪腦筋。不久，田蚡找了個門客，大駕魏其侯竇嬰家中。竇嬰以為田丞相惦記自己了，誰知

是惦記他的地！「城南索地」，要竇嬰把長安城南的一塊地拱手相送。竇嬰齒冷心寒，我已經老不中用了，這不是趁火打劫嗎？灌夫更是氣勢洶洶，指名道姓，大罵田蚡。這位門客受人之託，不想仗勢欺人，回去匯報田蚡：竇嬰半截身子都進土了，您晚幾年，想要什麼不行啊？田蚡也不缺地，擺擺手，這件事算過去了。可紙包不住火，不久，真相大白，田蚡和竇嬰、灌夫結下了怨仇。

整件事情，田蚡固然可惡，竇嬰也該反省。一開始，竇嬰就不該對這種得志小人抱有幻想。既結交權貴，必有所付出。一塊田就捨不得了？

田蚡自然會想，你竇嬰的兒子殺人犯法，不是我田蚡出手相救，能活到今天？多少人爭著搶著巴結我！要你的地是給你機會，怎麼反落得怨聲載道？

圖窮匕首見

竇嬰家宴弄巧成拙，搬起石頭砸了腳；田蚡索田目中無人，結果討了個沒趣。本來井水不犯河水，終至步步積怨。那麼，飛揚跋扈的田蚡如何撈回臉面？竇嬰、灌夫又作何打算？

田蚡一肚子惡氣，一定要收拾竇嬰和灌夫。拿誰開刀呢？他一口咬住灌夫的死穴——家族背景，大做文章！

灌氏家族一向為非作歹，在家鄉潁陰堪稱一霸，百姓恨之入骨，坊間有民謠曰：潁水清清，灌氏安寧；潁水渾濁，灌氏滅族。（潁水清，灌氏寧；潁水濁，灌氏滅族。）民謠反映民聲，往往一語成讖。東漢末年，董卓中計前往都城受禪，路上車裂輪，馬折轡，童子歌：「千里草，何青青；十日卜，不得生。」意為「董卓不得生」。果然，董氏被誅。

蓬頭稚子的有口無心，是否又將應驗在灌夫的身上？

　　灌夫出身豪強，這正是他的軟肋。除惡打害是漢廷一以貫之的政策，武帝時期更是重用大批酷吏，不斷掀起嚴打高潮。

　　所以，田蚡扳倒灌夫，就從他的家族下手。元光四年（前131）春，田蚡收集材料，在漢武帝面前大揭灌夫家醜。按照律法，這類案件根本不必上報皇帝，丞相自己看著辦就行了。爲什麼田蚡如此謹愼，一定要請示漢武帝呢？

　　田蚡殺機已起。灌夫是死是活，全在田蚡一念之間。但是，他最終目的是要撼動竇嬰，這就不那麼容易了，必須得到皇帝的支持。而此舉正是恭敬在前，麻痺其中，慢慢引皇帝進入他構陷竇、灌的棋局。何況，恃強凌弱，田蚡不得不考慮輿論的壓力。要想殺人不見血，就得假他人之手。借誰的手呢？只有借漢武帝的手！

　　漢武帝答覆，這是丞相分內的事，你自己全權處理。聖旨在握，田蚡就可以放手大幹了。

　　灌夫是什麼人？一聞到火星就狂轟濫炸的「炮子筒」！他四處揚言，只要田蚡敢下手，就將他的重大把柄公之於世。田蚡點了灌夫的死穴，灌夫又握著田蚡把柄，兩人水火不容了。

　　田蚡的把柄又是什麼？原來，武帝繼位第二年，淮南王進京，和田蚡過從甚密。太尉田蚡年紀輕，資歷淺，正是廣結人脈的時候。一次，田蚡握著淮南王的手告訴他，您是高皇帝劉邦的孫子，萬一當今皇上有什麼變故，算來算去只有您最適合做接班人。「交淺言深」這是待人接物的大忌，田蚡一忽兒給灌夫、竇嬰開空頭支票，一忽兒又餵淮南王劉安迷魂湯；可見他爲人輕狂。

　　言者無意，聽者有心。恰恰淮南王是有篡位野心的，被田蚡拍得身心愉悅，立即賞他大批金銀財寶。這事大不大？漢景帝也說過，千秋之後，傳位梁王。景帝是戲言，田蚡是奉承，都當不得眞。可是，皇帝說得，大臣如何說得？而且是背地裡私自討論，前

提還是當朝少年天子遭遇不測？況且，田蚡拿了人家的手軟，事情一旦抖露出來，怎麼能推得乾淨？這就是謀反罪！所以，灌夫握在手裡的是田蚡的「刑令牌」。

田蚡不敢動了，灌夫無非是魚肉鄉里，自己可是謀反罪啊！

於是兩人達成默契，就這麼制衡著，拉鋸著，你別收拾我，我也不揭發你。但是對於田蚡來說，謀殺計畫才剛剛啓動。如果說，之前欲置灌夫於死地，田蚡是逞一時之氣，現在除掉灌夫，就是事關生死、勢在必行了。田蚡位高權重，絕不允許有人掌握足以毀滅他的隱私。

12.竇嬰之死：

離奇冤假案　武帝緘默

「同是天涯淪落人。」竇嬰和灌夫，弄巧成拙，一錯再錯，和田蚡結下深仇大恨。勇鬥虎狼丞相，灌夫緊握「核彈頭」，以死相拚。田蚡能放過灌夫嗎？三朝元老，生死關頭，竇嬰還有什麼秘密武器？一場忠奸之戰，如何急轉直下，最終導致竇嬰的死亡呢？

無意引火竟自焚

元光四年（前131）十二月二十九日，竇嬰被處死。千年以後，紹興十一年（1141）十二月二十九日，岳飛被毒死於臨安風波亭。岳飛和竇嬰，可比亦無可比：都是一年的最後一個冬日，同樣擔待著「莫須有」罪名；一個死於昏君輕信，一個亡於明君無奈；一個悲壯，一個窩囊。

竇嬰的死幾乎預示了武帝朝的一個惡兆：十三任丞相，鮮有善終。

是什麼送竇嬰走上了不歸路？

首先，政治上幼稚。

〈田竇交惡〉中，我們講到：竇嬰與田蚡、灌夫這兩個後生晚輩，親疏處理不當。對田蚡，要麼端起架子，要麼徹底迎合；退一步保有自尊，進一步贏得實惠；竇嬰偏偏卡在中間，不上不下，尷尬。對灌夫，忘年之交，無可厚非；但竇嬰義氣，灌夫衝動，危險。事態究竟是如何發展到不堪收拾的地步呢？

　　第一件事：田蚡婚宴。元光四年（前131）的夏天，王太后下詔，為田蚡舉行盛大婚宴，要求所有在京諸侯、大臣，必須參加。竇嬰動員灌夫一塊兒去。灌夫堅決不幹，他說，我已經多次因為喝酒得罪了田蚡，這次他的喜酒，無論如何不能再喝了。竇嬰封號魏其侯，出席婚宴是政治任務；而灌夫一介落職將軍，去不去本無關緊要。竇嬰想做好人：你們倆不是已經講和了嗎？為什麼不去呢？生拉硬拽，把灌夫給拉去了。

　　婚宴開始，新郎官田蚡首先敬酒，大家連忙「避席」，即被敬酒的人起身，離開自己的座位，表示對敬酒人的謙卑。田蚡是太后的弟弟，皇帝的舅舅，當朝宰相，紅得發紫，又是新郎官，所有人避席，理所應當。等到竇嬰敬酒，只有那些有舊交的長者避席，其他人都沒有，僅僅膝席。膝席不離開座位，只需欠身。試想，人們臀部放在腳後跟上坐著，如果欠身，不是就形同膝蓋著地的跪姿嗎？所以叫「膝席」。這個禮節相比「避席」，怠慢多了。世態炎涼，竇嬰失勢，遭遇冷眼，本也坦然。但灌夫看不下去了，憋了第一把火。

　　接下來灌夫敬酒。首先敬新郎官田蚡，田蚡不僅沒有避席，而且酒也沒有喝完。田蚡這種態度，肯定不是冰釋前嫌的氣量，灌夫心裡就憋了第二把火。

　　終於，灌夫敬到他的一個本家兄弟，臨汝侯灌賢面前，找到出氣筒了！灌賢正和將軍程不識說話，沒注意灌夫。他馬上火冒三丈，這第三把火，加上前面兩把，摧枯拉朽，連成一片。這就是《史記》中非常有名的「使酒罵坐」，敬酒的時候開罵了。

　　灌夫氣呼呼地指著灌賢的鼻子：你平時說起程不識，貶得一文不值，不屑一顧。現在我來敬酒，你倒假模假式，跟他交頭接耳，像小丫頭樣嘰嘰咕咕！灌夫輩分比灌賢高，這兩個人也確實沒有避席，自知理虧，乖乖杵在那裡。灌夫的確是在找碴，卻萬萬沒

有想到，還有一個人也在找碴。而且，此人反應之迅猛，言辭之惡毒，令人震驚！這人就是田蚡。

田蚡不緊不慢，一本正經地說，程不識和李廣，一個是皇帝的東宮衛尉，一個是太后的西宮衛尉，你今天當眾侮辱程不識將軍，又把李廣將軍置於何地？田蚡把話頭從灌賢那兒跳過去，拈出一個程不識，又掛上一個李廣。程不識和李廣是皇家的警衛隊長。中國有句古話，打狗也要看主人；這兩個人你能隨便罵嗎？這時，灌夫應該封口了。可是，他已經喝多了，仗著酒勁兒說，你今天就是殺了我的頭，我也不知道世界上還有一個李廣，還有一個程不識！田蚡攛掇了半天，就等著你發酒瘋呢！只要灌夫做出傻事，再治他就容易了！

一場婚宴突然變得比鴻門宴還劍拔弩張。賓客紛紛藉口離席。竇嬰見此情形，拉起灌夫就往外走。這時，田蚡又念出第二句「奪命咒」：今天婚宴，是王太后下詔特辦的，灌夫「使酒罵坐」，對太后大不敬！這是要殺頭的。於是，他命令手下的騎兵衛隊，當場逮捕灌夫。這時候，出來一個和事佬，就是上次「城南索地」的那個門客，使勁按下灌夫的脖子，暗示他：人在屋簷下，將軍低低頭不就過去了嗎？不料你是越往下按，灌夫越向上挺，硬不低頭。田蚡得理不饒人，立即把他的丞相府長史招過來吩咐：灌夫如此大不敬，全怪我平時太放縱他，這次絕不能手軟！不僅灌夫，灌氏全族逮捕，一個不留！

相比灌夫的酒後撒潑，田蚡相當冷靜。為什麼要連坐九族？灌夫家只要有一條漏網之魚，隨時都可能揭他的致命瘡。這時的竇嬰只得拉下老臉，四處磕頭燒香，希望能夠私了。當年「城南索地」，竇嬰捨不得一塊地，現在田蚡還會領你的情嗎？一切無濟於事。

情急之下，竇嬰只得「兩肋插刀」，背著家人，向皇帝求

救。灌夫雖行事荒唐，也只是酒後失言，罪不至死啊！史書記
載：上然之。皇帝也同意竇嬰的看法。接下來，漢武帝招待竇嬰吃
了頓飯（賜魏其食），提出一個解決方案，叫「東朝廷辯」。東朝
就是東宮，即到王太后的寢宮當眾辯論。既然「大不敬」的是王太
后，自然要獲得王太后的諒解。但是，誰的地盤誰做主。王太后是
田蚡的姊姊，這場辯論會明顯是田蚡做主！

　　第二件事：東朝廷辯。田蚡、竇嬰，辯論雙方，加上文武百
官，悉數進入太后寢宮，共同決定灌夫的命運。竇嬰作為灌夫的代
理人，率先陳詞：灌夫在吳楚七國之亂中，立有大功。這次只是個
小過錯，不能一葉障目，就此殺掉一個大功臣。

　　田蚡則聲東擊西，死咬著灌氏家族魚肉一方的命穴，稱打擊豪
強是基本國策，灌夫死不足惜。

　　竇嬰詞窮，就開始揭田蚡的短。竇嬰不知是礙於王太后的情
面，還是心地過於善良，在這種緊要關頭，居然沒有拋出置田蚡
於死地的「令牌」；說來說去只是些無傷大雅的小事，先失了氣
勢。而田蚡一針見血，他說，我無非就是愛好土地、金銀、女
人、房子，這是什麼大錯？哪像竇嬰和灌夫，暗中誹謗朝廷（腹誹
而心謗），整天在家裡夜觀天象，日畫地理，就盼著皇上、太后出
點事！

　　竇嬰沒來得及揭發田蚡謀反，倒先背上「謀反」黑鍋！漢武
帝止住二人爭辯，請大臣們發表意見。大臣們你推我搡，唯唯諾
諾，有兩個鯁直的大臣汲黯、鄭當時認為竇嬰說得對，但後來也不
敢堅持自己的意見。

　　御史大夫韓安國斟酌再三說，灌夫立有大功，酒後失言，沒
有大錯，不能殺，竇嬰說得對。灌氏家族橫行霸道，好像一個樹
枝，竟比皇室的樹幹還粗，不鋸掉要不得，田蚡所言也沒錯。綜上
所述，唯明主裁之，還是皇上聖明，請皇上裁決。

應該說，漢武帝是同情灌夫和竇嬰的。可是，建元新政的破產，竇太后已經給自己上了一課，漢武帝學會了收斂羽翼、韜光養晦，不會輕易地觸怒母親王太后。想出這個「東朝廷辯」，漢武帝就是要把球踢給大臣，結果沒人敢接，韓安國冒險接球，也不過倒了個腳，球又回到漢武帝腳下。

田蚡一番穿針引線、挑燈撥火，把火燒向王太后，整個事件的性質一下子變了。原本一場酒後廝爭，被上綱為不敬太后。人人緘口。東朝廷辯不了了之。

竇嬰和田蚡的關係，急遽惡化；至此，竇嬰終於引火上身。本來，田竇二人雖積怨已久，卻從未正面衝突。一場辯論會，徹底撕破臉皮。

竇嬰求和不成，灰頭土臉地從朝中回來，便著手準備再次上書武帝。他的夫人苦苦哀求：灌夫得罪太后一家，誰能救得了？搞不好還把自己搭進去了。竇嬰說了一句義薄雲天的話：侯自我得之，自我捐之，無所恨！魏其侯這個爵位，是我立功得來的，從我這兒丟掉了，我毫無遺憾！可見竇嬰之風骨義氣！他最壞的打算是，了不起把侯給免了！

這是最壞的打算嗎？對方能認同你這個最壞打算嗎？事實上，對方根本沒把你那侯位放在眼裡，他要的是你的命！

既然如此，竇嬰憑什麼胸有成竹，罪不至死？

第三件事：遺詔事件。原來，竇嬰手持漢景帝「遺詔」，關鍵時刻可以越級上告。誰知，正是這張免死金牌成為他日後的死亡判決書！

東朝廷辯後，漢武帝援救竇嬰、灌夫不成，心煩意亂。隨即到王太后宮中請安，發現王太后比他還惱火呢，竟然絕食。王太后哭哭啼啼，不依不饒，說，現在我活著，人家都敢欺負我弟弟；我百年之後，我們一家豈不成任人宰割的魚肉了嗎？皇帝難道是沒有知

覺的石頭人？為什麼當時一句話也不講！大臣們支支吾吾，還有什麼信義！

　　母親說得如此淒慘，漢武帝百口莫辯：本來小事一樁，但是牽涉到兩個外戚，事情就變得棘手了，打誰身上，自己都心痛。本想開個辯論會，集思廣益，拿出一個最佳解決方案，沒想到太后對結果並不滿意。

　　武帝好言相勸，太后卻聽不進去，繼續絕食。迫於王太后的壓力，漢武帝不得不把竇嬰投入大牢。

　　竇嬰深陷囹圄，思前想後，決定動用最後一張王牌：漢景帝遺詔。遺詔很簡單，九個字：事有不便，以便宜論上。如果你今後遇到非常棘手的事情，可以拿出遺詔，直接向皇上報告。遺詔沒有指明「死罪可免」，此時危在旦夕，只要能親見聖上，就有三分轉機。何況，他和漢武帝曾經有一次促膝長談，他知道皇上的心是向著自己的，那還等什麼？竇嬰抓住最後一根稻草，讓他的姪子把遺詔之事上報漢武帝。

　　漢武帝一聽，有文件就好辦事嘛；立即派人去竇嬰家中領遺詔。竇家上下早早備好救命遺詔，當年竇嬰的家臣還在上面蓋了個章。但這些都不夠，還要去查皇宮中的存檔。一查，沒有！這下子麻煩了。沒有副本的遺詔，是不是冒牌貨？得罪了王太后的竇嬰，又落個偽造遺詔罪。數罪並罰，竇嬰最後死於矯詔罪。

莫須之有無需問

其次，眾人冷酷。

　　竇嬰也死於人心冷漠。一是田蚡。田蚡用心險惡，有恃無恐；從竇嬰家宴，到城南索地，再到使酒罵坐，東朝廷辯；田蚡以灌夫為缺口，打太后之旗號，極盡挑撥構陷之能事，終於拔掉了竇

嬰、灌夫這兩顆眼中釘。

　　矯詔事件後，漢武帝並未下決心處死竇嬰。然而，樹欲靜而風不止，流言蜚語漫天飛。漢武帝到底聽到了什麼？誰布的流言？一概不知。

　　景帝遺詔為什麼在皇宮中沒有存檔？令人唏噓不已的竇嬰之死，誰才是幕後的黑手？

　　細察歷史的蛛絲馬跡，此次事件，田蚡當是最大的疑犯。

　　一是大臣。東朝廷辯，滿朝文武噤若寒蟬。除了韓安國踢了一腳回球，連朝中最放言無忌的汲黯、鄭當時，都不敢堅持己見。

　　漢武帝本以為是一次周密的拯救行動，不料遭遇冷場；田蚡有姊姊王太后做堅強後盾，竇嬰卻無一人伸出援手。氣得漢武帝退朝時大罵內史鄭當時：你平時不是最喜歡品頭論足嗎？一忽而竇嬰如何如何，一忽而田蚡如何如何。今天怎麼啞巴了？朕真想殺了你們！

　　可誰敢得罪太后？漢武帝尚且要擺擺陣勢，搞個答辯會掩蓋一己好惡，哪個臣子敢做這出頭椽子呢？

　　一是王太后。王太后對灌夫事件糾纏不放，推波助瀾，不可小覷。仗著是她下的婚宴詔書，田蚡才敢抓灌夫；而迫於她的皇太后身分，群臣才集體「失語」；最後她鬧絕食，搞請願，以死要脅漢武帝。正是她的包庇縱容，田蚡才一步一步把竇嬰押上了斷頭台。

　　一是漢武帝。無論王太后如何施加影響，漢武帝是最後的仲裁官；不必借助朝臣，他一人就可以定案。漢武帝此時不過二十歲，還是政治上的雛兒。你既可憐竇嬰，又為何將廷辯安排在東宮？那是王太后的勢力範圍，怎能奢望突然翻盤？

　　再有，東朝廷辯，竇嬰僅「不敬」丞相田蚡，哪至於被捕？景帝遺詔沒有副本就說明竇嬰矯詔嗎？竇嬰三朝元老，怎不知矯詔其罪當誅？到底是遺詔沒有副本，還是副本被毀？如果有副本，誰能

銷毀副本？

最後，景帝遺詔。這是漢武帝朝的一大疑案，後人爭論不休，列舉出三種可能：

第一，竇嬰僞造；第二，沒有存檔；第三，存檔被毀。沒有存檔又有兩種可能：一是景帝忘了存檔，二是景帝故意不存檔。被毀也有兩種可能：一是王太后和田蚡毀詔，二是漢武帝毀詔。

關於竇嬰僞造詔書，從邏輯上看絕無可能。

第一，根據史書的記載，竇嬰雖然有時意氣用事，但是，竇嬰是景帝朝的直臣、重臣，豈能僞造先帝詔書？那是奸臣所爲。

第二，竇嬰以遺詔自救，而他出示僞詔，豈不是自蹈死地嗎？

關於不存檔，從邏輯上講，我認為也不可能。

皇帝詔書，歷來都是一正一副，必須存檔。這麼重大的詔書，如果沒有存檔，很難令人相信。至於景帝有意不存檔，絕無可能。竇嬰在景帝朝有三件大事，一是糾正景帝傳位梁王的「失言」，二是平定吳楚七國之亂，三是諫止廢立太子。

第一件事，竇嬰的糾正給了景帝一個很好的台階：既可以不傳位梁王，又沒有得罪其母竇太后。恐怕漢景帝當時對竇嬰還心懷感激。

第二件事，平定吳楚七國之亂。雖說竇嬰不肯領命在先，但他後來也確實立下大功，還被封爲魏其侯。將功抵過，漢景帝對竇嬰也不會有惡意。

只有第三件事，漢景帝廢太子劉榮，立皇十子劉徹一事，竇嬰和漢景帝意見相左。但是，竇嬰是皇太子劉榮的太子太傅，保護劉榮是他的職責所在，並無大錯啊！唯一不妥就是他在反對廢太子劉榮失敗後，跑到山裡泡病假，不上朝。但是，漢景帝恐怕沒有必要算計一個大臣到如此地步！

關於存檔被毀，我不相信。

誰這麼大膽，敢於毀掉先帝遺詔？王太后、田蚡固然氣焰熏天，但是：一是竇嬰家中的遺詔不足以威脅田蚡，二是毀詔非常不易；他們不可能毀檔。

至於漢武帝毀詔，更不可能。

一是竇嬰手中遺詔，對漢武帝不存在任何特別要求。漢武帝有可能是第一個看到竇嬰家中存放景帝遺詔的人，他看到的景帝遺詔僅僅是「事有不便，以便宜論上」，無非是發生意外之時，有一個面見漢武帝的特權。難道漢武帝畏懼王太后，到了面見罪臣的勇氣都沒有了？如果漢武帝敢於見竇嬰，何必親自毀詔？

二是漢武帝一直是同情竇嬰的（「上然之」、「賜魏其食」），他沒有理由用毀詔來加害竇嬰。漢武帝將竇嬰下獄完全是迫於其母王太后的強大壓力。

三是漢武帝不會因為要加強中央集權，而打擊外戚，置竇嬰於死地。他從來沒有把打擊外戚作為加強皇權的一種策略。漢武帝重用的衛青、霍去病、李廣利，個個是外戚出身。臨終之際他託孤的霍光也是外戚！所以，竇嬰的死與他的外戚身分無關。

四是竇嬰下獄以後漢武帝仍然不想處死竇嬰。《史記·魏其武安侯列傳》中記載：處死灌夫之後，漢武帝已經商定好了不殺竇嬰（議定不死矣）；漢武帝是最後聽到了有關遺詔的流言蜚語，才下決心處死竇嬰。

五是田蚡死後漢武帝的反應。

田蚡死後，牽涉田蚡的淮南王劉安謀反一事，浮出水面。

《史記·魏其武安侯列傳》中認為，漢武帝從田竇交惡起，就不傾向武安侯田蚡，不過礙於王太后的顏面，才無法力保竇嬰。聽說淮南王竟然送金給武安侯，漢武帝說：假如武安侯活到今天，那就要滅族了。（上自魏其時不直武安，特為太后故耳。及聞淮南王金

事，上曰：使武安侯在者，族矣。）

上述三種可能的判斷都難以服人。

但，還有一種可能性沒有算到其中，那就是主管國家檔案的官員受王太后、田蚡的影響沒有據實報告漢武帝景帝遺詔的存檔情況。清人沈欽韓說：唐故事，中書舍人掌詔誥，皆寫兩本，一為底，一為宣……大行遺詔豈無副而獨藏私家者？此主者畏蚡，助成其罪也。

這種可能性有沒有呢？難說！

第一，主管國家檔案的官員有這麼大的膽子嗎？欺騙皇上可是欺君之罪啊！

第二，王太后、田蚡的權勢有這麼大嗎？

總之，竇嬰偽造詔書一事，雲遮霧罩，疑竇叢生，而又無從考證。

但有一點已成歷史定評，那就是：漢武帝在位54年，竇嬰是他自主選拔的首任丞相，也是第一個蒙冤屈死的丞相。

君要臣死，臣不得不死。漢武帝年少，頭頂竇太后、王太后兩座大山。竇太后歸西，王太后背後的田氏家族，早就對竇氏家族霜劍風刀緊相逼。竇嬰一死，竇家徹底敗落。漢武帝、王太后只怕都鬆了口氣。所以，竇嬰之死，還死於家族的權勢敗落。

元光四年（前131）十月，灌夫以大不敬罪被處死。

十二月二十九日，竇嬰以偽造詔書罪被處死。

元光四年三月，田蚡得了一種怪病，一個勁喊著「認罪」、「認罪」，離奇死去（漢武帝時期用的是秦朝曆法，以每年十月為歲首，即以十月為每年的第一個月。因此，十月在前，下面依次是十一月、十二月、一月、二月、三月、四月等。所以，十月在前，四月在後，田蚡死於竇嬰之後）。

兩代外戚，生死較量，終於落下帷幕。

【武帝軍威】

13.漢匈交兵：

苟和至絕路　唯有一戰

漢武帝一生最受爭議的是：他為帝54年，對匈奴作戰44年。究竟是什麼原因，令漢武帝如此仇視匈奴民族？為什麼漢武帝不沿襲乃父乃祖的和親政策？

和親不和平

從劉邦統一中國開始，西漢王朝一直施行和親政策以換取和平，也就是選派翁主（漢代諸侯王之女）充當公主，嫁給匈奴單于，以維持兩大民族和睦相處。

每次派「公主」（翁主）和親，都有大批工匠、奴婢等隨行，並帶去大量漢朝製造的各種器物；每年還送給匈奴一定數量的絲綿、米和食物，這些保證了匈奴原來靠發動戰爭才能得到的收益，一定程度上遏止了匈奴對漢朝的侵擾。

漢文帝即位之後，沿襲高祖、呂后時期對匈奴的和親策略。但是，文帝前三年（前177）五月，匈奴右賢王進入河南地（河套以南），燒殺搶掠。漢文帝令丞相灌嬰率八萬五千戰車和騎兵，攻打右賢王，右賢王敗逃塞外。事後，匈奴單于寫信給漢朝，誣稱戰事由漢朝挑起。漢文帝明知匈奴歪曲事實，還是以卑辭厚禮，答應了他們的和親之請。

不久，冒頓單于去世，其子稽粥繼立，號「老上單于」。

老上單于繼位之後，漢文帝決定選派劉姓翁主和親。這次和親

給漢文帝帶來一個意想不到的大麻煩！

此次和親和以往一樣，要有宦官陪伴「公主」同行，選派的宦官是燕地人中行說。

中行說執意不去。他說，你們一定要我去，我一定會成為大漢的災星。（必我行也，為漢患者。）

果然，到了匈奴，他很快投降了單于。

中行說這種人，報復心極強。作為宦官，中行說的一生已經非常不幸，但是，他還可以生活在中原，生活在大漢王朝的國土之上。一旦強迫他出使匈奴，他終生都不可能再回來。

其實，比他痛苦的還有和親的「公主」，她們遠嫁異域，遠離家人，以個人之力承受著民族和睦的重擔，她們所受的苦一點不比中行說小。

但這些「公主」自知必須擔當民族和解的使命，個人的恩怨都不能凌駕民族利益之上。中行說則把個人的痛苦看得比民族利益更大，因此，他要報復自己的民族，報復讓他背井離鄉的漢朝政府。

中行說給大漢王朝製造了什麼麻煩呢？

第一，破除依賴。

中行說到達匈奴後，發現匈奴人非常喜歡漢朝送來的絲綿。絲綿和匈奴人原有的皮革相比，既輕又暖。匈奴人生活在蒙古高原上，氣候寒冷。他們只能以大草原提供的皮革保暖，皮革雖然保溫性好，但是，和絲綿相比，有一個很大的缺點——太重。絲綿的輕暖是皮革無法相比的，因此，中原的絲綿深得匈奴人喜愛。但是，絲綿非蒙古高原所能生產，匈奴人無法擺脫對絲綿的依賴。

中行說認為：匈奴人如果酷愛漢族人的產品，就會對漢族產生依賴，最終會葬送草原民族自身。中行說到處遊說，宣傳匈奴必須打破對漢朝物品的依賴性。

中行說對老上單于說：匈奴的人口只相當於漢朝的一個郡，但是，卻比漢朝強大；原因就在於匈奴的衣服、食物和漢朝不同，不需要依賴漢朝。如果匈奴人改變自己的風俗，喜愛漢朝出產的東西；那麼，漢朝只要拿出自己全部物品的十分之二，就可完全滿足匈奴人的物質需求，到了那個時候，匈奴就會不由自主，完全歸附漢朝。這對匈奴來說太危險了，關乎到匈奴能否獨立生存。

那麼，怎麼破除匈奴人對漢朝絲綿的喜愛呢？

中行說說，這很簡單。你把漢朝送來的絲綿做成衣褲，穿上它在大草原雜草荊棘中騎馬奔馳，絲綿製的衣褲被剮爛，就證明絲綿製品沒有皮衣皮褲結實耐用，不適合匈奴人。

對於漢朝的食品，中行說建議：這哪比得上匈奴的動物乳汁和乳製品好？全扔掉！

民族之間互通有無，本是雙方共贏的大好事。中行說卻刻意在兩大民族之間製造對立，導致兩大民族長期陷入戰爭狀態。

第二，傳授文字。

中行說還向匈奴傳授漢文，用漢字記事，以便統計人口和牲畜數目。

中行說傳授漢文字雖有傳授漢文明的客觀效果，但是，他的主觀動機是想使匈奴更強大，聚集實力和漢族政權對抗。

第三，教唆傲慢。

當時漢匈交往，漢朝送給單于的信簡（竹簡）長度是一尺一寸，中行說教匈奴單于寫的回信，竹簡都是一尺二寸長，並且在信的開頭加上「天地所生，日月所置」八個字。本來，漢文帝的信簡開頭是：皇帝敬問匈奴大單于無恙；現在，匈奴單于的信簡開頭倒成了：天地所生日月所置匈奴大單于敬問漢皇帝無恙。無恙，就是無病，這是客套話。這信簡裡的玄機則是：論派頭，我的信簡比你長；論頭銜，我是「天地所生，日月所置」。大漢王朝不在

話下。中行說以此培養匈奴單于的傲慢，羞辱漢朝皇帝，製造事端，唯恐天下不亂。

第四，助紂為虐。

本來，匈奴已經是漢朝的心腹大患，但是，中行說依仗熟悉漢朝的地理和軍情，極力幫助匈奴單于尋找進攻漢朝的突破口，並且屢屢得手。

漢文帝朝年輕的政治家賈誼在自己的文章中將中行說和匈奴單于並列，揚言要制伏單于，鞭撻中行說。（繫單于之頸而制其命，伏中行說而笞其背。）可見當時中行說是如何地遭人唾棄。

漢文帝前十四年（前166）冬，在中行說的唆使下，匈奴單于率領十四萬騎兵攻入朝那、蕭關，殺死了北地都尉孫卬，搶劫了很多百姓和牲畜。在彭陽（今甘肅鎮原縣），還將回中宮（秦漢時的離宮，在今陝西隴縣）付之一炬。匈奴偵察騎兵深入腹地甚至遠達雍地的甘泉宮（秦漢離宮，在今陝西淳化縣甘泉山上）。

這次入侵對漢文帝震撼很大，執意親征匈奴，群臣怎麼都攔不住，還是竇太后出面勸阻，才未成行。最後，漢文帝派一千輛兵車，十萬騎兵，駐守在長安周圍，防禦匈奴侵擾。同時又派五位將軍，帶領大量兵車和騎兵攻打匈奴。但匈奴單于在漢朝邊境待了一個多月就離開了，漢軍未能斬殺敵軍。

此後，匈奴每年都越過邊境，燒殺搶掠，危害極大。

漢朝的和親國策未能帶來預期的和平，反而滋生了無窮麻煩。中行說的興風作浪，無異於和親國策的極大嘲諷。漢奸內鬼，不僅削弱國力，更挫傷國威。

戰事在眉睫

老上稽粥單于去世，他的兒子軍臣繼立為單于。

漢文帝後元六年（前158），匈奴三萬騎兵進犯上郡、雲中郡，燒殺搶掠。漢朝派出張武等三將軍，分別駐軍北地、代國句注、趙國飛狐口。同時，派兵堅守邊塞一線。圍繞首都長安，又有周亞夫等三將軍率兵駐守細柳、渭河北岸的棘門和霸上。這就是漢文帝的「鐵桶陣防禦」。一旦匈奴騎兵侵入代地句注邊界，報警烽火便通向甘泉和長安。但是，等到漢朝兵馬來到邊境，已經是幾個月後，匈奴早已遠離邊塞，漢朝軍隊只得作罷。

此後一年多，文帝去世。

漢文帝一朝歷經匈奴冒頓、老上、軍臣三代單于，匈奴對漢朝發動了三次大規模侵擾。

景帝繼位之後，吳、楚七國叛亂。匈奴又想乘漢朝內亂，同趙國聯手，入侵邊塞。後來，漢朝軍隊攻破趙國，迫使匈奴中止了趁亂入侵的念頭。

漢景帝堅持與匈奴和親，互通關市。直到漢景帝去世，匈奴雖然時有騷擾，卻沒有大的侵掠行動。（終孝景時，時小入盜邊，無大寇。）與漢文帝相比，漢景帝的確要幸運得多。

不過，自高祖對匈奴實行和親政策以來，匈奴之患仍然連綿不斷。所以，漢武帝征戰匈奴的首要原因，是歷史的積澱，是兩大民族的宿怨：**和親無效，征戰雪恥**。

漢武帝16歲登基，第二年便派人出使西域，目的就是斷匈右臂，為日後大規模對匈作戰做準備。

為什麼漢武帝一即位就開始布置對匈作戰？而不再像他父親祖父一樣實行和親呢？

軍事鬥爭歸根結蒂是經濟實力的較量，漢匈戰爭也不例外。西漢初年，歷經了十六年暴秦的殘酷統治，三年反秦戰爭，四年楚漢戰爭，社會經濟受到重創。

《史記‧平準書》有這樣的記載：漢朝繼承的是秦朝的爛攤

子，壯年男子參軍打仗，老弱之人還要運送糧餉，事務繁忙而財政匱乏，皇帝都備不齊一輛四匹同樣顏色馬拉的車子，大將、丞相有的乘坐牛車，老百姓家中沒有吃的也沒有蓋的。（漢興接秦之弊，丈夫從軍旅，老弱轉糧餉，作業劇而財匱。自天子不能具鈞駟，而將相或乘牛車，齊民無藏蓋。）國民連最低生活標準都達不到，何談打仗？

西漢王朝不是不想和匈奴兵戎相見，只是劉邦、呂后、文帝、景帝時代，都不具備對匈奴決戰的條件。

至武帝初年，國家已得到七十多年休養生息，百姓豐衣足食，京城積聚的錢幣千千萬萬，穿錢的繩子都朽爛了，無法統計到底有多少錢財。太倉中的糧食，新陳相繼，有的露天堆放，以致腐爛變質。（至今上即位數歲，漢興七十餘年之間，國家無事，非遇水旱之災，民則人給家足。都鄙廩庾皆滿，而府庫餘貨財，京師之錢累巨萬，貫朽而不可校。太倉之粟，陳陳相因，充溢露積於外，至腐敗不可食。）

這說明到武帝初年，西漢的經濟實力足以支持大規模對匈作戰。換句話說，漢武帝已經有了與匈奴開戰的本錢。

經濟狀況全面好轉，惠及軍事上有兩方面：

邊地糧食充足。

隨著整個國家糧食的充沛，邊境地區的糧食儲備也很充足。漢文帝曾採納晁錯的建議，送糧到邊地的人可以封爵（入粟拜爵）。

爵位是中國古代的一種政治等級制度。漢代施行的是二十等級的軍功爵制。最高級是列侯（二十級），有封國；其次是關內侯（十九級），有食邑而無封國。列侯、關內侯可以做丞相、御史大夫、九卿等高級官。以下是九級的卿級爵位，五級大夫級爵位，最低的是四級小爵。爵位不僅有軍功爵，還有民爵，普通百姓有了爵

位，一旦犯罪，就可以免罪。此項舉措無疑對邊地糧草的不斷充盈
有激勵作用。

軍事實力增強。

對匈作戰的軍事準備主要是兩點：一是戰馬，二是弓箭。

漢初馬匹奇缺，價格極高（馬一匹則百金）。武帝初年，馬匹
數量劇增，大街小巷，田原阡陌，隨處可見。

匈奴兵力的強盛，除了騎兵的機動性強，還有賴於騎手射術精
良。但中國自春秋戰國時代就有了弩機。劉項滎陽戰役中，項羽
就是用弩機射中劉邦胸部，那是劉邦一生兩次致命箭傷的第一次
（另一次在平黥布之亂中箭）。弩機借助於機械力量，發箭迅速密
集，可以壓制匈奴騎兵的「火力」，這成為武帝敢與匈奴決戰的另
一法寶。

因此，漢武帝一即位就要對匈作戰可概括為八個字：**條件成
熟，時不我待**。

然而，漢武帝對匈奴作戰，一打就是數十年，幾乎是畢其一
生，這是為什麼呢？

匈奴民族賴以生存的草原降雨稀少，這種生存環境決定了匈奴
民族只能以放牧為生，無法以農耕立國。

游牧民族的生存狀態與農耕民族的巨大差別，決定了游牧民
族不可能像農耕民族一樣，擁有豐富的農產品和相應的生活奢侈
品。游牧民族獲取本民族無法生產的生活用品只有兩種方法：一
是邊境貿易（互市），二是掠奪性戰爭。本來，通過貿易互通有
無，是最符合兩大民族長遠利益的做法。但是，匈奴民族一開始就
選擇了錯誤的做法，憑藉軍事優勢，靠掠奪獲取生產資料和生活資
料，將兩個民族拖入無休止的爭鬥。

這是漢匈戰爭的深層背景。

由於這一深層矛盾，戰爭成為特定時期解決矛盾的唯一辦

法。

　　而且，漢武帝持續不斷的軍事打擊，對於保護漢朝的農耕生產、擴大漢朝的統治地域，轉移國內矛盾也有作用。可謂：**發展擴張，利益之本。**

　　然而，事實證明，漢武帝持續作戰的負作用也非常之大。

爭議成膠著

　　從高祖到武帝，長達半個多世紀的和親已成既定國策，一旦改變，能夠得到廣泛支持嗎？

　　漢武帝建元六年（前135），匈奴來請和親，天子下議。此時，漢武帝即位已經六年，漢武帝將是否和親這件大事提交朝議。朝臣議論紛紛，有人主戰，有人主和。

　　主戰派以大行（外交部長）王恢爲代表，和親派以御史大夫（副丞相，主管監察司法）韓安國爲代表。

　　王恢是燕地人，多次在邊地任職，熟知邊事，他堅決主張對匈作戰。王恢主戰的理由就一條：每次與匈奴和親，不過幾年，就毀約入侵。數十年來都是如此。對於這樣一個毫無信義的民族，最好的方法就是軍事打擊，打敗它。否則，永無寧日！（漢與匈奴和親，率不過數歲即復倍約，不如勿許，興兵擊之。）

　　韓安國則認爲：對匈奴作戰出兵千里，無利可言。

　　首先，難以制伏。匈奴是游牧民族，擁有騎兵，流動性太強，而且他們沒有仁義可言，所以，很難制伏。（今匈奴負戎馬之足，懷禽獸之心；遷徙鳥舉，難得而制也。）

　　其次，以勞伐逸。我們千辛萬苦地追擊匈奴，等找到時，早已經筋疲力盡，怎麼可能打敗他們呢？這就好像強弓射出的箭，到了快落地的時候，連極薄的絲綢都無力穿透；又好像一場大風，

到最後風停之時，連一根鴻毛都不能吹起來。這絕不是因為強弓最初射出的箭沒有力量，也不是因為大風最初沒有力量，而是到了最後，箭和風已失去了力量。所以，攻擊匈奴有許多不便，不如和親。（漢數千里爭利，則人馬罷，虜以全制其敝。且強弩之極，矢不能穿魯縞；衝風之末，力不能漂鴻毛。非初不勁，末力衰也。擊之不便，不如和親。）

韓安國的演講，生動形象，贏得了多數人的支持。

這裡有三點要思考：

一是，王恢和韓安國，誰的話有道理？

二是，為什麼多數大臣同意韓安國的意見？

三是，漢武帝究竟是什麼態度？

我們逐一來看。

王恢和韓安國誰的話有道理？

我認為：王恢的話抓住了自漢初以來漢匈關係的一個關鍵：和親不能長期保持兩個民族的和平。韓安國的話也有道理，對匈作戰往往是得不償失，敗多於勝。

王恢主張是一勞永逸地解決問題；韓安國主張卻是臨時性的應急措施。因此，王恢講的是大道理，而韓安國講的是小道理。

最終，小道理要服從大道理。那麼，大臣們為什麼大多支持韓安國的小道理呢？

和親自漢高祖以後施行了七十餘年，雖然相對保守，但是，風險不大：死不掉，好不了。而王恢主戰雖治本清源，卻是大手術，有機遇，更有風險。

因此，多數大臣支持韓安國是必然的。

對此，漢武帝究竟是什麼態度呢？

漢武帝一生在位54年，對匈作戰長達44年，毫無疑問是主戰派。但是，漢武帝最終同意了韓安國的意見。

14.馬邑之謀：

漢武第一擊　誘敵聚殲

　　建元六年（前135），針對匈奴的和親之請，漢武帝採納了以御史大夫韓安國爲代表的多數朝臣的意見，同意和親；否定了大行王恢武力打擊的提議。漢武帝難道不願用兵？絕對不是。他只是在尋找一個對匈作戰的最佳方案。那麼，什麼方案可以零風險呢？

　　漢武帝和親後的第三年（元光二年，前133）年初（冬十月），他突然召集大臣們說：朕把宗室的公主裝扮得漂漂亮亮的嫁給單于，又給了他們豐厚的財物，我大漢待匈奴不薄啊！但是，單于的傲慢無禮和無休止的入境擾民，令我既鬱悶又痛惜。如今我打算攻打匈奴，你們覺得怎麼樣？（朕飾子女以配單于，金幣文繡賂之甚厚，單于待命加嫚，侵盜亡已。邊境被害，朕甚閔之。今欲舉兵攻之，何如？）

　　漢武帝不滿匈奴，打算對匈用兵！

　　漢武帝爲什麼突然改變既定國策呢？

　　漢武帝最初提出對匈用兵的元光二年，匈奴並未入侵；而且，自兩年前（建元六年，前135）漢武帝與匈奴和親以來，匈奴也沒有大規模入侵。漢匈關係在建元六年至元光二年之間，一直處於相對平靜的狀態。因此，並非匈奴突然入侵，迫使漢武帝對匈動武。這裡只有一個解釋：漢武帝早就打算對匈奴動手。

　　原來，建元六年匈奴主動和親之時，朝中爆發主戰派與和親派的爭論。和親派的代表人物韓安國陳述了對匈奴作戰的巨大風

險，因此，漢武帝不得不去等待最合適的機遇，尋找最有利的方案。

究竟什麼方案才是零風險的對匈作戰方案呢？

「零風險」方案

元光二年，漢武帝把自己對匈作戰的意見提交朝議，御史大夫韓安國和大行王恢再次成為「和親」與「主戰」兩派的核心人物。

王恢與韓安國兩人各持己見，唇槍舌劍，互相詰難。爭論的焦點有三個：

一是要不要對匈作戰。

王恢認為：戰國時代的代國，北邊面對匈奴的侵擾，南面還得對付中原的戰亂；即使如此，代國還能夠保護自己的百姓，過著平靜的生活，匈奴也不敢輕易來犯。今天，大漢以陛下之威，匈奴反而三番五次地入侵邊地，心中沒有絲毫畏懼，對我們大漢比對當年一個小小代國還要囂張。因此，必須打，狠狠地打，打到匈奴知道畏懼才行！

王恢這番話的核心：對匈宣戰，揚大漢軍威！

韓安國仍延續他以前的觀點，認為對匈作戰實在無利可言。匈奴是游牧民族，居無定所，漢軍深入沙漠腹地，一是很難找到匈奴主力（找不到），二是一旦遭遇匈奴主力，我以疲勞之卒對匈奴精銳之師，很難打贏（打不贏），三是占了匈奴沙漠國土沒有用，奪了匈奴的百姓也不能使漢朝強大（划不來）。

二是如何看待高祖和親。

漢高祖劉邦白登被圍，被困七日，無計可施，幾乎陷入絕境，狼狽至極。最後還是陳平獻計，賄賂並利用了單于的閼氏，才

得以突圍。

突圍之後，劉邦頭腦冷靜了，採納劉敬的意見，對匈奴和親。

高祖劉邦在西漢政壇上擁有很高的威望，所以，劉邦的和親國策成了劉邦之後主戰派與和親派每每爭議的焦點。

當年呂后接到冒頓單于的騷擾信時，勃然大怒，主張立即出兵，樊噲趁機揚言：他只要帶十萬軍隊就可橫掃匈奴。一時間，朝堂上一片喊打之聲。這場危機最後怎麼解決的？

欒布說：當年高祖帶三十萬精兵討伐匈奴，卻被困守七日。以高祖皇帝的英武，尚且打不過匈奴，樊噲之言純粹是欺君。

心氣極高、專橫跋扈的呂后，聽了欒布的話，一言不發，最終同意欒布的意見，繼續和親。呂后如此忍辱，在其一生中是唯一一次。我們可以因此認為，呂后以大局為重，以國事為重。但不能否認，劉邦的和親之舉，對呂后有著多麼大的影響！因此，在漢匈關係史上，劉邦的和親主張成為和親派的一張王牌，也成為主戰派一道難以逾越的鴻溝。如果對匈作戰，就要正視漢高祖和親匈奴這一歷史問題。

韓安國認為：當年高祖皇帝被困平城七天，飯都吃不下，脫困之後，卻毫無憤怒之心。這是因為高祖皇帝以天下為大，不因為一己私怒而損害天下公益。因此，才有了高祖、惠帝、高后、文帝、景帝五代的相繼和親。

王恢反駁：高祖之所以主張和親，不是沒有能力動武，而是想讓百姓生活安寧；如今邊境屢遭侵犯，天下蒼生屍骨累累，這是任何一個具有仁愛之心的人都痛心不已的事。如果高祖在世，也一定不會坐視不顧。

王恢有意避開漢初的經濟實力、軍事實力不足以支撐對匈作戰這個關鍵，把劉邦的和親歸於他的慈悲胸懷。

王恢的這個說法非常巧妙。

第一，和親派一直以劉邦打不過匈奴才和親作爲一面大旗，一旦遇到主戰派就拉大旗做虎皮。但是，王恢偏偏對劉邦和親做了另類闡釋，他認爲：劉邦絕不是打不過才和親，是不願讓經歷了太多苦難的百姓再受戰爭之苦，才做出無奈選擇。

王恢之論大大美化了劉邦，即使人們不認同王恢的說法，誰敢駁斥他的意見？駁斥者一旦開口，就會陷入一個要命的圈套——誣衊高祖劉邦！

第二，劉邦爲了免除百姓苦難才和親，現在，百姓正遭受匈奴侵擾之苦，爲了解除百姓的苦難，自然必須對匈用武。

三是如何對匈作戰。

韓安國認爲：用兵的訣竅是以飽待飢，以逸待勞；漢軍長驅直入，深入匈奴腹地，後勤補給線太長；而且，士兵經過長途跋涉，疲憊不堪，實在難以成功。

王恢立即提出一個讓韓安國無法回擊的方案。韓安國頓時啞口無言。

王恢這一次提出的作戰方案，並不是深入到匈奴腹地；而是引誘單于到漢朝邊境，然後選派精兵，埋伏在指定地點。或在其左，或在其右，或在其前，或斷其後。這樣，一定可以擒獲單于，大敗匈奴。（恢曰：不然。臣今言擊之者，固非發而深入也。將順因單于之欲，誘而致之邊。吾選梟騎壯士，陰伏而處以爲之備，審遮險阻以爲其戒，吾執已定。或營其左，或營其右，或當其前，或絕其後，單于可禽，百全必取。上從恢議。）

這是一個誘敵進入埋伏圈的作戰方案，它完全規避了韓安國提出對匈作戰的最大風險——找不到，打不贏。這正是漢武帝苦苦等待和尋找的零風險對匈作戰方案——「馬邑之謀」！

所謂馬邑之謀，是馬邑（今山西朔縣）富豪聶壹向大行王恢提

出的一個計謀：匈奴與漢朝和親未久，對漢朝邊地還比較親和，趁此機會引誘匈奴單于偷襲馬邑，我方同時埋伏大量精兵，將匈奴主力一舉殲滅。這樣，既消滅了單于主力，又沒有韓安國擔心的，以疲憊之卒對付匈奴精銳之師的弊端。

看上去，馬邑之謀是一個非常完美的「零風險」作戰方案。

漢武帝立即批准。

功虧一簣

完美作戰計畫的第一招，**笑裡藏刀**。王恢派遣聶壹扮作匈奴邊境的商人，拜見匈奴單于，對他說：我能除掉馬邑縣縣令、縣丞，將全城送給您。軍臣單于非常高興，答應與他裡應外合拿下馬邑。正所謂，以信義安之，以利益誘之，麻痺了敵人的注意力，就方便下手了。

完美作戰計畫的第二招，**請君入甕**。聶壹迅速折返馬邑，殺了一個被判死刑的囚犯，把他的首級懸掛在馬邑城頭，對匈奴密使說：馬邑的守官已經被殺，你們趕緊出兵。軍臣單于立即率領十萬多騎兵，進入武州塞（今山西左雲）。司馬遷在《史記・匈奴列傳》中，有一句話概括匈奴人特點：苟利所在，不知禮義。其實，追逐利益是人的本性。而軍臣單于此次，僅僅因為一個素不相識的人一番話，便冒險行動；離開了自己的大本營，「刀俎」變為「魚肉」，生死難料。

至此，我們便看清，「馬邑之謀」就是一個為匈奴設下的巨大的陷阱：聶壹出塞→誘之以利→單于輕信→率兵前來→漢軍伏擊。如果不出意外，方案可謂勝算在握。

為了全殲匈奴單于主力，漢武帝在馬邑埋下三十多萬精兵，藏匿在馬邑城旁的山谷之中，嚴陣以待。衛尉李廣為驍騎將軍，太僕

公孫賀為輕車將軍，大行王恢為將屯將軍，太中大夫李息為材官將軍，御史大夫韓安國為護軍將軍。兵馬嘶嘯，各就各位；韓安國統一指揮。只要單于闖入漢軍視線，全軍出動，排山倒海。而王恢、李息、李廣則從代地出擊匈奴輜重，為戰役打上雙保險。一切準備就緒，三十萬大軍，屏息凝神，豪氣在胸，靜候軍臣單于的出現。

單于躊躇滿志，率十萬餘騎進入武州塞。離馬邑還有一百多里的時候，他突然一陣不安：茫茫大漠，一片肅殺；只有零星的牛羊，卻不見一個漢族百姓。軍臣單于滿腹狐疑（怪之）。漢軍至此失了一策：**打草驚蛇**。

攻下一座烽燧，輕而易舉。單于來不及享受勝利果實，立時把武州尉史（燕門郡郡尉的屬官）抓入帳下，逼問原委。這才得知：漢兵數十萬伏馬邑下。軍臣單于一陣後怕，對左右說：我本來就懷疑啊！不待休整，匈奴大軍倉皇出逃武州塞。後來單于仰天喟歎：我能得到漢朝的尉史，真是天意！

與此同時，這邊三十萬漢兵還在緊張地等待，士氣高漲。一個時辰過去，又一個時辰過去。塞下開始傳言單于退兵，三十萬漢兵猛追至關塞，單于已遠遁多時。漢軍士氣委靡，只好灰頭土臉，宣布撤軍。

王恢聽說單于未戰已退，擔心攻擊匈奴輜重，將與匈奴精兵遭遇。那樣，漢軍勢必損兵折將，勞而無功。於是，帶領側翼的三萬兵力，退兵而去。

馬邑之謀結束。

單于乘興而來，本是利令智昏，卻還能眼觀六路，不失審慎。一個「怪之」，給他帶來了幸運，同時宣告聶壹、王恢編織的「馬邑之謀」美夢的破滅。

漢軍無功而返，漢武帝大怒。尤其怨恨王恢沒有出擊而擅自罷

兵，使漢軍一無所獲。

　　王恢據理力爭：約定主力部隊與單于交戰，我率兵攻擊匈奴的後勤輜重，必然有利可得。但單于覺察了我們的埋伏，不到馬邑城就撤退了，我們如果出擊，三萬人勢必不敵匈奴十萬精兵。不出兵，回來也是死，臣已做好必死的準備，但臣是為了保全陛下三萬兵力啊！

　　武帝恨意難平，對此充耳不聞，立即將王恢交付廷尉（司法部長）處理。廷尉按照法律，王恢當斬。王恢覺得冤屈，也再不敢當面衝撞武帝，於是用千金重禮賄賂丞相田蚡。武帝正在氣頭上，田蚡也大氣不敢出一聲，又求到姊姊王太后，說：馬邑之謀是王恢率先主張的，現在事沒辦成，反殺王恢。親者痛，仇者快。恰是中了匈奴人的下懷啊！王太后一向是弟弟的鐵桿支持者，很快把這番話轉告給漢武帝。

　　竇太后去世後，王太后、田蚡繼續牽制漢武帝，漢武帝早已心存不滿。這次漢軍無功而返，他羞憤交加，顏面無存。不知輕重的王太后、田蚡還在一旁指手畫腳，更堅定了漢武帝的誅殺之心，於是，漢武帝回覆王太后，我聽信了王恢的一通忽悠，派幾十萬大軍，投入馬邑之謀。即使抓不到匈奴單于，王恢攻擊單于的輜重，也會有不少收穫以安慰士大夫。事到如今，不殺王恢，我無法給天下人一個交代。（上曰：首為馬邑事者，恢也，故發天下兵數十萬從其言為此。且縱單于不可得，恢所部擊其輜重，猶頗可得，以慰士大夫心。今不誅恢，無以謝天下。）「天亡我」也好，「戰之罪」也罷，馬邑之謀刺傷了漢武帝的自尊，王恢注定是這場戰役的替罪羔羊，當即在獄中自殺。

　　王恢死的確實冤枉。他為漢武帝苦心制訂了一個「完美」計畫，由於單于意外警覺而破產。他從現實出發權衡利弊，為漢朝保全了三萬兵力，卻把自己逼上了絕路。

他是第一個因抗擊匈奴而被冤殺的漢廷高官。

馬邑之謀的結果如何呢？

「馬邑之謀」像一個美麗的肥皂泡，還沒成形就破滅了。但是，「馬邑之謀」到底不是一個虛幻的泡泡，對於兇狠的匈奴王和血性的漢武帝，它給兩方的精神刺激都是巨大的。

第一，漢匈關係的轉捩點。

馬邑之謀雖然失敗而終，漢匈關係卻因此受到極大破壞。軍臣單于僥倖躲過一劫，心中的怨恨可想而知。

和親維繫的短暫和平本來就非常不可靠，馬邑之謀後，和親完全斷絕，匈奴頻頻攻擊漢朝邊塞，入侵事件接連不斷（自是之後匈奴絕和親，攻當路塞，往往入盜於漢邊，不可勝數）：漢匈關係進入空前緊張的新時期。

在此之前，由於國力所限，漢朝在漢匈關係中一直扮演忍氣吞聲的角色，強顏歡笑地獻出女人、財物，維持苟和。漢武帝雪恥之心由來已久，「馬邑之謀」恰恰成為他對匈作戰的契機。他必然選擇鐵和血，以戰馬戈矛、精兵強將向匈奴開仗。

第二，作戰方略的轉捩點。

從劉邦和親到馬邑之謀，漢軍一直採取消極防禦戰略。馬邑之謀功虧一簣，因此，這種誘敵深入、聚殲主力的戰法，從此不可再用。漢軍只能採取主動尋找匈奴主力作戰的戰略，同時還要承擔深入匈奴腹地作戰的各種風險。

第三，馬邑之謀的評價。

馬邑之謀的失敗，看起來非常偶然，實際上卻是必然。

匈奴之患對於中原農耕民族，由來已久。戰國時期的代國就已經面臨匈奴入侵。秦始皇為了防備匈奴，修築萬里長城。漢朝自建國始，就面臨這一大難題。如此漫長的民族紛爭，僅僅希望設一個騙局，靠一次充滿變數的伏擊戰，一舉解決漢匈之間多年的爭

端，實在很不現實。

馬邑之謀是一次「斬首行動」，如果真的成功，結果無非兩點：

一是殺死軍臣單于，二是消滅單于主力。

即使如此，匈奴之患就真正解決了嗎？未必！

斬殺軍臣單于，消滅單于主力，對於解決漢朝邊患，的確不可低估。但是，軍臣單于被殺之後，新的單于會立即出現；一個強大的游牧民族不可能僅僅因為死了一個單于，少了十幾萬軍隊，就徹底崩潰。一次大勝會重創匈奴，但不可能一次性解決所有問題。從元光二年的馬邑之謀開始，到征和三年（前90）李廣利全軍覆滅投降匈奴，漢武帝和匈奴打了44年，看似殘弱的匈奴並未被征服，反而拖垮了強大的西漢王朝。漢武帝在征和四年（前89）下「輪臺罪己詔」，停止對匈作戰。近半個世紀的征伐未能解決的問題，怎麼可能靠一次僥倖勝利就徹底解決呢？

15.初露鋒芒：

大將軍衛青　漢武恩寵

　　漢武帝文武一生，內修法度，外攘夷狄。當他把目光轉向茫茫戈壁，雄心萬丈，豪情頓生：何日一雪大漢和親之恥？而誰來做他的大將軍？誰為他馳騁沙場，開疆擴土？風雲際會，他發現了愛妃衛子夫的弟弟——姊姊平陽公主家中的騎奴衛青。一個窮苦孩子，為什麼能得到漢武帝的賞識？又是怎樣在漢匈戰爭中，屢建奇功，官拜大將軍？

起於塵埃成金身

　　衛青成長之路，要從建元二到三年間（前139—前138）後宮中一起濫用私刑案說起。

　　建元二年春，衛青同母異父的姊姊衛子夫，被順道來平陽公主家遊玩的漢武帝寵幸並帶回宮中。原來在平陽公主府擔任騎奴（以奴隸身分充當騎兵侍從）的衛青，也因此到了建章宮。

　　不久，衛青被秘密逮捕，有人要殺掉他。可憐衛青剛剛見識皇家威儀、似錦繁華，就要慘遭毒手。衛青危在旦夕，陰森的牢獄之中突然現出曙光。

　　原來是他的好朋友公孫敖。公孫敖，義渠（秦國西北最大的一支少數民族）人，當時是漢武帝的騎郎（騎兵侍從）。衛青進宮，兩人年齡相仿，又有共同語言，過從甚密。也許是騎馬遊玩尋不著衛青，也許是宮中巡視的兄弟發覺了蛛絲馬跡。公孫敖義無反

顧，帶領幾名壯士直衝囚禁密室，救出了衛青。

衛青當時只是建章宮的普通侍從，老實本分，他能得罪誰呢？誰又敢對皇帝愛妃衛子夫的弟弟痛下毒手？

我們可以推測一下，如果衛青遇害，誰是最痛苦的人？當然是他的親姊姊衛子夫！那麼，誰最希望衛子夫痛苦？當然是與衛子夫爭寵的皇后陳阿嬌，還有陳阿嬌飛揚跋扈的母親長公主劉嫖！

原來衛青不自覺地捲入了一場後宮之爭：衛子夫入宮，受寵，懷孕，使得皇后陳阿嬌妒火中燒，卻無從下手。如果在平陽公主府中，長公主或許不好明目張膽；衛青此時身處長公主能夠施展拳腳的宮中，她就好下手了。（大長公主聞衛子夫幸，有身，妒之，乃使人捕青。青時給事建章，未知名。大長公主執囚青，欲殺之。）

奇怪的是，衛青被囚之後，表現出超人的忍辱負重和寬宏大量。即使日後官拜大將軍，衛青對此事也隻字不提。

事關生死，衛青卻採取「冷處理」，等閒視之。這是為什麼呢？是「君子報仇，十年不晚」，還是純屬膽小怕事，息事寧人？其實，衛青既不想冤怨相報，也並非驚弓之鳥；一切緣於自身的無奈與自卑。

人的個性很大程度上受少年時代的境遇影響。比如劉邦，雖然做了皇帝，仍然擺脫不了早年的流氓習氣，開口就罵人。衛青到底有怎樣的身世背景，左右了他的人生態度呢？

第一，私生子。

衛青字仲卿，平陽（今山西臨汾）人。他原本並不姓衛，其父鄭季是當地的一個縣吏，被派到漢武帝的姊姊平陽侯家做事時，和平陽侯的婢女私通。這個婢女，《史記・衛將軍驃騎列傳》說是「侯妾衛媼」，《漢書・衛青霍去病傳》說是「家僮衛媼」。「侯妾」和「家僮」是一個意思，即平陽公主家的傭人。

　　衛青成年之後，有一次到甘泉宮，遇到一個髡鉗之刑的囚徒（鉗徒）。此人聲稱自己懂得相面術，執意給衛青算一卦。望聞問切一陣，鉗徒鄭重其事地說：你將來是貴人啊，官可以到封侯。衛青既未欣喜若狂，也無誠惶誠恐，淡淡一笑：我一個家奴生的孩子，不挨打就知足了，怎麼可能妄想封侯呢？（青笑曰：人奴之生，得毋笞罵即足矣，安得封侯事乎？）

　　古人講述貧寒者發跡，每每出現仙人指路，如：張良的黃石公授書；漢武帝外婆臧兒的「兩女當貴」；漢武帝之母王娡的「夢日入懷」，多半是後人的附會。誰能體會成事者背後的艱辛，誰能讀懂衛青一笑裡的淒涼？

　　衛青是鄭季和衛媼的私生子，本該姓鄭。由於同母異父的姊姊衛子夫被皇上寵幸，所以衛青不用親生父親的「鄭」姓，而改用母親的「衛」姓。（而姊衛子夫自平陽公主家得幸天子，故冒姓為衛氏。）

　　衛媼有六個孩子：長女衛君孺，次女衛少兒，三女衛子夫，長子衛長君，次子衛青，還有一個衛步廣。早年，衛媼一家窮得揭不開鍋，只好送衛青到他的生父鄭季家中。鄭季明媒正娶的夫人當然對衛青沒有好臉色。鄭季自己出軌在先，自知理虧，只好讓他的拖油瓶娃娃上山放羊。衛青的兄弟姊妹也瞧不起他，對他呼來喝去，百般欺凌。

　　母親養不起，父親不疼愛。私生子衛青從此堅強早熟，養成了謙卑隱忍的個性。

第二，騎奴。

　　衛青成人後，又回到平陽公主府邸，做平陽公主的騎奴（騎兵侍從），身分還是奴僕。

　　然而，衛青的騎奴身分也給他帶來機遇：一是騎奴必備的武功和精湛騎術，使他有能力擔綱將來大將軍之職。二是使平陽公主對

他非常了解，以致再婚時選中衛青。

　　當然，真正改變衛青一生命運的，是姊姊衛子夫被漢武帝選入宮中。

　　衛青少年坎坷，但機遇也與坎坷並在。何況，他從小就是個知高知低的孩子。在他心中，總有一種誠惶誠恐的感恩之心——感謝上天，感謝皇帝。

　　無論如何，衛青被抓，阿嬌母女對衛子夫的嫉妒之心暴露無遺，也使漢武帝對阿嬌母女更加不滿。

　　漢武帝索性把衛青提拔為建章監（建章宮的管理者），並加封侍中（皇帝的侍從）。這無非是向阿嬌母女以及其他再圖不軌者亮明：我就是衛家的後台老闆！

　　衛子夫得寵，衛家人人受益：衛青的哥哥衛步廣幾天中受賜千金，衛青的同母姊姊都嫁得金龜婿。大姊衛君孺，嫁給太僕公孫賀；二姊衛少兒曾與陳平的曾孫陳掌私通，武帝就把陳掌招來，賞賜兼提拔。後來，漢武帝又升衛子夫為「夫人」（嬪妃的一級），提拔衛青做太中大夫。公孫敖因為營救衛青有功，也沾了光，蒙武帝多次提攜，備受尊崇。

　　漢武帝元光五年（前130），皇后陳阿嬌積怨爆發，竟然用巫蠱詛咒衛子夫。害人終害己。一只怨毒的蠱娃娃，對當事人毫髮無傷，倒是把阿嬌自己拉下了皇后之位，打入長門冷宮。而衛子夫更是萬千寵愛在一身。愛屋及烏，衛青因此更得漢武帝信任和重用。不過，漢武帝和衛青都清楚，做外戚，只是一時風光；做能臣，才是一生榮耀。僅僅依靠裙帶關係，衛青就官運亨通，榮華顯赫，必然難以服眾。皇帝只能為你指方向，造聲勢，要想在朝中站穩腳跟，衛青還得靠自己建立功業。

蕩平龍城冠群臣

元光六年（前129），匈奴入侵上谷郡（今河北張家口市），以報馬邑前恥。

為挽回馬邑之謀的失敗局面，打擊匈奴的瘋狂報復，漢武帝親自部署戰略計畫。車騎將軍衛青、騎將軍公孫敖、輕車將軍公孫賀、驍騎將軍李廣各率一萬騎兵，分別從上谷、代郡、雲中、雁門出擊，攻打匈奴。

這是馬邑之謀後，漢武帝第一次主動出擊匈奴。

此次出兵，公孫賀一無所得；公孫敖損失七千騎兵；李廣兵敗被俘，所幸最後逃回。漢武帝將損兵折將的公孫敖、李廣投進監獄。按照漢法，他們本當斬首，後因兩人繳納贖金，被廢為庶人。

四路人馬唯獨衛青立功，被封為關內侯（有食邑無封國的侯爵，屬於漢代軍功爵制的第二等）。

衛青立了什麼功呢？他直搗龍城，斬殺匈奴七百。（青至龍城，獲首虜七百級。）這是頭功！雖然殺敵不多，但意義重大。

一、震撼。衛青戰績並不輝煌；但對匈奴人是個極大的震撼。此前，漢匈之間雖時有衝突，但都在漢朝邊境交戰，漢軍從未深入匈奴腹地。這一次，衛青竟打到龍城，攻入匈奴的王廷。這對於匈奴，是一個讓人十分不安的信號：原來安全的匈奴腹地，今後也可能為漢軍經常光顧——整個匈奴領地再也沒有安全可言。

二、激怒。龍城是匈奴祭祀天地祖先、滙合部落的王廷，是政治中心，更是宗教聖地。因而，衛青此舉使匈奴上下震驚之餘，無比憤怒。戰爭擴大不可避免。

三、報復。當年秋天，匈奴即數次侵盜邊郡，以雪龍城之辱。漢武帝急調老將韓安國為材官將軍，屯兵漁陽郡。

　　第二年（元朔元年，前128），衛子夫生下漢武帝的皇長子劉據，衛子夫晉升皇后。是年秋，衛青領車騎將軍職，率三萬騎兵從雁門出塞，將軍李息從代地出塞，夾擊匈奴。衛青斬敵數千人（車騎將軍衛青將三萬騎出雁門，將軍李息出代；青斬首虜數千人），史稱「雁門之戰」。

　　值得關注的是，這次出塞進攻，漢武帝只派衛青、李息兩人；老將軍李廣等名將一概未用。龍城之戰，漢武帝首次使用衛青，對其才能尚存疑慮。在對衛青、李廣、公孫敖、公孫賀的兵力分配上，武帝是一人一萬。而雁門之戰，漢武帝僅派衛青、李息兩人出征；而且，衛青所率軍隊由當年的一萬增至三萬；李息只是衛青的副將。這一變化，說明漢武帝對衛青的信任度大大提升！

　　雁門一戰，引來了匈奴更大規模的報復。

　　匈奴大舉入侵，殺死遼西太守；在雁門，又殺死和擄去幾千人。

　　僅一個多月，匈奴再次進犯上谷、漁陽。由於韓安國上書請求停止屯軍（駐紮軍隊。一邊駐守邊境，一邊墾荒種地），軍營中僅有七百多人，無法打退匈奴騎兵，只好退回軍營，匈奴掠奪了一千多人和牲畜、財物，揚長而去。

　　衛青出身騎奴，並未受過多少教育，讀過多少兵書，和他共事的有老一輩名將韓安國、李廣，也有同輩的青年將領公孫賀、公孫敖，為什麼他人接連失敗，衛青卻屢戰屢勝？

應時東風第一枝

　　論深謀遠慮、運籌帷幄，衛青不如韓安國；論馳騁疆場、經驗豐富，衛青不如李廣。然而，韓安國鬱鬱而終，李廣免死而贖為平民，唯獨少年衛青捷報頻傳。我認為原因有三點：

第一，才幹。

《史記·佞幸列傳》末尾言：衛青、霍去病亦以外戚貴倖，然頗用材能自進。司馬遷認可衛青、霍去病二人的才能。衛青是外戚不假，可他是有才能的外戚。西漢一代不少外戚都得到過重用，但是，有些純粹就是因為自己是皇親國戚而受封賞，自身並無眞本事。如王信是漢景帝皇后王娡的哥哥，被景帝封爲蓋侯。（辛立王夫人爲皇后，其男爲太子，封皇后兄信爲蓋侯。）田蚡、田勝是王娡同母異父的弟弟，分別被封爲武安侯、周陽侯。（武安侯田蚡者，孝景后同母弟也……蚡弟田勝，皆以太后弟，孝景後三年封蚡爲武安侯，勝爲周陽侯。）衛青不一樣。戰爭畢竟是戰爭，如何調兵遣將，如何進攻防守，如何整體協調……非將才不能勝任。龍城大捷，證明了衛青的戰略眼光和軍事才能。

《資治通鑑·漢紀十》載：青雖出於奴虜，然善騎射，材力絕人；遇士大夫以禮，與士卒有恩，眾樂爲用，有將帥材，故每出輒有功。這是說衛青雖然出身微賤，但善於騎射，材力過人；與士大夫交往很注意禮節，對士卒很關心、很寬容，常施恩惠，因而大家樂於接受衛青的調遣。衛青本人又有將帥之才，故每次出擊都能立功。然後司馬光結論：天下由此服上之知人。

此次出征前，衛青的才幹突出表現在他選擇龍城作爲進攻對象。

爲何要進攻匈奴王廷龍城？

一是不會無功而返。

這一方略非常大膽！龍城既然是匈奴祭祀祖先之地，不可能沒有匈奴人駐守。選擇匈奴王廷作爲目標，肯定不會像公孫賀一樣無功而返。

二是不會遭受重大損失。

龍城地處匈奴腹地，從來沒有漢軍到達過。而匈奴人一貫是

青壯年出征，老弱者留守。在王廷既能找到匈奴人，又無匈奴重兵，漢軍可以只管打，不用防。正如兵法所言：攻其不備，出其不意。

李廣、公孫敖都敗在遭遇匈奴重兵，寡不敵眾。

衛青則不然，他選擇智取而不是強攻。

第二，時代。

武帝時，漢朝對匈戰略由開國以來的被動防禦，轉爲千里奔襲的主動進攻，轉爲大規模騎兵軍團的機動作戰。衛青在漢武帝的親自部署下，熟練了新的作戰模式。這是需要英雄的時代，衛青生逢其時。

如果拿李廣比較，我們會看得更透徹。李廣有高超的射藝，個人能力毋庸置疑，但是，李廣終生不得志，重要原因就是他生不逢時。

文、景兩朝休養生息，在對匈關係中以防守爲主。李廣曾做過隴西、北地、雁門、代郡、雲中等地的太守，漢朝吩咐他的任務是防備匈奴，而非主動出擊，客觀上使素以奮力作戰聞名的李廣失去了很多建立戰功的機會。

武帝時代，開始採取千里奔襲、深入匈奴、主動進攻的戰略。而李廣已老，他沒有了衛青的朝氣，戰績自然不顯著。

元光六年（前129），衛青直搗匈奴龍廷，正是他順應戰略轉變，創造性應用戰術的結果。

第三，運氣。

衛青最大的運氣，在於拿到了率兵出征的「令牌」。衛青從未上過戰場，只因姊姊受寵，而被特別關照。沒有漢武帝任將出征，衛青沒有機會成爲抗匈名將。

我們不妨先看看李廣。

李廣是邊地宿將、名將，聲名顯赫。

　　元光六年（前129），李廣和衛青一樣，都帶一萬軍隊。結果，衛青一路未遇強敵，直搗龍城，李廣卻遭遇匈奴主力，兵敗被俘。（匈奴兵多，破敗廣軍，生得廣。）

　　假如衛青遇到匈奴大軍，無疑，也會成敗兵之將；但是，厄運偏讓李廣趕上了。

　　再看看另外兩個年輕的公孫將軍。

　　一個是公孫敖，一個是公孫賀。他們也是各帶一萬軍隊出征，結果，公孫敖不順，損兵七千，自然是殺頭罪。公孫敖與衛青至交密友，衛青首戰立功之時，他卻只能靠贖金買了條命。

　　公孫賀是衛青的姊夫，這次也無功而返。相對於李廣和公孫敖，他是幸運的；但相對於衛青，公孫賀還是背運。

16.李廣難封：

血性一男兒　命蹇時乖

　　在漢匈作戰史上，衛青、霍去病可以稱之為絕代雙驕，他們共同完成了武帝討伐匈奴的主要戰役，基本消滅了匈奴軍隊的主力，同時，也成就了各自的一世英名。但是，漢匈戰爭史上還有一些將軍，他們一生與匈奴作戰，命運之神似乎總和他們開玩笑，連一次封侯的機會都沒有得到。其中，最典型的莫過於飛將軍李廣。

　　那麼，究竟是什麼原因讓一代名將李廣終生未得封侯？

引刀一絕平生夢

　　元狩四年（前119），漢武帝為了殲滅匈奴主力，決定採取更大規模的軍事行動，他大膽制訂了深入漠北、犁廷掃穴、尋殲主力的戰略方針，集中十萬精銳騎兵，組成兩大兵團，分別由大將軍衛青、驃騎將軍霍去病統領。

　　衛青從定襄出兵，令李廣做前將軍，公孫賀任左將軍，趙食其任右將軍，曹襄任後將軍，大軍越過沙漠，於漠北尋找匈奴主力決戰。

　　恰在此時，衛青從一個匈奴俘虜口中，得知匈奴單于的具體位置。對於遠涉沙漠作戰的漢軍來說，這是一個十分重要的情報。隨後，衛青突然下令前將軍李廣，率部合併到右將軍的部隊中，走東路，合圍單于。

　　東邊道路迂迴，水草稀少，不利於大部隊行進。前將軍李廣與匈奴作戰，到此時已歷文、景、武三朝近半個世紀，好不容易有了打先鋒的機會，還是直接面對匈奴單于，突然調到右將軍趙食其軍中，自然心有不甘。

　　根據情報提供的具體位置，衛青決定正面迎擊單于軍隊。漢軍用戰車排成環形營壘，阻止匈奴騎兵突襲，然後以左右兩翼急馳向前，包圍單于軍隊。單于見漢軍人多勢眾，裝備精良，作戰進退有序，自己絕難取勝。因此，傍晚時率領幾百名騎兵，突圍而去。漢軍輕騎兵連夜追擊，匈奴兵士四散奔逃。天快亮時，漢軍追出二百餘里，沒有追上單于，俘獲、斬殺敵兵一萬多人。同時，霍去病重創匈奴左賢王軍隊。這就是著名的漠北決戰。

　　衛青漠北勝利歸來時，李廣和原任右路軍指揮的趙食其才姍姍來遲。原來，右路軍因為沒有嚮導，迷失了道路。李廣的部隊一到達，衛青立即派人到李廣的大帳中，訊問李廣迷路情況，準備上報漢武帝，但李廣拒絕回答。衛青又欲傳李廣當面質詢，李廣悲憤地說：廣結髮與匈奴大小七十餘戰，今幸從大將軍出接單于兵，而大將軍又徙廣部，行迴遠而又迷失道，豈非天哉！且廣年六十餘矣，終不能復對刀筆之吏。於是，李廣抽刀自殺（遂引刀自剄），李廣自殺的消息傳出，全軍將士無不落淚，老百姓也為他唏噓扼腕。

將軍意志難勝天

　　李廣自殺為什麼會獲得如此廣泛的同情？李廣至死未得封侯。那麼，為什麼戎馬一生的李廣，始終不能封侯呢？

　　李廣的祖上是秦朝名將李信，曾經為秦始皇追殺燕太子丹。

　　漢文帝前十四年（前166），匈奴軍隊大舉入侵蕭關。李廣

此年從軍。到元狩四年（前119）漠北決戰之時，李廣從軍已有四十七年。李廣死前曾自白：我已經是六十多歲的老人了，總不能還去接受刀筆之吏的質詢。從李廣的從軍時間及卒年推測，他初入行伍之時，還沒有二十歲。

作為從軍近半個世紀的宿將，李廣有沒有封侯的主觀條件？
《史記》記載，李廣非常有才。他在上谷太守任上，豪情萬丈，與匈奴數次交戰，當時負責漢朝與各附屬國關係的官員（典屬國）公孫昆邪，眼見李廣這麼不要命的打法，甚為不安，向漢景帝哭訴：李廣才氣，天下無雙。自負其能，數與虜敵戰，恐亡之。漢景帝趕忙將李廣調到上郡任太守。

李廣才氣無雙，何以見得？

第一，智勇神射之才。

李廣家族精於射藝、世代相傳。《水滸傳》中有位善射的名將花榮，綽號「小李廣」。可見，「李廣」在中國就是神射手的代名詞。

《史記‧李將軍列傳》記載李廣神射之事非常多。

射虎入石。有一次外出打獵，李廣將草中一塊石頭誤以為虎，引弓射去，箭入石中。可惜，超常發揮總是稍縱即逝。再讓他衝著石頭射，怎麼也射不進去了。這是一隻假老虎。

遇上了真老虎，又該怎麼辦呢？李廣還是那招絕技：射箭！在擔任邊右北平郡太守之時，李廣為民除害，射殺猛虎，一箭沒有斃命，老虎跳起，抓傷李廣。李廣再補一箭，終將老虎射死。

在李廣眼中，獸界老虎不過一碟小菜；一旦人間邂逅虎狼之師，他又將做何壯舉？

李廣在上郡太守任上，漢武帝派一個宦官下基層，到李廣的駐地監軍。一天，這位宦官帶了幾十個騎從外出，與三個匈奴人狹路相逢。宦官仗著人多，和匈奴人對射。結果，三個匈奴人以一

當十，把宦官的騎從幾乎殺光。宦官受傷，奪路而逃。李廣立即斷定：這三人一定是匈奴的射鵰手。於是毅然帶領一百隨從追了上去。李廣讓騎從從左右兩翼包抄，自己連射兩箭，殺死其中兩人，活捉一人。經審訊，此三人果然是匈奴射鵰手。

李廣率騎從大勝而歸，正欲回營。突然數千匈奴騎兵追趕過來。見李廣僅率一百騎從，立即占領山頭擺開陣勢。

仇家追殺，騎從驚恐萬分，掉頭想跑。李廣說：此地離我方大軍幾十里，掉頭逃跑，百十號人立刻會被殺光。如果留下來，他們以為附近還有伏兵，反而不敢出擊。

於是，李廣讓騎從繼續向前，一直走到離匈奴二里地遠的地方才停下來，並且命令手下的士兵全部下馬解鞍。騎從大惑不解：敵人如此之近，一旦追殺過來，我們甚至都無暇備鞍。

李廣說：我們現在跑，他們肯定會追擊；如果我們不但不逃，還卸下馬鞍。他們反而疑神疑鬼，不敢攻擊。

匈奴騎兵見漢兵如此反常，不知葫蘆裡賣的什麼藥，忙放出一個騎白馬的將軍出陣試探。李廣迅即帶領十幾位騎兵飛奔過去，用箭將他射殺，然後，又回到隊伍中。這一次，李廣乾脆讓士兵們把馬放開，一個個躺在大漠上，悠然自得。

天色暗淡下來，太陽也落山了。李廣一齣攻心戰，弄得匈奴騎兵如墮迷霧，不知所措，始終不敢出擊。後半夜，匈奴騎兵撐不住了，莫名的恐懼，瀰漫成一片，大軍連夜撤兵。天亮，李廣率眾信步回到大營。

第二，奇特帶兵之才。

李廣的才氣還表現在他帶兵的奇特方略：

行軍不按建制，不成行列；

駐紮不按建制，各隨其便；

夜間不打更巡邏；

大帳很少使用文書。

軍隊的戰鬥力在於建制，建制一亂，隊伍即一盤散沙，這是通常的說法。而李廣帶兵，是非常將帶兵、才將帶兵，不拘一格。反而使士兵們少了許多辛苦，樂於跟隨他出征，並拚死作戰。

以李廣的才能加上從軍近半個世紀的資歷，封侯本應理所當然。

「學得文武藝，貨與帝王家」，這是情理之中事。而李廣終生未封，千載以下，文人武夫，無不扼腕。廟堂江湖，紛紛歎息。既然天降奇才，為何又如此不公？

李廣難封，是不是機遇未到？

第一次機遇：漢景帝平定吳楚七國之亂。

七國之亂時，李廣是太尉周亞夫的部將，他奪得叛軍軍旗，戰功赫赫。但就在此時，李廣接受梁孝王劉武的將軍印，漢景帝因此沒有給李廣封侯。（從太尉亞夫擊吳楚軍，取旗，顯功名昌邑下。以梁王授廣將軍印，還，賞不行。）

前面講過，梁孝王一直覬覦儲君之位，漢景帝對此芥蒂頗深。

李廣公開接受梁孝王的將軍印，無疑犯了漢景帝的大忌。所以，儘管李廣剛立大功，漢景帝必然對他採取冷凍政策，不予封侯。

李廣不自覺地捲入宮廷鬥爭，成為漢景帝和梁孝王鬥法的犧牲品。

李廣自身確實缺乏政治敏感性。作為朝廷將領，怎能私自接受諸侯王的將軍印？漢代對中央官員與地方諸侯交往向來非常忌諱，吳楚七國之亂爆發後，更是嚴禁中央官員私交諸侯。李廣犯忌，封侯機遇第一次與他擦肩而過。

第二次機遇：元狩四年（前119）漠北決戰。

　　這是李廣一生中最後一次出征，也是他第一次被授前將軍。前將軍是部隊先鋒，最有可能立功封侯。但是，大將軍衛青得知匈奴大單于的具體位置後，將李廣強行調往右將軍趙食其部，逼迫他走右路。同時，衛青卻安排新近失侯的公孫敖為前鋒，將立功封侯的機會雙手奉送公孫敖。

　　衛青為什麼要這樣做呢？

　　一是漢武帝臨行前的交代。

　　二是衛青對公孫敖的私心。

　　漠北決戰，漢武帝本不想讓李廣參戰，李廣年齡大了，自己對李廣早有看法。在李廣執意要求下，漢武帝勉強同意讓他擔任前將軍。但是，臨行前漢武帝卻暗中告誡衛青：李廣年邁，命不好，不要讓他與匈奴單于對陣，以免誤事。（以為廣老，數奇，毋令當單于，恐不得所欲。）

　　衛青執行漢武帝的旨意，似無責任；但是，調走李廣後，衛青卻把機會給了公孫敖，原因何在？原來，公孫敖當年解救衛青於長公主密室，救命之恩，衛青豈能相忘？因此，遵旨調開李廣後，衛青任命公孫敖為前將軍，是其私心所致。因此，李廣失去最後一次可能封侯的機會。

　　如果李廣繼續擔任前將軍，會不會封侯呢？無法推測。然而，李廣不情願地被調往東路，心情鬱悶，加之因迷途遲返而獲罪，確實是他自殺的重要原因。

　　立功是封侯的途徑之一，但不是唯一途徑。而李廣卻認為，唯立功才能封侯，立功也必然封侯。其實大謬不然。對皇帝而言，你立功是理所當然的，無功即為過。沒有浩浩皇恩，哪有赫赫軍功？沒有赫赫軍功，哪有坦坦仕途？你李廣連功過歸屬這常識性的問題都不能明辨，何談封侯？

　　唐代著名詩人王維〈老將行〉有兩句詩：衛青不敗由天幸，李

廣無功緣數奇。後人對王維用典頗有爭議，認為「不敗」者是霍去病不是衛青；但是，對「李廣無功緣數奇」達成了共識。「數奇」是命不好。

李廣難封，是不是命乖時蹇？

第一次，元光六年（前129）衛青、公孫敖、公孫賀、李廣四人各帶一萬兵馬出征。其中，衛青是第一次任將出征。結果，公孫賀未遇敵，白跑一趟；衛青殺入龍城，斬敵七百；公孫敖損兵七千；李廣最慘，全軍覆滅，自己被俘，後逃回。

漢匈作戰中，令漢軍最頭疼的問題，是不知道匈奴軍隊在哪裡，因此，要麼無功而返，要麼遭遇強敵吃敗仗。這就是命運！

李廣確實命運不濟，四路人馬中唯有他遭遇強敵。

第二次，元朔六年（前123），李廣隨衛青出征，未立功。

第三次，元狩二年（前121）秋，漢武帝派張騫和李廣出右北平，擊匈奴左賢王。左賢王率四萬大軍包圍李廣率領的四千人，李廣毫不畏懼，沉著應戰。張騫救兵到達，李廣才得以脫險，但是，四千士兵幾乎全軍覆滅。

上述三次戰役，李廣兩次遇險，一次無功。

命耶？非耶？

李廣確實有機遇不佳的時候，但是，這種情況並非李廣一人；當時許多將領都有類似經歷。《史記·衛將軍驃騎將軍列傳》的末尾，司馬遷記錄了諸多抗匈將軍的遭遇，大都和李廣相差無幾。

命耶？非耶？

龍城之戰，李廣已是資深將軍，衛青則初出茅廬。衛青直指龍城，應當說不是天意，而是人意。龍城並非衛青所專有。這一選擇可以給四人中任意一個人，包括李廣。李廣沒有做此選擇，看起來是命，又怎一個「命」字了得？

血性長留千古名

李廣難封，有沒有自身之過？

項羽困於垓下，三呼「天亡我，非戰之罪也」。其實，世間純粹偶然的失敗極少，更何況李廣確有自我之過。那麼他過在何處？

第一，恃才而驕。

李廣確實有才，但是，他自負其才，不講謀略。公孫昆邪評價李廣：李廣才氣，天下無雙，自負其能，數與虜戰。自負其才，對一個軍事統帥來說，無疑是一處致命傷。

第二，鋌而走險。

追殺三位匈奴射鵰手，李廣大展神勇，但並非良將所應為。

一不和軍中商議；

大軍根本不知道統帥李廣去哪兒了，因此，無法組織接應。

二不該親自追殺；

李廣判明三名匈奴人是射鵰手後，派人追擊即可，不應撇下大軍，親率一百騎兵前往。「兵不可一時無將」，這種兵家常識，對李廣這個「與匈奴大小七十餘戰」的老將來說，是不應該違逆的。

如果匈奴識破李廣的圈套，或者也冒險賭一把，這一百名騎兵包括李廣本人，能夠逃此一劫嗎？絕難。

李廣作戰時，慣用近距離射擊。敵人未接近，他從不發箭；一旦出手，敵人應聲而倒。但李廣也因此多次在戰鬥中受困，射獵時常為猛獸所傷。（其射，見敵急，非在數十步之內，度不中，不發；發，即應弦而倒。用此，其將兵數困辱。其射猛獸，亦為所傷云。）李廣只求百發百中，反而將風險控制放在其次了。

第三，適應能力。

李廣於文帝時從軍，至景帝朝，一直是在防禦戰中與匈奴對陣。這種防禦戰，李廣打了多年，他的才幹、勇氣得到充分發揮，聲名顯赫。但是，到了武帝朝，漢匈作戰發生很大變化。其中，最重要的一點即是由被動防禦轉變爲主動進攻，由陣地戰轉爲運動戰。漢軍要深入匈奴腹地，長途奔襲。這種運動戰，要求指揮員敢於深入敵後，善於在運動中殲敵。衛青用此法首戰龍城告捷，霍去病更是將這種戰法發揮到極致。

龍城之戰時，李廣從軍已三十七年，從十幾歲的青年成爲五十多歲的老將軍。比起年輕氣盛、敢打敢闖的衛青、霍去病，李廣已是暮氣有餘、銳氣不足，無法適應長途奔襲、運動殲敵的新戰法。

第四，武帝之慮。

李廣恃才而驕、多次失敗，對此，指揮全軍作戰的漢武帝不得不有所顧慮。所以，我們既要看到漢武帝在漠北之戰中對李廣的處理不公，又要看到漢武帝著眼全局的負責態度。

李廣自殺之後，和他一起的右將軍趙食其被判死刑，趙食其交錢贖罪，免死爲庶人。李廣大半生位居高官，五十萬是交得出來的，而且，此前他多次因誤期失軍判爲死罪，而捨財保命，爲什麼這一次引刀自刎呢？

無聲抗爭

李廣早就明白，自己從軍的機會已經不多了。這次被任命爲前將軍，更是難得。但是，李廣並不知道，漢武帝在任命自己爲前將軍之時，已吩咐衛青適時調離李廣；他至死不知道，漢武帝使他這次出征從一開始就變得毫無意義。

衛青在臨戰關頭將他調開，李廣既無奈，又悲憤。公孫敖和衛青的關係，李廣清楚；衛青的私心，李廣也清楚。

男人血性

　　士可殺不可侮。衛青強迫李廣至右路軍，李廣再三抗議無效後，未向衛青辭行，就憤然踏上東路。（廣不謝大將軍而起行，意甚慍怒而就部。）這非常失禮，但李廣被逼無奈！所以，失期之後，李廣拒絕面對刀筆之吏，細數迷路的詳情。

　　右將軍可以忍氣吞聲，交錢買命！但李廣不行。李廣的血性決定了他只能自殺，不能被辱！

　　「寧爲玉碎，不爲瓦全。」勝固可喜，敗亦猶榮。李廣以死向命運、向不公抗爭；光焰炫目，千古留名！

17.鑿空西域：

漢武帝海選　張騫勝出

漢武帝建元二年（前139），一個普通的郎官肩負著一項特殊使命，開始了探索西域的征程。正是他的西行，開闢了一條千古傳頌的絲綢之路。司馬遷在《史記》稱他「鑿空西域」。什麼是「鑿空」？當世界還是一個混沌的雞蛋，盤古以肉為土，以血為水，開天闢地稱得上「鑿空」；上帝奮戰七天，疊山引水，開光造人，也是「鑿空」！他是誰？漢武帝為什麼要派他出使西域？他為什麼在身後贏得如此巨大的聲譽？

這個感動國人乃至全天下的偉丈夫，名叫張騫。

張騫本是一藉藉無名的郎官，皇帝侍從。

建元二年（前139），張騫的命運出現巨大轉折；繼位一年的漢武帝招募志願者出使月氏。堂堂大漢帝國，為何對「蠻夷之邦」，如此興師動眾，力主出使呢？

漢武大夢繞邊關

在西漢諸帝之中，漢武帝最具有戰略眼光，也是歷次對匈作戰的總指揮。一次，漢武帝從匈奴俘虜口中意外得知：讓漢朝吃盡苦頭的匈奴，有一個天敵——月氏。

匈奴和月氏緣何結下仇恨？

匈奴首領頭曼單于因為寵愛幼子，便想將太子冒頓廢掉，立幼

子爲太子。當時秦朝已亡，匈奴剛剛擺脫秦的武力壓迫，正處在恢復期，不及月氏強盛。頭曼單于想出一招毒計：把太子冒頓作爲人質送到月氏。月氏人以爲這是頭曼單于示信的表示。不料，頭曼單于卻出兵襲擊月氏。頭曼單于預計：月氏定會殺掉人質冒頓。不巧，命不該絕的冒頓偷了一匹快馬，奇蹟般地逃回匈奴。於是，頭曼單于的行爲不僅激怒了月氏，也激怒了冒頓。最終，冒頓弒父自立。

人質事件徹底改變了兩個民族的關係，匈奴與月氏成爲仇家。

弒父自立的冒頓單于率領匈奴精銳，滅掉東胡，打敗月氏，迅速強大起來。

冒頓單于死後，他的兒子老上單于繼位，繼續征討月氏。老上單于不僅殺死月氏國王，還用他的頭顱作爲飲酒的酒杯。月氏對匈奴恨之入骨，但勢單力薄，苦於沒有同盟軍，只能離開故地，逃往遠離匈奴的西邊。（是時天子問匈奴降者，皆言匈奴破月氏王，以其頭爲飲器，月氏遁逃而常怨仇匈奴，無與共擊之。）

匈奴與月氏的怨仇，讓漢武帝看到一個潛在的同盟。因此想聯絡月氏，共同對付匈奴。（漢方欲事滅胡，聞此言，因欲通使。）

西漢王朝剛建立時，版圖比秦王朝還小。當時，被秦朝擊敗北竄的匈奴人，利用西漢初建無暇他顧的機會，迅速占領了河套地區。漢武帝繼位，定下的第一個外交戰略，就是征戰匈奴；而且，一直堅持了44年。

同時，西域、西南夷、兩越都進入了這位皇帝的視野。漢武帝熱中擴張中國版圖，實現「大一統」的大國之夢。面對這些陌生而神往的廣袤地域，年輕帝王最看重的就是西域。

西域，包括今天我國新疆在內的廣大中亞地區。漢武帝時

代，西域各國與匈奴族的生活習俗上有很多相似之處，大都屬於逐水草而居的游牧民族。他們在漢朝和匈奴兩大勢力之間徘徊，在雙方勢力的彼此消長中生存。

剛剛即位的漢武帝果斷派人出使月氏，就是著眼於對匈奴的戰略包圍。此時，漢匈之戰尚未開始，漢武帝已經未雨綢繆。

年輕的皇帝和年輕的帝國一樣，充滿勃勃的雄心和無盡的想像力。這次出使西域，他來了個「選秀」，讓最有才智，最能代表大漢形象的人來完成這一重要戰略任務。漢武帝為什麼出此奇招，確定使者呢？

第一，位置不明。

西元前2世紀，沒有精密地圖，沒有指南針，更沒有越野車和GPS全球定位系統，沒有人去過西域，月氏遠在天邊，如同傳說。出使一個未知國度，潛伏無窮變數，風險係數極高。不是立功封侯，更不是遊歷山河，因此，這絕不是人人搶著去的「肥缺」。漢武帝只能公開招聘，網羅天下有志者。

第二，要求很高。

出使月氏，一是路途遙遠，二是必經匈奴，隨時可能被扣留。所以，使者既要身體素質好、能吃苦耐勞，又要機智勇敢、百折不撓。這種高素質人才，僅僅在大漢皇宮中挑挑揀揀，顯然不夠；必須放眼天下，廣招賢能。郎官張騫躍躍欲試。他隻身離開漢中城固老家，到長安尋求「個人發展」已有好幾個年頭。當年，家裡集資捐了「郎」這個官位。一家人打著如意算盤：郎雖說只是殿廷侍從，並不起眼，但好歹是個鐵飯碗。而張騫不滿足，燕雀安知鴻鵠之志？一條大漢天子昭告全國的招聘啟事，讓張騫看到了轉機。

第三，優勝劣汰。

漢武帝朝是西漢歷史上第二個人才輩出的時代。其中一個重要

原因，就是漢武帝不拘一格選拔人才，這次出使西域，必要遴選全國最優秀、最適合的人才，就一定要優勝劣汰。

張騫是一個徹底的理想主義者、天生的冒險家。在長安城裡蹉跎數載，無處立足。這次總算可以大展身手。

而這場舉國關注的「選秀」，不是紙上談兵，琴棋書畫，考察的是膽識和能力。

總決賽冠軍就是後世稱為「中國走向世界的第一人」──張騫。

命運給了張騫一次機遇，接下來，張騫就必須迎接挑戰了。

踏遍廣漠輕生死

建元二年，張騫率領100多名隨行人員，和一名叫堂邑父的匈奴人嚮導，從隴西出境。不幸，在經過匈奴之地時，被匈奴人抓捕。

張騫被羈留在匈奴，一待就是十多年。但匈奴人並沒有虐待他：幫他娶妻生子，操持生活。這對一個普通男人，算是安身立命了。張騫也只能入鄉隨俗：看大漠孤煙，聽馬嘶鵰鳴。人們對他並沒有敵意，最初的看管也漸漸放鬆。恍惚間，「他鄉」儼然成了「家鄉」。所有匈奴人都認為，十幾年安逸的生活，張騫恐怕早遺忘了長安的模樣，至於出使西域的宏願，更是磨滅得無影無蹤。

但張騫卻是：留胡節不辱，他苟活著、等待著。元朔元年（前128），張騫帶著隨從成功出逃，夫妻父子，從此天各一方。

張騫一行向西跑了幾十天，終於到達一個王國，張騫以為到了月氏，一問才知是大宛。大宛早就聽說漢朝富有，想與之交往，苦於沒有門路。看到張騫，引為上賓，還為他配備了專門嚮導和翻譯，情真意切，一直送他到達康居，康居又把他轉送到大月氏。

　　到了月氏，張騫以爲自己終於不辱使命，很快就能得勝回朝了。不料，十幾年間大月氏發生了翻天覆地的變化。大月氏原國王被匈奴殺死後，太子繼位。新國王已征服大夏，定居下來。那裡土地肥美富饒，很少有外敵侵擾，百姓安適快樂。祥和的大月氏早不願再糾纏和匈奴的舊仇，時間已撫平過去的恩恩怨怨。張騫回味來時漢武帝的囑託，面對大月氏的現狀，恍若隔世。以現在的情況，大月氏還能與漢王朝聯盟共同對付匈奴嗎？

　　張騫極力遊說，始終沒有得到大月氏的明確表態。

　　無奈，在大月氏住了一年多以後，張騫動身沿羌人居住的地方返回長安。不幸的是，張騫再次遭逢匈奴騎兵，又被匈奴扣留了一年多。元朔三年（前126）匈奴軍臣單于死，匈奴左谷蠡王攻擊太子於單，自立爲單于，國內大亂，張騫乘機帶著胡人妻子和堂邑父逃回漢朝。

　　張騫歷險十三年後回朝覆命，雖未完成聯合大月氏共擊匈奴的目標，但是，漢武帝已經深深爲他的忠誠感動，封張騫爲太中大夫，封堂邑父爲奉使君。

　　張騫出使十三年，兩次被匈奴扣留，異國娶妻生子，仍毅然決然地返回故土，如果沒有建功立業的雄心壯志，絕難支撐到最後。西域之行，去時一百多人，十三年後，只有張騫和堂邑父歸來。大減員原因頗多，死亡自不必說，但意志力的渙散同樣不容忽視。

　　有一個與風車作戰的理想主義者堂吉訶德，上天就會爲他安排鞍前馬後的實用主義者桑丘。一種生死與共的主僕關係，往往能勝卻人間許多情感。張騫踏平坎坷，勝利歸來，副手堂邑父功不可沒。堂邑父是匈奴血統，善於射箭，每當途中斷糧，就射殺飛禽走獸充飢，保證了張騫溫飽不愁。

　　張騫回到漢朝後，漢武帝認爲他熟悉邊地情況，多次任命他率

部對匈作戰。然而，大使者卻做不好大將軍，延誤了作戰時機，被判死刑，後贖為平民。

張騫雖被貶為庶民，仍常常得見武帝。武帝向他諮詢西域及其周邊國家情況，張騫便不厭其煩地講述外面的世界。漢武帝的大國之夢再次升騰，他決心聯絡西域諸國，準備對匈作戰，藉此擴大漢朝版圖。

張騫常對漢武帝說：我在匈奴時，聽說烏孫國王叫昆莫，他的父親，是匈奴西邊一個小國的君王，為匈奴所殺。昆莫出生就被棄於荒野。但是，鳥兒銜著肉飛來餵他，狼跑來給他餵奶。單于以為他是神，就收養了他。昆莫成年後，單于讓他領兵打仗，昆莫屢立戰功，單于就把昆莫父親的百姓給了他，命令他長期駐守西域。昆莫內撫百姓，外攻拓土，逐漸有了幾萬名能征善戰的勇士。

單于死後，昆莫率眾遠遷，不再朝拜匈奴。匈奴派突擊隊攻打昆莫，從未獲勝；匈奴人越發認為昆莫是神，約束控制，不敢發動攻擊。如今，單于剛被我們打敗，原來渾邪王所控之地出現權力真空。而蠻夷之人，素來貪圖漢朝的財物，如果此時厚贈烏孫，誘使他東遷至原來渾邪王的地盤，同我朝結為兄弟，可能性還是很大的。一旦成功，相當於砍斷匈奴的右臂；西邊的大夏等國都可以招為大漢的屬國。

漢武帝聽得入神，深以為然。

元狩四年，張騫二使西域。這一次，漢武帝任命張騫為中郎將，率領三百人，每人兩匹馬，幾萬頭牛羊，攜帶錢財布帛，價值幾千萬；還配備多名持符節副使，一旦道路打通，他們就前去交涉。

張騫的主張實質是「以夷制夷」。這在漢匈關係中是有淵源的。漢文帝時，匈奴強盛，屢次寇邊。晁錯上書，其中就有：*以蠻夷攻蠻夷，中國之形也。*文帝大為嘉獎。

　　由於河西走廊已經打通，不再穿越匈奴控制區；所以，這次出使，張騫不存在第一次被匈奴扣留的危險。他們順利抵達烏孫，獻上禮物，向昆莫說明來意：如果烏孫東遷到渾邪王的舊地，漢朝將送一位諸侯的女兒給昆莫做妻子。

　　面對張騫的厚禮、厚盼，昆莫非常猶豫，這是為什麼呢？

　　昆莫此時年事已高，他有個兒子叫大祿，性格強悍，擅長領兵，現率領一萬多騎兵另居他地。大祿的哥哥是太子，太子有個兒子叫岑娶。太子早死，臨終前對父親說：一定要讓岑娶做太子。

　　昆莫答應了，讓岑娶當了繼位人。大祿極度不滿，就慫恿他的兄弟們造反，蓄謀攻打岑娶和昆莫。昆莫害怕大祿殺害岑娶，就分給岑娶一萬多騎兵住到別處，自己留下一萬多騎兵自衛。這樣，烏孫國一分為三。昆莫不過一個「名譽」國王，不敢獨自與張騫敲定東移之事。

　　烏孫國對漢朝一無所知，直到張騫到來，他們仍不知漢朝在哪兒，多大多小，實力如何，能否打得過匈奴。況且，烏孫國臣服於匈奴多年，大臣們都害怕匈奴，不敢東遷。即使可以一人拍板，昆莫也難下決心，放手一搏。

　　國與國的關係，利益首當其衝。張騫不再勉強，分別派出副使出使大宛、康居、大月氏、大夏、安息、身毒、于闐等鄰國。烏孫王昆莫派出嚮導和翻譯送張騫回國。烏孫國的幾十名使者，帶來了幾十匹好馬，答謝漢武帝。

　　張騫回到漢朝，被任命為大行（外交部長），位居九卿之列。張騫半生漂泊，居家僅僅過了一年多，就撒手人寰。

　　此後，一睹漢朝地廣人多，物產豐富，烏孫國使者將大漢的富饒向國王通報，烏孫國開始結交漢朝。很快，張騫派出溝通大夏等國的使者，大多也不辱使命，同該國專使回朝面聖。西北各國陸續和漢朝交往。

壯志未酬功名在

張騫兩次出使都是為了對匈作戰，第一次是想聯合大月氏打擊匈奴，第二次是想遷移烏孫居住渾邪王之地。命運似乎總在捉弄這個執著的使者，張騫兩次出使，目的都未實現。但是，歷史並不以成敗論英雄。張騫興國安邦的宏願雖未實現，兩次西行卻為他在身後贏得巨大聲譽。

首先，促進了漢朝和西域相互了解。

張騫的兩次出使為什麼會失敗？很重要的原因就是西域諸國對大漢帝國一無所知。作為鑿空西域第一人，張騫面臨的種種困境在所難免；而正是有了張騫的第一次，讓西域諸國了解了一個強大富庶的漢朝，也將漢朝人的視野延伸到遙不可及的西域諸國。

其次，促進了經濟、文化的交流。

張騫的出使大大促進了西域諸國和漢朝的經濟、文化交流。西域的葡萄、苜蓿、葡萄酒、胡桃、石榴等物產以及珊瑚、玳瑁、琥珀、玻璃、象牙等製品傳入漢朝。漢朝的煉鋼技術、鑿井技術和利用渠道引水的方法傳到大宛，進而傳到西域各國和歐洲，提高了這些地區的生產技術水平。中國精美的絲織品使西方人歎為觀止，連接東西方的絲綢之路，正式建成。

此外，在文化方面尤其在佛教史上，張騫鑿空西域的意義也值得大書特書。

再有，擴大了中國的版圖。

西域有廣義與狹義之分，狹義的西域即今天的新疆。正是張騫通西域使中國中央政府的行政權力第一次觸及到新疆。

不僅如此，張騫曾向漢武帝報告，他在西域大夏看到邛山出產的竹杖和蜀地（今四川成都）出產的細布，當地人說這些東西是從天竺（今日印度）販來的。他認為，既然天竺可以買到蜀地的東

西，一定離蜀地不遠。

漢武帝即派張騫帶著禮物從蜀地出發，去結交天竺。漢武帝由此開發了西南地區。

每當我們自豪於祖國遼闊的領土，都不應忘記張騫當年篳路藍縷之功。所有爲中華民族做出巨大貢獻的人，都會永遠留在民族的記憶之中。

【武帝朝堂】

18.公孫丞相：

八十歲終老　官運奇異

漢武帝在位54年，共任用了13位丞相；除去景帝朝留下的衛綰，其餘的12位，都是武帝朝任命。其中，3位丞相被迫自殺，3位丞相遭遇他殺。只有一位，當了1年副丞相（御史大夫），5年丞相，80多歲壽終正寢，老死在丞相之位。伴君如伴虎，朝堂危機四伏。他是誰？他有什麼特別之處，穩坐丞相交椅？是八面玲瓏，還是老謀深算？是明哲保身，還是主動出擊？

大起大落成大器

秦漢時期，丞相的權力很大。

呂后在惠帝死後，一心想封諸呂為王，以鞏固呂姓家族的地位；但是，當一手遮天的呂太后提出這一打算時，右丞相王陵以劉邦生前的「白馬盟誓」（非劉氏不王）為理由，堅決反對。呂后的裙帶計畫不得不暫時擱淺。

呂后並不死心，她來了一招釜底抽薪：將王陵調離，任命親信陳平為右丞相，終將大封諸呂一事辦成。呂后以太后身分臨朝稱制、行使皇帝權力，尚且要看丞相臉色，足見丞相之位多麼重要！

漢武帝卻不能容忍丞相的權力過大。他一方面廣招人才，封為侍中（侍從），在宮中與他們一塊兒議政，形成具有決策權的「內朝」，而使丞相淪為執行國策的「外朝」。這就是中國歷史上

鼎鼎大名的內外朝之制。另一方面對丞相實行嚴格懲治，造成了6位丞相死於非命的「恐怖」局面。

但是，偏偏一位老丞相公孫弘竟然毫髮未損、穩坐官位，最後老死在丞相任上。

公孫弘年輕時曾經做過獄吏，後來因違法被開除公職，回老家當了豬官。吃過這次大虧，40歲的公孫弘開始發憤讀書，學習《公羊春秋》和雜家之學。

公孫弘另有一個特點，就是對他的後母非常孝順。漢代講究以孝治國，公孫弘的「大孝子」形象，在當地聞名遐邇。

建元元年（前140），漢武帝下詔在全國範圍內公選「賢良文學之士」。此時，公孫弘即將走完人生的甲子年：60歲，命運之神將手伸給了他。

這一年，公孫弘的家鄉推薦他參加公選。

公孫弘幸運地被選中了，同時被任命為博士（漢代的博士是一種顧問官）。

公孫弘任博士不久，漢武帝派他出使匈奴。然而回朝後，公孫弘的滙報，卻讓漢武帝十分不滿。也難怪，公孫弘年事已高，老氣橫秋，所見所聞、所思所想，和年輕氣盛、雄心勃勃的漢武帝相比，難免有「代溝」，話不投機。

公孫弘何等聰明，他看出漢武帝不滿意，馬上藉口有病，辭職了。見機抽身，明哲自保。此時，公孫弘已經六十開外，稱病隱退，非常自然，不會有佯裝的嫌疑。

元光五年（前130），漢武帝再次下詔，要求全國舉薦賢良文學之士。公孫弘的家鄉又一次推舉公孫弘，但是，這一次，公孫弘絲毫不為所動。

他言辭懇切：我已經參加過一次公選了，因為沒有能力幹好工作，所以，才告假回來。這一次還是推舉其他人吧！但是，當地政

府選來選去，只覺公孫弘合適，還是推舉了他。公孫弘再次來京參加公選。這一次，命運之神更為眷顧。

參加公選的時候，太常（掌管宗廟禮儀和國家考試）把公孫弘的對策（公選時寫的文章）排在下等；但是，在漢武帝親自閱卷時，奇蹟出現了：漢武帝將排在下等的公孫弘的文章列為第一名（舉首）！

漢武帝召見參加公選的優勝者時，居然發現這位近七十歲的公孫弘長得很帥（狀貌甚麗），龍顏大悅，立即任命他再次擔任博士。

公孫弘這次公選勝出，真正改變了他一生的命運！

亦進亦退立不敗

不過，公孫弘雖然因為公選勝出，以他一介布衣、風燭殘年，怎麼能當上丞相呢？

在漢代，丞相任職有一個明文規定：必須是侯！公孫弘此時離封侯顯然相距甚遠。還有一個不利因素：年齡。公孫弘第二次參加公選時已經60多歲了，這個年齡放到今天，早該退休了。然而，沒有任何競爭優勢的公孫弘竟然獨領風騷，還是要感謝命運的青睞。

中國歷史上向來不缺少「枯木逢春」的例子。姜尚80歲方拜為國師，而且，老來發跡，沒有年少輕狂，沒有少不更事。年輪的重疊讓他們更加珍視機遇，歲月的磨礪讓他們世事洞明、人情練達，60多歲的公孫弘自有一套處世之道：

第一，以儒飾法。

我們在〈董生對策〉中講過董仲舒曾向漢武帝上過〈天人三策〉，提出「罷黜百家，表章六經」的主張，深得武帝賞識，成為

後世尊儒的重大事件。

　　但是，漢武帝雖是一位雄才大略的皇帝，卻也是一個極度專斷的獨夫。如果真要他按照儒家的仁政治國，是斷不能接受的；當然，漢武帝不想落一個秦始皇那樣獨夫民賊的罵名；所以，他非常希望施行外儒內法的治國方略。表面上用儒家學說裝潢門面，實際上還要行使獨裁專制。

　　公孫弘獄吏出身，長期在司法部門工作，深通漢代法律，知道什麼叫以法治國；同時，他40歲之後又學習了《公羊春秋》，也深深懂得公羊派的儒家經典。就是說，原來隔在法家跟儒家之間的那堵牆，被公孫先生打通了，不僅打通了，還徹底拆掉了，兩間屋子併成一間，騰挪的空間馬上寬敞了。這間屋子掛的招牌非儒非法、亦儒亦法，可以叫做「外儒內法居」。

　　因此，通曉文書、法律，又深諳武帝心理的公孫弘，創造性地以公羊派的儒家學說對法律進行了一番冠冕堂皇的闡述，深得漢武帝賞識。（習文法吏事，而又緣飾以儒術，上大說之。）

　　第二，察言觀色。

　　公孫弘面對漢武帝主持的朝議，通常是這樣表現的：

　　一是開列各種方案，不去確定哪種最佳，而是讓漢武帝在其中自選，絕不固執己見，和皇上去爭執。（每朝會議，開陳其端，令人主自擇，不肯面折庭爭。）

　　二是公孫弘和大臣汲黯見漢武帝時，總是讓汲黯先發言，讓汲黯當前哨、打頭陣，自己躲在後面觀風向、看勢頭。汲黯秉性鯁直，在衛青功封大將軍時，滿朝文武見了衛青都要下拜，唯獨汲黯長揖不拜。汲黯陳辭之時，公孫弘對漢武帝察言觀色，把漢武帝的態度揣摩得差不多了，才表態。這樣，公孫弘經過分析、權衡、取捨，綜合多方意見再來表態，武帝往往言聽計從（所言皆聽）。

　　三是大臣們事先和公孫弘商議好了面見武帝時的言論，一到朝

堂之上，公孫弘就置共識於腦後，只管向著皇帝的傾向走，按照武帝的意思發言。這樣往往違背了原先的約定，令大家猝不及防，尷尬被動。

第三，危機公關。

公孫弘這套「緊跟」加「窩裡反」的做法，讓不少大臣大吃苦頭，敢怒不敢言。可汲黯不依。我可以讓你當槍使，但你別毀我呀。好人是你，忠臣是你，我們都成了陪襯，唯你獨忠，就你獨能。汲黯老實，吃公孫弘的悶棍最多，但泥人還有個土性子呢，終於忍無可忍，兩次揭發公孫弘的偽君子行徑。

第一次，汲黯當著公孫弘和漢武帝的面說，齊地之人擅長欺騙之術，嘴裡沒有實話。公孫弘開會前和我們商議時，跟大家的意見是一致的；但是到了朝上，馬上掉轉槍頭，出爾反爾，太不忠啦。（汲黯庭詰弘曰：齊人多詐而無情。實始與臣等建此議，今皆倍之，不忠。）

汲黯話音剛落，滿朝文武的眼光齊刷刷地聚焦在公孫弘身上，不少人開始竊竊私語。為人無信、為友無情、為臣不忠，汲黯不傻，刀鋒所向，處處都是公孫弘的死穴。公孫弘面對的是一次信任危機。

漢武帝一聽，非常驚訝：朕的身邊竟然藏著這樣一隻老狐狸？

面對這場突如其來的信任危機，公孫弘出奇地冷靜。他沒作任何解釋，而是說：了解我的人說我忠誠，不了解我的人說我不忠誠。（夫知臣者以臣忠，不知臣者以臣為不忠。）公孫弘不糾纏具體爭辯，兩句話搞定。

為什麼公孫弘隻言片語就能平息風波呢？第一，不就事說事；第二，以不了解為辯。一般人突遇此事，一是因小失大，二是攻擊。這樣旁觀者真假不辯，難釋其疑；同時，相互攻擊又顯得極

無水平。公孫弘反其道而行之。他一不辯解，二不攻擊，偷樑換柱，讓人感到汲黯是不了解自己才說出這樣的話。這種處理，使漢武帝反而更信任公孫弘。後來，每當大臣們說公孫弘的不是，漢武帝都不再相信。公孫弘用巧妙的危機公關躲過了第一場劫難。汲黯的一記重拳，打在了絲綿包上，沒有任何反作用力。絲綿包公孫弘居然毫髮無損。

　　第二次，也是在朝堂上，眾目睽睽之下，汲黯說公孫弘身為三公之一的御史大夫，俸祿極多，卻總是裝窮，蓋的被子是布被子，是個標準的偽君子。

　　漢武帝一聽，又是一驚，這老狐狸如此「作秀」，有什麼企圖？

　　公孫弘說：汲黯說得對。九卿高官之中，汲黯最了解我。我身列三公，卻蓋布被子，的確是想博個清廉名聲。不過，管仲雖有豪宅三處，奢侈等同君王，也輔佐齊桓公成就一代霸業。晏嬰的飯桌上從無兩份肉菜，他的妾穿不上絲綢衣服，終成一代良相。可見，臣子的生活標準如何，與能否治理天下並無關係。

　　最後，公孫弘還強調，汲黯是一個大大的忠臣，如果沒有汲黯，陛下怎麼能聽到這麼了解我的話呢？

　　面對汲黯的告發，不論公孫弘如何辯解，漢武帝和在場的大臣都會認為他在繼續矇騙公眾。公孫弘深知辯解的蒼白，因此，他沒有作任何回覆，反倒痛痛快快承認自己的確是沽名釣譽。這種承認，表面上是認罪，實際上是表明自己至少是現在沒有欺騙，大大減輕了汲黯指責公孫弘欺騙輿論的分量。

　　與此同時，公孫弘還對汲黯大加讚揚，說他忠誠可靠。這樣一來，汲黯倒顯得氣度狹小，斤斤計較，一下被公孫弘擱裡頭了。而在皇帝和大臣看來，公孫弘大人大量。我們又何必以小人之心度君子之腹呢？

這次公孫弘招數跟上次大同小異：既不躲閃，也不進攻，而是把對手的力量無聲無息地化解掉。

公孫弘再一次透過危機公關，巧妙地度過了難關。

第四，知難而退。

公孫弘向漢武帝建議停建朔方郡，漢武帝大不以爲然，派內朝大臣朱買臣就停建朔方郡提出十點責難，要公孫弘回答。

朱買臣出招，就等於皇帝出招，跟皇帝過招，公孫弘自知是找死。立即承認自己無知，現在如夢方醒，迅速建議停止開發西南邊陲，集中精力經營朔方郡。公孫弘180度大轉彎，不僅否定了自己的初衷，還爲漢武帝的想法提出一一佐證。漢武帝自然十分受用。

對朱買臣的「十難」，公孫弘如此識途老馬，總不至於「一難」也無法回答吧。爲什麼他就不接招呢？

公孫弘深深懂得退一步海闊天空的道理。

首先，公孫弘身爲外朝之官（御史大夫），不便和內朝之官公開辯論。

此時，以漢武帝爲首、武帝身邊的侍從爲輔的內朝，才是眞正的決策集團；而以丞相、御史大夫爲首的所謂外朝，不過是一個執行機構。

公孫弘作爲外朝的副丞相（御史大夫），深知其中三昧。所以，他放棄辯論，設法提出雙方都能接受的「折衷」建議。

其次，公孫弘不願和武帝正面衝突。

內朝朱買臣的「十難」，是漢武帝反對公孫弘建議的明確信號，公孫弘當然不願意因爲國家利益而招致個人災難。

由於公孫弘這一套做法深得漢武帝的信任，最終官居丞相，被封爲平津侯。（天子以爲謙讓，愈益厚之，卒以弘爲丞相，封平津侯。）

這是史無前例的。漢代開國以來，從來都是從諸侯中選丞相，公孫弘卻是先當丞相再封侯。此後，先當丞相再封侯，成為漢代定制。

第五，散財養士。

公孫弘生活儉樸，他作為丞相的俸祿用來做什麼用呢？一是用來周濟老朋友（故人），二是用來供養賓客，甚至到了「家無餘財」的地步。公孫弘的這一套做法令人難以評價：如果公孫弘散財養士，達到「家無餘財」的地步，全為了沽名釣譽，那麼用如此代價獲取讚譽，成本是否太高？再加上蓋布被，一餐不食兩樣肉菜，如果不是追逐名利，公孫弘難道真有如此公而忘私的境界？

但是，至少有一點公孫弘是明白的，漢武帝極端獨裁，要想安身立命，皇帝的看法至關重要。

文武之功不可沒

公孫弘雖然為人不恥、為輿論不恥；但是，他既不是無才，也不是無能，甚至還做了些值得大書特書的好事，主要有一武一文兩大功績。

一是諫阻漢武帝在幾個方向同時開疆拓土。

漢武帝在大修朔方郡的同時，還要開拓西南地區。公孫弘則建議收縮戰線，集中財力經營朔方郡。

公孫弘確實抓到了點子。在漢朝與周邊民族的關係上，最大的威脅來自北方的匈奴，他的建議，保證了漢朝中央政府集中財力辦大事，減輕了百姓不少負擔。

二是提出為博士設立弟子五十名的具體建議。

董仲舒率先提出設立太學，「罷黜百家，表章六經」的主張。但是，董仲舒沒有機會將這些主張付諸實施，就被發配基

層，到膠西國任國相去了。

公孫弘做到了。他提出為博士設立弟子五十人，免除他們的徭役（為博士官置弟子五十人，復其身），還讓太常從百姓中挑人，保證博士弟子的來源。這就將漢武帝的尊儒具體化了。

到了西漢後期、東漢時期，禮樂教化從京師推向各地，儒生的人數迅速增長，推動了文化教育的發展。這一點，公孫弘功不可沒。

19.煽風點火：

公孫弘弄權　機關算盡

公孫弘面對汲黯的兩次當面揭發，沉著應對，化凶爲吉，還對汲黯大加讚美。公孫弘果眞是一位心懷寬廣、不計私怨的賢臣嗎？大漢英才輩出，威脅公孫弘相位的，何止汲黯一人？風情無限的「齊大非偶」典故裡，暗藏了怎樣一觸即發的殺機？

丞相滅族尋常事

汲黯兩次告御狀，差一點讓公孫弘栽了大跟頭。公孫弘表面上爲汲黯大唱讚歌，內心眞的能放下汲黯這個大包袱嗎？

只要透過一件事就可以洞穿這一切。一天，漢武帝因爲獲得所謂的「天馬」（西域名馬），非常高興，寫了一首可以配樂演唱的詩，稱爲〈天馬歌〉。

《史記》的「八書」之中，有一篇叫〈樂書〉。學界認爲：今本《史記》中的〈樂書〉是後人補作的，並非司馬遷原作。無論如何，《史記‧樂書》在正史中記載音樂史，首開先河。〈樂書〉中就收錄了漢武帝的這首〈天馬歌〉：天馬來兮從西極，經萬里兮歸有德。承靈威兮障外國，涉流沙兮四夷服。意思是：天馬來自遙遠的西方，途經萬里，終歸以德服天下的大漢。承載著大漢的威靈，威懾著遠方之國；跨過浩瀚的沙漠，四夷賓服。

汲黯見漢武帝得到「天馬」就興奮得手舞足蹈，還寫〈天馬歌〉，於是進諫說：王者製作樂曲，上要繼承祖業，下要感化百

姓。如今陛下僅僅爲得到一匹馬就作歌，還要以此祭祀先祖，先帝和百姓該作何想法呢？

當頭一盆涼水，弄得漢武帝大爲掃興。

丞相公孫弘見漢武帝一臉不高興，事不宜遲，馬上進言：汲黯誹謗聖朝制度，罪當滅族。（黯誹謗聖制，當族。）無限上綱、無情打擊，一句話，無所不用其極。我時時都惦記著你呢，千萬不要讓我逮著機會。這個公孫弘，不愧爲獄吏出身，嘴巴比腦子快，動手比動嘴快。

司馬遷僅僅用了「黯誹謗聖制當族」七個字，就把公孫弘對汲黯的報復寫得淋漓盡致。公孫弘豈是寬宏大度之人？他位列丞相，但絕不是肚子裡可以撐船的丞相，以前對汲黯的種種大度，都是一種姿態，一種假象。公孫弘可從來沒有忘記汲黯這個「眼中釘」、「肉中刺」。

漢武帝會聽公孫弘的話嗎？被汲黯掃了興頭的漢武帝，聽公孫弘說汲黯「當族」，沒有理會，僅以沉默（默然不悅）發洩不滿。

這個小故事讓我們看到三個人的特點：汲黯忠誠坦率，公孫弘陰險狠毒，漢武帝對汲黯寬容大度。

可見，公孫弘絕不是一個包容忍讓之人，而是一個陰險可怕之人！

他從不把仇恨掛在臉上。汲黯當面揭發他，他卻盛讚汲黯，絲毫沒有惱怒之色；而一旦時機成熟，他就要取其性命，殺一個不解恨，還要滅汲黯全族。

他在漢武帝非常不高興的情況下，果斷地咬了汲黯一口。公孫弘這張嘴厲害，咬人一口，你全身的免疫功能就喪失殆盡！但是，汲黯是個例外，他似乎先天地具有特殊的免疫功能，儘管汲黯被咬，仍幸運地活了下來。漢武帝以「苛政」聞名，因此才有6個

丞相死於非命的恐怖紀錄。如此「暴君」，對不識時務、出言不遜的汲黯網開一面、寬宏大量，非常不易。

公孫弘這次報復汲黯沒有成功，他並沒有堅持，不願讓自己的偽善與兇殘有所暴露。畢竟是公孫丞相，他老謀深算，知道適可而止，伺機行事！

一言喪邦遺後患

公孫弘謀害汲黯沒有得手，但是，公孫弘剷除政敵的「殺人計畫」並沒有停止，他還有第二個攻擊目標：主父偃。

主父偃是誰？他和公孫弘有什麼怨仇？為什麼公孫弘矛頭又指向主父偃了呢？公孫弘殺汲黯未能得逞，殺主父偃是否會一舉成功呢？

這就要從那個曖昧風情的典故「齊大非偶」說起。

春秋時期，齊僖公的女兒文姜和她的哥哥淫亂。齊僖公知道後，想把文姜嫁給鄭國的大子忽。鄭國的大子忽開始答應了，後來以「齊大非偶」為由，辭了這一婚約。（《左傳·桓公六年》：齊侯欲以文姜妻鄭大子忽，大子忽辭。人問其故，大子曰：人各有耦，齊大，非吾耦也。）所謂「齊大非偶」，是說齊國是大國，鄭國是小國，小國之人不敢攀娶大國國君之女。因此，「齊大非偶」明裡是辭婚，暗中卻影射女方兄妹亂倫。

齊厲王的母親紀太后為了讓紀氏家族世代受寵，就做主把她弟弟的女兒，也就是齊厲王的親表妹，嫁給齊厲王。但是，齊厲王偏偏不喜歡這個表妹。紀太后就派自己的女兒，也就是齊厲王的姊姊，為厲王整頓後宮。所謂整頓後宮，就是不准其他宮女接近厲王，以使指定的王后有機會專寵。可是，厲王竟和他的姊姊行起亂倫之事。如此醜行當然瞞不住，漸漸傳開。

當時齊國有一個宦官叫徐甲，此人曾侍奉武帝之母王太后。

王太后一心想給自己的外孫女找個諸侯王做丈夫。徐甲主動向王太后保媒：這件事包給我了，一定讓齊屬王上表求親。王太后於是批准徐甲前往齊國辦差。誰知，徐甲的行蹤被嗅覺靈敏的主父偃聞到了。他再三懇求徐甲：如果您方便的話，請幫著說一說，讓我的女兒也能選進齊王後宮。徐甲一口答應了。

徐甲到了齊國，先放了一個口風，想試探對方的反應。齊國紀太后毫不買帳：齊王已經有了王后，後宮的嬪妃一應俱全，還要什麼王后、嬪妃？徐甲是個什麼東西？他是在齊國窮得活不下去了，才淨身入宮當宦官。這種人又想來擾亂我齊王後宮，簡直豈有此理。再說，主父偃又算什麼東西，居然想讓自己的女兒入宮！紀太后發怒是完全可以理解的。我這邊還一腦門子官司呢，又來兩個湊熱鬧的。

紀太后這一鬧騰，搞得徐甲非常狼狽。他琢磨，這事肯定是辦不成了。可怎麼向王太后交代呢？他說：齊王已經同意了。但是，有個後患太后得考慮一下——我擔心出現燕王那種事。

原來，在這之前，燕王劉定國剛剛因跟自己的女兒、姊妹通姦被處死，封國也被撤銷。所以，徐甲用這件事暗示王太后，齊王也有類似的亂倫之行。王太后一聽，立即吩咐：今後誰也不准再提跟齊王結親的事。

但是，經徐甲這一說，齊屬王和他姊姊亂倫一事就傳到漢宮中了。

主父偃攀龍附鳳的如意計畫泡了湯，對齊王更加懷恨在心。本來，齊王宮如此淫亂不堪，女兒不進去，還免了往火坑裡跳。可主父偃在氣頭上，哪裡想得通？於是，他對漢武帝說：齊國的都城臨淄有十萬戶人家，每天的貿易稅收可達千金。人口之多，財產之豐，超過京城長安。這種地方如果不是皇上的親兄弟或者愛子，不

應當在此爲王。呂后時期齊國就想叛亂,吳楚七國之亂的時候,齊孝王差一點參與叛亂。現在,又聽說齊王和他的姊姊有亂倫之事。

漢武帝聽了主父偃的一番話,就派主父偃擔任齊國的國相,查處齊王亂倫一案。

主父偃到了齊國,立即嚴審幫助齊王亂倫的宦官,逼迫他們在供詞和旁證中必須牽扯上齊王。

齊厲王年輕,害怕因爲罪大被逮捕、誅殺,喝毒藥自殺了;而且,齊厲王在位剛剛五年,沒有繼位的兒子。這樣,齊厲王死後,齊國撤銷,齊地劃歸漢朝中央政府。事情鬧大了。主父偃幾句氣話,讓齊國就此消失,可謂「一言喪邦」。

這樣,齊厲王自殺的直接責任人成了主父偃:狀是他告的,案是他辦的,人是在他查案時死的。話說回來,主父偃對齊厲王之死雖然談不上「我不殺伯仁,伯仁卻因我而死」。但是顯然,主父偃的報復完全是逞一時之氣,並沒有將齊王置之死地的預謀。

「人生在世,不如意者十之八九。」主父偃恨之入骨的齊王自殺了,可謂大快己心。但是,主父偃卻要因此付出慘重的代價。「得饒人處且饒人」,誰能預料懸在別人頭上的利刃,隨時會落到自己身上?

齊厲王自殺,只有一個人歡欣鼓舞,就是權傾一時的公孫弘。此時,主父偃的性命已經牢牢地抓在公孫弘手裡了。顯然,主父偃利用查案之機,挾私復仇的罪名呼之欲出。那麼,公孫弘能不能除掉這個心腹大患?

輕狂不敵老薑辣

我們曾經談到,漢景帝朝有一位《詩》學博士轅固生,轅固生

因為貶低《老子》，和尊崇黃老的竇太后發生爭論，結果被竇太后扔到野豬圈裡，差點丟了性命。

轅固生在漢代儒家學者中屬於元老級人物，漢景帝時他已經是一代名儒了，武帝繼位之後，再次徵召轅固生。很多儒生都忌妒轅固生，紛紛在漢武帝面前說，轅固生老了，應當讓他回家。（今上初即位，復以賢良徵固，諸諛儒多疾毀固曰：固老，罷歸之。）

想攻擊一個人，總能找到理由，同樣，想重用一個人也能找到很多理由。轅固生當時的確很老，九十多歲了。湊巧的是，徵召轅固生的時候，公孫弘也被召見。公孫弘當然知道轅固生是真正的《詩》學大儒，比起他這個四十歲才開始讀《公羊春秋》的半路出家人，功底要厚實得多；所以，公孫弘看轅固生，眼睛是斜著的。轅固生儘管已經九十多歲了，仍耳聰目明，看見公孫弘這副眼神，這位老學者講了一句名言：公孫子，務正學以言，無曲學以阿世！意思是說：公孫弘你這小子，你要用嚴肅的態度研究儒學經典，不要曲解儒學經典，迎合世俗。

公孫弘此時已經六十歲了，但相對於九十多歲的轅固生，仍然是小字輩。轅固生「曲學阿世」四個字被司馬遷毫不客氣地記載下來，成為對公孫弘的定評，也成為流傳至今的一個著名成語。

在《史記‧平津侯列傳》中，司馬遷還說：公孫弘疑心極重，表面上寬宏厚道，內心裡陰險惡毒。凡是和他有過節的人，他都裝作和此人關係很好，暗中卻找機會報復。（弘為人意忌，外寬內深，諸嘗與弘有郤者，雖詳與善，陰報其禍。）

那麼，主父偃又是個怎樣的人呢？

主父偃和公孫弘一樣，早年非常坎坷。

在齊地遊學的時候，齊地的讀書人都不喜歡他，還排斥他。主父偃既受不得氣，也不屑於反省；是行動派，不是沉思派。齊地待不住，他就跑到北方的燕、趙、中山等地。但是，所到之處，他從

來沒有受到過禮遇。不用說，主父偃壓抑得不行、鬱悶得不行，性格也慢慢地扭曲了。

漢武帝元光元年（前134），走投無路的主父偃決定西入函谷關，拜見衛青，準備直接走高層路線。衛青屢次向漢武帝推薦主父偃，但他此時還算不得「意見領袖」，主父偃也實在沒做出驚人業績。漢武帝當然沒興趣召見。

時間一長，主父偃入關時帶的那點錢快用完了，京城諸公的賓客也開始討厭這個一事無成、仰人鼻息的傢伙。

這樣下去不行。主父偃情急生智，給漢武帝寫了一篇非常長的奏章。意外的是，奏章早上呈送漢武帝，晚上，主父偃就獲得召見。可謂「朝發夕至」。

主父偃的這篇奏章一共寫了九件事。其中的八件有關法律，《史記》都未記錄；一件是反對對匈作戰（諫伐匈奴），司馬遷記載得非常詳盡（這和司馬遷反對無節制地對匈作戰有關）。

主父偃不主張對匈作戰的理由有三點：

一是，秦朝因為對匈作戰導致百姓負擔過重而亡國；

二是，高祖皇帝因為倉促對匈作戰導致平城之圍；

三是，出現上述情況的根本原因，即匈奴民族是游牧民族，居無定所，各自為戰，難以征服。

主父偃進諫漢武帝之時，正是漢武帝準備重用衛青大規模討伐匈奴的前夜。因此，儘管主父偃所言都不是游談無根之言；但是，漢武帝不可能採納主父偃的意見。

漢武帝不採納主父偃的意見，並不意味著漢武帝不重用主父偃。《史記》記載，與主父偃同時上書的還有徐樂和嚴安，他們三人的奏書呈送給漢武帝後，漢武帝迫不及待地召見他們，非常激動地說：你們都在哪兒？為什麼我們相見得這麼晚呢？（書奏天子，天子召見三人，謂曰：公等皆安在？何相見之晚也？）

　　漢武帝求賢若渴，他雖然沒有採納主父偃的建議，但是，也不因言廢人，任命主父偃等三人為郎中。郎中是皇帝身邊的侍從，官階並不高，不過，郎中對朝中大事有發言權，可以參與決策。主父偃等三人由此成為漢武帝內朝的主要組成人員。

　　主父偃當了郎中後，多次進言，漢武帝隨即任命主父偃為謁者。謁者是皇帝的傳令官，與皇帝的關係非常親近，主父偃受到了漢武帝的非常禮遇，一年之中，四次得到提拔，這在漢代極為罕見。

　　對又臭又硬的汲黯，公孫弘採取的是藉機進言，落井下石，可惜未能得逞；想滅掉皇帝身邊的寵臣主父偃，有沒有可乘之機呢？

　　機會說來就來了。

　　原來，主父偃早年遊學燕、趙之地，受過許多白眼；等他貴倖之後，首先揭發燕王劉定國亂倫之事，導致燕王被殺。而趙王的太子也有亂倫醜聞，因此，趙王也擔心主父偃會告發自己。等主父偃被派到齊國去做國相，齊厲王自殺，趙王就惡人先告狀，上書武帝，告發主父偃兩大罪狀：一是接受諸侯王的賄賂，二是挾私怨報復齊王。

　　漢武帝立刻抓捕主父偃。主父偃承認自己接受了諸侯王的賄賂，但是，堅決不承認自己逼殺齊厲王。

20.借刀殺人：

主父偃屈死　公孫讒言

齊厲王之死讓漢武帝懷疑主父偃濫用職權，逼殺齊王；加上趙王告發主父偃接受諸侯的賄賂，漢武帝一怒之下，把主父偃投入獄中。公孫弘趁機大進讒言，誘勸漢武帝誅殺主父偃。主父偃能躲過這一劫嗎？究竟是什麼原因促使公孫弘一定要置他於死地呢？

衆人推牆

主父偃被抓之後，公孫弘對漢武帝說：齊王憂憤而死，又沒有後代，國土已歸了朝廷，如果不誅殺主父偃，無法杜絕天下人的怨恨。

漢武帝原來並不想誅殺主父偃，聽了公孫弘的這番話，終於下定決心，賜主父偃一死。

主父偃為鞏固中央集權提出推恩之策，率先建言成立朔方郡，其他大小功勞無數，而且深得武帝信任。主父偃有能力、有靠山，主客觀條件都是硬通貨，為什麼最終還是被漢武帝殺掉了呢？

第一，趙王告狀。

這是主父偃被殺的一個引子。主父偃對齊王有怨而整治齊王，遊歷燕國不受禮遇而告發燕王，這些都令趙王備感威脅而惡人先告狀。

第二，眾叛親離。

　　主父偃得勢之時，大臣們都畏懼他的嘴，賄賂他的錢，達千金之多。有人勸主父偃：你太橫行霸道了。主父偃說：我從束髮遊學已四十多年，自己的志向從未實現過，父母不把我當兒子看，兄弟們不肯收留我，賓客們拋棄我，我窮困的時間太長了。況且大丈夫活著不能列五鼎而食，那麼死時就受五鼎烹煮的刑罰好了。我已經到晚年了，所以要倒行逆施！（我阨日久矣！且丈夫生不五鼎食，死即五鼎烹耳！吾日暮途遠，故倒行暴施之！）

　　五鼎食是說生活極為豪奢，五鼎烹指被處死。

　　主父偃到了齊國，把他的兄弟和賓客都召來，拿出五百金摔到他們面前，並數落他們：當年我窮的時候，兄弟不給我衣食，賓客不讓我進門；如今我做了齊相，你們又跑到千里以外去迎接我。我同諸君絕交了，請你們今後不要再進我主父偃的家門！

　　主父偃這種「得志便猖狂」的做派，太不得人心！比較韓信貴為楚王之後善待早年讓他蒙受胯下之辱的仇人，懸殊實在太大。

　　主父偃貴倖之時，賓客盈門，數以千計。等到主父偃被殺，竟然沒有人願意為他收屍。最後，還是一個叫孔車的人為他料理了後事。孔車因此大得漢武帝讚賞，被稱之為厚道人（長者）。可見世情之薄，亦可見主父偃多麼不得人心。

　　第三，公孫讒言。

　　公孫弘時任御史大夫，主管司法；在牆倒眾人推的情況下，公孫弘給了主父偃致命的一擊。

　　第四，武帝冷酷。

　　漢武帝是此案的最終裁決人，他的冷酷無情，直接導致主父偃被殺。

　　天羅地網之下、刀光劍影之中，主父偃之死，已屬大勢所趨。

羊入虎口

公孫弘借漢武帝之手誅殺主父偃，這一「借刀殺人」的毒計，他已經不是第一次使用；之前還有一次預演，不過功敗垂成。

據司馬遷《史記》的「董仲舒傳」記載：公孫弘四十歲才開始學《公羊春秋》，因此，公孫弘的經學功底遠遠不及董仲舒扎實。但是，公孫弘善於奉迎漢武帝，官運亨通，一直做到公卿之位。這樣，二人是你瞧不起我，我不待見你，十分不對眼。董仲舒曾提出「天人三策」大受武帝重視，擔任過江都王的國相，後來，又回到朝中任中大夫。公孫弘卻趁機對漢武帝說：只有董仲舒可以擔任膠西王的國相。（公孫弘治《春秋》不如董仲舒，而弘希世用事，位至公卿。董仲舒以弘為從諛，弘疾之，乃言上曰：獨董仲舒可使相膠西。）漢武帝採納了公孫弘的建議，把回朝不久的董仲舒派到膠西國任國相。

公孫弘建議董仲舒去擔任膠西王的國相，究竟是何居心？

其一，遠離中樞。

政治上的作為離不開權力中樞。權力中樞是什麼呢，是中央，不是地方。影響大，效果好。如果董仲舒留在中央政府，他的才學遠勝公孫弘，這對公孫弘無疑是後顧之憂；公孫弘可能因此成了配角，一個跑龍套的。把董仲舒放到膠西國任國相，就是讓董仲舒遠離中央。這樣，董仲舒再有本事，也不可能威脅到公孫弘的權力和地位。

其二，借刀殺人。

借膠西王之刀，滅董仲舒之人。膠西王劉端是漢景帝的兒子，漢武帝的哥哥，吳楚七國之亂後，他以皇子的身分被封為膠西王。劉端殘暴兇狠，就因為他寵幸的一個年輕郎官和後宮宮女淫

亂，劉端就誅殺了這個郎官，還殺了他的兒子和母親。

朝臣多次要求嚴懲劉端，但是，漢武帝念及手足之情，不忍降罪。於是，百官建議削減膠西王的封地。這次漢武帝同意了，膠西王國領土於是縮水大半。劉端心生怨恨，開始消極對抗朝廷。王國的府庫因為失修而大面積坍塌，大量財產腐爛，他一概不管。他不准收租，撤銷王宮警衛，封閉宮門，只給自己留一個專門，用來出入。雖然年紀已經老大不小，卻最喜歡「玩失蹤」，頻頻改換姓名，搖身變為「貧民貴公子」，跑到別國浪蕩閒逛。

到膠西國任職的二千石的高官，如果遵守漢代法律辦事，劉端總是要找個罪名上報朝廷加以誣告；如果實在找不到罪名，他就毒死他們。劉端的鬼點子多得很，他的蠻橫足以拒絕別人的勸諫，他的計謀足以掩飾自己的過失。因此，膠西國雖然只是個小諸侯國，但是，在這裡死於非命的高官非常多。（強足以拒諫，智足以飾非。相，二千石，從王治，則漢繩以法。故膠西小國而所殺傷二千石甚眾。）

公孫弘向漢武帝建議派董仲舒到膠西國任國相，就是想讓膠西王來除掉自己的心腹大患。

公孫弘殺董仲舒的理由太簡單了：一是董仲舒認為公孫弘品行不端，引發了公孫弘的極端不滿；二是公孫弘的學問不及董仲舒，引發了公孫弘的強烈嫉妒。就這麼兩條理由，公孫弘就要取他性命！

所幸的是，膠西王劉端儘管殘暴成性，但是，面對一代大儒董仲舒，他還是表現出一定程度的克制；沒有立即尋釁滋事。董仲舒很清醒，時間一長，肯定會出麻煩。不多久，他就藉口有病，辭官回家了，算是落了個全身而退。

難逃死劫

主父偃沒有董仲舒那麼剛直，也沒有他那麼幸運，終於死於公孫弘的第二次「借刀殺人」，死於公孫弘的第二次迸發的強烈嫉妒心。

當年公孫弘擔任御史大夫時，主父偃只是個郎中、謁者。公孫弘的出道比主父偃早，職位比主父偃高，這種官階上的明顯差別一般來說不會讓他們產生利益之爭。事實上，他們兩個人發生正面衝突的只有一件事，即設立朔方郡一事。

元朔二年（前127），衛青取得了河南之戰的巨大勝利，奪取了匈奴長期占領的河套地區，這裡水草豐茂，是匈奴的畜牧業基地。主父偃因此提出一個重大建議：在河套地區組建朔方郡。他慷慨陳詞：河套地區，外有黃河天險，內有千里沃土；秦朝大將蒙恬當年就曾在此修築萬里長城。如果在這一帶發展農業，就不用再從內地運送糧食，大大節省轉運糧食的費用，這正是我們消滅匈奴的根本大計啊！

漢武帝看了主父偃的奏章，興致盎然，馬上轉給大臣們朝議。

可公卿大臣全都反對，公孫弘尤為強烈：當年秦朝調動三十萬人築城建郡，沒有成功，我們為什麼還要重複做此「無用之功」？

其實，秦朝在河套已經建立了九原郡，公孫弘為了自己的主張，即使歪曲歷史事實也在所不惜。

最終，漢武帝力排眾議，支持主父偃，決定修築朔方郡。

這是公孫弘與主父偃唯一的一次正面交鋒，而且還是出於公事而非私事。但是，我認為，對主父偃的這次勝出，公孫弘非常反感。

主父偃還曾向漢武帝提出一個重大議案：

主父偃說：古代的諸侯國大不過百里，非常容易控制。如今的諸侯國，動輒就是城池幾十座，土地方圓幾千里。天下形勢寬緩之時，他們驕奢淫逸；一旦形勢危急，就會憑藉勢力，聯合起來。如果你想削減他的封地，他們又會像晁錯削藩那樣叛亂。

當今的諸侯王，他們的兒子、兄弟，少則十幾個，多則幾十個，但是，只有嫡長子才能世世代代繼位為王，其他的人雖然也是諸侯王，卻沒有任何封地，這不符合仁孝之道。

如果陛下能降一道詔令，推廣恩德。要求那些諸侯們把自己的土地拿出來，分封給子孫。那麼，諸侯王的子弟一定高興得雙手贊成。這樣，分割了諸侯王的國土，卻不用削減他們的土地，他們沒有實力與中央抗衡了。（願陛下令諸侯得推恩分子弟以地，侯之，彼人人喜得所願，上以德施，實分其國，不削而稍弱矣。）

這就是著名的推恩之策。每一個諸侯王子弟都可以由此得到一塊屬於自己的封地，推恩之策因此得到了廣泛擁護；同時，天下的諸侯國越分越小，各個諸侯國僅能自保，再無力對抗中央政府。皆大歡喜。

困擾西漢王朝長達數十年的諸侯割據勢力，被主父偃「四兩撥千斤」的一番推恩，就此瓦解。然而，主父偃越是聰明絕頂，越是不得公孫丞相見容。為什麼？

公孫弘明顯感覺到了主父偃的威脅！於是，公孫弘始而嫉妒，終而憤怒。

公孫弘不得不承認，主父偃雖然官聲極差，但從來不缺少才華。建立朔方郡、施行推恩策都是主父偃的主意，而且，效果顯著。憑主父偃的能力，以及這種能力帶來的上升勢頭，主父偃極有可能某一天蓋過自己，這是公孫弘最不願看到的。

而且，主父偃是內朝重臣，公孫弘雖然貴為丞相，卻是外朝之

臣。就地位、資歷、聲望，外朝之臣勝過內朝之臣，但是，外朝之臣的決策權遠不如內朝之臣。所以，拚才能，公孫弘沒把握；拚關係，內外有別。說得玄點，公孫弘只能拚綜合素質了。而主父偃恰恰是個單項突出、漏洞百出、綜合素質極差的人。

在公孫弘為自保絞盡腦汁之時，機會來了！主父偃由於處事不慎，在查辦齊厲王亂倫一案時，導致齊厲王自殺。趙王藉機發力，舉報主父偃逼迫齊厲王自殺。公孫弘當然不能放過這個天賜良機：主父偃就這樣被自己的倒行逆施、公孫弘的嫉妒怨恨，乃至眾人的涼薄冷眼和漢武帝的袖手旁觀，合力所殺。

的確，漢武帝的降罪直接宣判了主父偃的死期。為什麼漢武帝要殺他一向非常欣賞的主父偃呢？他看穿了公孫弘借刀殺人的陰謀嗎？

這件事從理論上講有兩種可能：

一是，漢武帝沒有看穿公孫弘借刀殺人的陰謀，只是出於某種考慮採納了公孫弘的意見。

二是，漢武帝看穿了公孫弘借刀殺人的陰謀，出於另一種考慮採納了公孫弘的意見。

我們先看第一種可能：漢武帝沒有看穿公孫弘的陰謀。

漢武帝個性凌厲，眼裡容不得沙子。如果他知道公孫弘想借自己的手除掉主父偃，一定不會饒過公孫弘。這樣，公孫弘的圖謀不但不能成功，反而會惹來一身麻煩。所以，我認為漢武帝沒有看穿公孫弘的圖謀。

那麼，漢武帝為什麼不保主父偃呢？他怎麼甘心失去如此得力的寵臣呢？

漢武帝一直想剷除地方諸侯的勢力，鞏固中央集權，齊厲王之死和齊國併入中央政府的版圖，正中武帝下懷。但是，齊厲王之死在當時的諸侯中攪起了一股不大不小的颶風。這些諸侯王兔死狐

悲，紛紛想藉齊厲王事件，給耀武揚威的漢武帝來個下馬威。漢武帝無以謝天下：只有借主父偃之頭，平諸侯之怨氣。

違心誅殺大臣，武帝並非首例。當年，建元新政時，在王太后恩威之下，少年武帝揮淚斬竇嬰。漢武帝哪裡捨得？興師動眾的東朝廷辯，就是想放竇嬰一條生路；但是，朝臣的軟弱，王太后的高壓，加上所謂的「遺詔」事件，竇嬰才最終難逃死劫。

話說回來，無論殺哪個大臣，都不太關乎武帝的感情；作爲一位封建君主，他本來就視大臣如奴僕，想殺就殺、該殺就殺。須知，楚霸王動了感情，劉邦才得到秦朝天下。前車之鑑，政治家武帝豈能忘卻？

主父偃確是一大功臣，爲解決困擾漢朝中央政府的諸侯王割據，他獻出了一個奇謀：推恩分封。但是，主父偃最終卻因諸侯群起攻之而被殺！

司馬遷對這段歷史非常熟悉，他不僅在《史記》中眞實地記錄了事件的過程，還唯恐後人看不明白，清楚無誤地寫道：殺主父偃，徙董仲舒於膠西，皆弘之力也。

這就是歷史的力量！這就是歷史的審判！司馬遷秉筆直書，毫不掩飾地揭露了公孫弘借齊王之死殺害主父偃一案。

至於說主父偃是不是小人？該不該殺？這兩個問題其實既不難回答，又不好回答。說它不難回答，是主父偃的爲人做派與社會的主流輿論相違背，因此，主父偃在歷史上經常被指責爲小人。社會主流輿論認爲的「小人」，往往就是不遵從社會規範的人。

其實，「小人」與「君子」的評判哪裡那麼簡單！何況，在一個人身上，往往既有「小人」的基因，也有「君子」的潛質。主父偃是「小人」，但是，小人就該殺嗎？漢武帝一朝該殺的「小人」絕不僅主父偃一人；公孫弘難道不是「小人」嗎？

大半生的困頓使主父偃對人生產生了錯覺。他認爲自己倒楣的

時間太長了；所以，一旦得勢，就肆無忌憚地聚斂財富，爲所欲爲地羞辱百官，即使因此被殺，也在所不惜。

話說回來，主父偃的政治智慧絕不在公孫弘之下，但是，在謀身固寵上，他比公孫弘差得太遠了。

元狩元年（前122），淮南王劉安、衡山王劉賜先後叛亂之時，公孫弘正在病中。但是，他認爲自己身爲丞相，雖在病中，也難免受到指責；於是，公孫弘打起精神，哆哆嗦嗦地向漢武帝上了一道奏章，大意說：丞相理應輔佐明主把國家治理好，如今諸侯叛亂，這是丞相的失職。因此，上書請求皇帝收回封侯，自己退休回家，以免擋了賢人的路。（願歸侯印，乞骸骨，避賢者路。）結果，漢武帝不但不許公孫弘退休，還給他補假養病，一番犒賞。幾個月後，公孫弘病癒復出。第二年，八十歲的公孫弘病死在丞相之位上。

21.以死殺人：

一命換四命　張湯昭雪

　　所謂「以死殺人」，有兩種涵義，一是用自殺殺人，二是用被殺殺人。兩者都是用自己死亡的方式殺人；但是，後者比前者更困難。「自殺殺人」類似我們今天的自殺式爆炸，就是「魚死網破」、「同歸於盡」；而死者被殺後還能殺人，我們幾乎找不到例證，除非驚悚詭異故事中的怨魂復仇。因為，在現實世界中，死人如何殺人？個體生命都不存在了，殺人的行為如何付諸實施？但是，漢武帝時代卻偏偏出現了這樣一個死後還能殺人的人，這個人是誰？他為什麼被殺？他又怎樣以被殺殺人呢？

死於當死

　　漢武帝元鼎二年（前115）冬，第八任丞相莊青翟手下的三位代理長史（相當於國務院代理秘書長）聯名上書漢武帝，告發御史大夫（副丞相）張湯：

　　聖上有所不知，每次您頒布新的經濟政策時，張湯總是事先將這些絕密的商業情報提供給商人田信，田信馬上囤積貨物。等到政策一出台，田信就能大撈一把，張湯也從中分得一半。您的英明還沒來得及惠及百姓，已經讓這兩小子賺得盆滿缽流了。

　　武帝於是找到張湯，試探他的口氣：我有件事情老想不明白。為什麼每次我準備提出的經濟政策，商人總能事先做好準備，好像有人把我的想法告訴了他們一樣。張湯馬上順著皇帝的意

思說：那一定是有人洩密了。

緊接著，另一個酷吏咸宣也來告狀了，他揭發的還是張湯。咸宣說：

皇上！張湯和御史李文有矛盾，張湯的親信魯謁居就寫匿名信污衊李文，導致李文抱屈而死。作為答謝，魯謁居生病時，張湯還親自到他家中為他做足療。請明察！

「眾口鑠金，積毀銷骨。」雖然此前，三位代理長史的告發已經令武帝大吃一驚，但還是將信將疑，並未打算深究。然而，隨著有關張湯的負面新聞不斷曝光，漢武帝也坐不住了。於是，先後派出八批使者輪番審問張湯。張湯拒絕承認自己有罪。

這一次，審問張湯的是酷吏趙禹。趙禹意味深長地對他說：張兄怎麼這麼糊塗呢？你平生辦案，使多少人家滅族？還不知道其中的利害？如今有人告你，件件證據確鑿。皇上如此興師動眾，你又何必苦苦狡辯呢？（禹至讓湯曰：君何不知分也！君所治夷滅者幾何人矣！今人言君皆有狀，天子重致君獄，欲令君自為計，何多以對簿為？）

張湯聽了趙禹的話，恍然大悟。是啊，君要臣死臣不得不死啊。於是要求給漢武帝寫信。信中說：張湯沒有尺寸之功，從文書小吏起家，得陛下寵幸，位列三公；如今我卻辜負了皇上的期望，只好先走一步了。然而，您要知道，是丞相的三位長史陷害我。張湯寫完信後就自殺了。

張湯死時，家產總值不超過五百金，都是俸祿和皇上的賞賜，並沒有其他產業。張湯兄弟和兒子們想厚葬張湯，張湯的母親卻說：張湯是天子的大臣，遭到誣告而死，何必厚葬？於是就用牛車拉著棺材，沒有外槨（外槨就是棺材外套的大棺材），弄到荒郊野外，草草下葬。

漢武帝有點動情了：沒有如此深明大義的母親，生不出這樣清

廉儉樸的兒子啊。同時，也深感張湯一案定有隱情。於是，再次深入追查，一樁冤案終於水落石出，三個長史全部被殺。（天子聞之曰：非此母不能生此子！乃盡案誅三長史。）丞相莊青翟此時已經被收監，想到自己前有文帝陵園的陪葬錢被盜失察之過，後有屬下三位代理長史陷害張湯，肯定難逃一死，於是也在獄中自殺了。

這就是武帝一朝「以死殺人」的冤案。此案的確離奇，僅靠張湯死前留下的一封信，竟然導致在他死後，漢武帝一口氣連殺丞相手下的三位長史，最後，逼得丞相也自殺了，一命換四命啊！

這封幾十字的遺書讓人不禁浮想聯翩。爲什麼張湯臨死前不給家人留幾句囑託，而一定要給皇上寫信呢？漢武帝因爲張湯「家產五百金」，就能判定三長史誣告？要證明自己清白，張湯大可不必自殺，讓皇帝查查自己的固定資產就行了。

作爲武帝一朝的首席酷吏，眞正讓張湯打碎幻想，決心一死的，正是趙禹那句：君何不知分也！（你難道不知道其中的分寸！）

積怨致冤

看起來，這樁「以死殺人」案已經眞相大白。可是，張湯陷入了什麼樣的鬥爭漩渦，促使丞相莊青翟手下三位長史聯名告狀，置之死地？同爲酷吏的咸宣爲什麼一定要「手足相煎」，壓上張湯之死的最後一根稻草？冤案背後究竟隱藏著什麼樣的玄機？

原來這是多起連環事件引發的「案中案」。

事情緣起漢文帝陵園中的陪葬錢被盜。本來，丞相莊青翟和御史大夫張湯應當對此事負有責任。二人事先商定，上朝時一起向漢武帝認個罪，請求從輕發落就好了。但是，面見漢武帝的時候，張湯突然變卦。張湯認爲：丞相本應每個季度去巡視一次陵園，現在

出了問題，丞相該負全責，跟我無關。

漢武帝派張湯去查這個案子。張湯最初只想不承擔責任以求自保；但是，隨著事態發展，張湯便想借此機會治丞相莊青翟一個知情不報、有意放人的罪。

丞相莊青翟一下子成了被告，心中很是鬱悶。莊青翟手下的三位長史原來就非常恨張湯，現在一看丞相遭殃，便想找個理由反制張湯。

三長史中第一個是朱買臣。朱買臣熟悉《楚辭》，深得漢武帝欣賞，後來從侍中升遷為中大夫，成為漢武帝「內朝」的重要成員之一。而那時，張湯還只是個跪在朱買臣面前聽候差遣的小官。後來，張湯高升，成了朱買臣的長官。在審理淮南王案件時，張湯竟排擠自己的恩人莊助，朱買臣對此非常不齒。

等到張湯當了御史大夫，朱買臣也從會稽太守的任上調任主爵都尉（主管列侯），進入九卿之列。但是，幾年以後，朱買臣因為犯法被罷官，做了丞相府的代理長史。而丞相府的另外兩位長史王朝和邊通，也都是「落魄的鳳凰不如雞」，原來官階都比張湯大，卻都被貶留在丞相府任長史。這三位長史自尊心強，而張湯只要抓住機會，就羞辱他們。

這次，三長史一定要出口惡氣，於是對丞相說：張湯出爾反爾，現在又大炒陵園被盜一事，他不過是想取代您的位置。您放心，他辦不到！他有把柄在咱們手上。於是，三長史抓了張湯的商界朋友田信等人。

接著三長史給漢武帝寫奏章，於是有了前面所講的漢武帝向張湯質詢國家商業機密是否洩密一事。

漢武帝認定張湯欺詐，除了三長史上書，還有咸宣告發。那麼，咸宣告發張湯又是因為什麼呢？這其中還牽扯什麼恩怨瓜葛呢？

　　原來，河東（今山西夏縣）人李文曾經和張湯有隙，後來，李文當了御史中丞（御史大夫的屬官），便多次從御史臺的文書中尋找可以打擊張湯的資料，且不留任何餘地地加以使用。張湯有個下屬叫魯謁居，為了給上司出氣，派人向漢武帝寫了一封匿名信，告李文有不法之事。正好，漢武帝分派張湯審理此案，就藉機殺了李文。張湯對魯謁居的好意也是心知肚明。

　　後來魯謁居有病，張湯登門探望，還親自為他做足療按摩，這件事不巧被趙王劉彭祖知道了。

　　趙王為什麼關心張湯給魯謁居做足療這件事呢？

　　元狩四年以後，漢朝施行鹽鐵官營，不許地方諸侯和私人從事鹽鐵經營；而趙國以冶煉鑄作為支柱產業，趙王劉彭祖屢次尋釁滋事，張湯因此常常在朝堂之上打擊他，趙王於是四處搜集張湯的隱私。

　　趙王抓住了張湯為魯謁居做足療這件事，上書告發，張湯身為大臣，他的下屬魯謁居有病，竟然親自為他做足療，太反常了。我懷疑他們倆一定做了什麼大壞事。（湯大臣也，史謁居有病，湯至為摩足，疑與為大奸事。）

　　漢武帝將這件事交給廷尉審理，魯謁居已經病亡，案件牽涉到魯謁居的弟弟。於是，廷尉就把魯謁居的弟弟關押在導官。張湯湊巧到導官審理案件，看見了魯謁居的弟弟，就想暗中相救，所以，表面上假裝不認識魯謁居的弟弟，也不去看他；但是，魯謁居的弟弟不知道張湯的想法，心中怨恨張湯無情，等不及張湯出手相救，就派人上書，將張湯和魯謁居合謀陷害李文一事抖了出來。案件落到咸宣手中，咸宣自然不會輕輕放過，案情終於水落石出。

　　三長史舉報張湯洩漏國家機密，咸宣告發張湯謀害大臣，漢武帝終於認定張湯是欺詐之徒。於是回到了我們開篇所講的張湯自殺。這就是「以死殺人」案的始末。

張湯謀害丞相莊青翟，凌辱三長史，積怨太多；枉殺李文，法理不容。張湯之死雖為冤案，但自身人品太差，終至惡報。

酷吏能臣

除去清廉的外衣，真實的張湯究竟是一個什麼樣的人呢？

據司馬遷《史記・酷吏列傳》的記載，張湯是杜縣（今西安市）人，他的父親是長安縣的縣丞（主管縣中司法）。

張湯還是小孩的時候，一天，他的父親外出，留下他看家。父親回來後，發現家中的肉被老鼠偷走了，就把張湯揍了一頓。張湯也很窩火。於是，他在屋裡找鼠洞，找到了偷肉的鼠和被偷的肉，「鼠贓並獲」。然後，小張湯坐在堂屋中間，從拷打審問老鼠開始，記錄審訊過程，宣布判決書，最後當堂定案，把老鼠分屍處死。整套程式環環相扣，一絲不亂！

張湯的父親目睹張湯審鼠全過程，大為震驚。「三歲看老」，他意識到這個人小鬼大的小兒子是塊做獄吏的料，於是，讓他學習判案的文書。

父親故去後，張湯當了很長一段時間的長安縣小吏。

不久，張湯因為工作出色，調任茂陵（漢武帝的陵園）尉，主持陵墓的修建，開始了他的宦海生涯。

我們知道，張湯從小就是一個做事有步驟、頭腦很精明的「鬼靈精」，如今步入仕途，他又將怎樣規劃自己的仕途呢？

投靠權門

張湯起家緣於善待田勝。田勝是漢武帝的舅舅。田勝因事入獄，張湯竭力討好他，隨後他並得到其兄丞相田蚡的提攜，進入中央政府，做了內史（主管京城治安的「首都公安局長」）。後來，張湯受到田家兄弟強力推薦，被漢武帝任命為御史。

嚴刑峻法

張湯一直在司法部門工作，他處理案件不是實事求是，而是力圖株連旁人，執行酷吏政治，最典型的莫過於處理陳阿嬌的巫蠱案件。對阿嬌事件，漢武帝很惱火，但阿嬌是長公主的女兒，又是自己的親表姊，漢武帝尚有網開一面的意思。張湯洞悉聖意，除了放過陳阿嬌，對其他涉案人員，極盡株連之能事，致使長安城數十豪門家破人亡。

因處理陳皇后（阿嬌）巫蠱事件有功，張湯被漢武帝譽為能臣（治陳皇后蠱獄，深竟黨與，於是上以為能），後任太中大夫，負責和趙禹一塊兒制訂嚴刑峻法，控制官員。

司馬遷慘遭李陵之禍，深知酷吏之害；所以，對張湯肆意株連的行徑，他不吝揭露。司馬遷清醒地認識到，酷吏依循的並非律法，而是帝王的意志。

迎合武帝

張湯得到重用，從根本上講是得到武帝的欣賞。一個刀筆小吏，如何得到漢武帝的器重和欣賞呢？張湯自有一整套「作戰計畫」。

一是奉迎漢武帝尊儒。

武帝打儒家旗號，引法家之實的一套把戲，有三個大臣看得很清楚，一是公孫弘，二是張湯，三是汲黯。公孫弘正因為會迎合漢武帝「尊儒愛法」，所以後半生踏上星光大道、順風順水。

張湯也巧妙地利用了漢武帝的這個心思。張湯判決大案之時，往往想方設法附會儒家學說，並且聘用一些攻讀《尚書》、《春秋》的博士弟子補為廷尉的文秘，負責檢查平反疑案。（是時上方鄉文學，湯決大獄，欲傅古義，乃請博士弟子治《尚書》、《春秋》補廷尉史，亭疑法。）漢武帝看著十分滿意。

二是奉迎武帝自尊。

　　尊儒只是做給世人看的。漢武帝氣吞宇內，最欣賞的還是自己。司馬遷慘遭李陵之禍，根本原因是傷害了漢武帝的自尊。張湯可不是司馬遷，他有的是小聰明。

　　張湯判案，往往事先向武帝剖析案情。漢武帝認為對的，他就記錄下來，作為以後判案的法令，並且廣而告之，宣傳武帝的英明。如果武帝批評他，他馬上認錯：下屬也提過類似意見，就像皇上責備我的那樣，我沒有採納，真是愚蠢。

　　張湯處理案件，有四種模式：

　　其一，如果他認為是漢武帝想嚴辦的人，他就交給執法嚴酷的人去審理；

　　其二，如果他認為是漢武帝想寬恕的人，他就交給執法寬鬆、公平的人去審理；

　　其三，如果他審理的是豪強，他一定要想著法子予以重判；

　　其四，如果審理的對象是平民百姓，他常常向漢武帝口述，雖然按法律條文應當判刑，還是請皇上明察裁定。於是，皇上往往就寬釋了張湯所說的人。

　　可見，張湯審案，完全是揣摩漢武帝的心理傾向辦案，毫無執法的公平性可言。

　　不過，張湯多少有些草根情結，對於一般平民，相對比較寬宥。但是，他對於豪強的打擊，不能片面、天真地看作是劫富濟貧、平民思維；他之所以如此，根本還是為了取悅漢武帝。

　　三是奉迎武帝的對匈用兵。

　　張湯是漢武帝對匈作戰的堅定支持者，並借此為自己撈取政治資本。

　　一次，匈奴的使者來請求和親，漢武帝召集大臣們商議此事。有一位叫狄山的博士率先發言：和親有利。漢武帝問他：利在何處呢？狄山回答：武器是兇器，不能屢屢動用。如今皇上興兵攻

打匈奴，國庫空虛，邊地的百姓困苦不堪。由此看來，用兵不如和親。（今自陛下舉兵擊匈奴，中國已空虛，邊民大困貧，由此觀之，不如和親。）

漢武帝一聽，這不是擺明了挑脫的不是嗎？於是想利用張湯還擊他。張湯不緊不慢地說，這是愚蠢的儒生之言。如果狄山就此住嘴也就沒事了。偏偏狄山並不示弱，反唇相稽：我固然是愚忠，但是，御史大夫張湯卻是偽忠。張湯處理淮南王、江都王兩案，嚴刑峻法，離間骨肉，使天下諸侯都惶恐不安。

「打狗還要看主子」啊！漢武帝臉色大變，問狄山：我派你守一個郡，你能阻擋住匈奴入侵嗎？狄山說：不能。給你一個縣呢？狄山回答：不能。武帝又問：給你一個邊地要塞呢？狄山想：如果自己辭窮而無法回答，一定會被投入獄中。只好硬著頭皮說：可以。於是，漢武帝派博士狄山到邊地駐守一個要塞。過了一個多月，匈奴攻下要塞，砍下狄山人頭。消息傳來，群臣震懾，再沒有人敢反對用兵匈奴。（山自度辯窮且下吏，曰：能。於是上遣山乘障，至月餘，匈奴斬山頭而去。自是以後，群臣震懾。）

四是奉迎漢武帝的財政改革。

對匈作戰造成國庫空虛，財政危機讓漢武帝頗為頭疼。

張湯看準了漢武帝的這一大心病，力主進行財政改革：一是進行更換貨幣，二是鹽鐵國營，三是徵收資產稅。同時，嚴厲鎮壓趁改革之便大肆貪污的各級官僚。這一時期，張湯一上朝就跟漢武帝大談財政改革，一談就是一天，太陽落山了，皇上都忘了吃飯。丞相此時倒成了一個擺設，國家大事都取決於張湯。（湯每朝奏事，語國家用，日晏，天子忘食。丞相取充位，天下事皆決於湯。）

當然，財政改革的許多具體措施並不出自張湯，但是，如果沒有張湯在漢武帝面前的大力鼓吹，沒有張湯對貪官的嚴厲打擊，這

些措施都很難執行。

五是以頂撞相迎合。

張湯也不是事事都順著漢武帝；偶爾也會頂撞抗議，但是，頂撞帶給他的不是漢武帝的反感，反而是更大更深的信任。

比如張湯審理淮南王、衡山王、江都王謀反的案件，一律窮追到底。漢武帝本想寬恕從犯嚴助和伍被，張湯和武帝爭辯：伍被是策劃謀反的人；嚴助是皇上親近寵幸的人，出入宮廷禁門的護衛大臣，竟然私交諸侯。如不嚴懲，以後就要亂套了。皇上只好同意。（嚴助及伍被，上欲釋之，湯爭曰：伍被本畫反謀，而助親幸，出入禁闥，爪牙臣乃交私諸侯。如此弗誅，後不可治。於是，上可論之。）

爲什麼張湯頂撞漢武帝，堅持己見，不但沒有引起漢武帝的不滿，反而還會受到漢武帝重用呢？

像漢武帝這樣剛愎自用的人，百依百順並非就能博得他的青睞。他需要被人時不時無傷大雅地挑戰一番。「無傷大雅」不是像狄山一樣，一根筋地觸犯他的基本尊嚴；而是讓他體會一點英雄惜英雄的豪情。其實，張湯的頂撞是爲維護漢武帝的中央集權服務，策劃謀反的人，私自與諸侯相交的大臣，從根本上說，都和漢武帝極力要維護的中央集權爲敵。張湯的堅持，表面上是和漢武帝過不去；實際上與漢武帝的根本利益相一致。因此，這種頂撞，讓漢武帝感到張湯是眞正的直臣、忠臣。

張湯病時，漢武帝親赴慰問，可見，張湯所受待遇，非比尋常。（湯嘗病，天子至自視病，其隆貴如此。）

22.童言無忌：

巧語勝直言　汲黯敗陣

　　能否想像這樣一對君臣：臣子不滿皇帝提拔後進，大大咧咧地就說：陛下用群臣就跟鄉下人垛柴禾一樣，越是後來的越要放到上面！皇帝呢，也懶得生氣：人哪，就是要多讀書，聽聽他都說了些什麼，越來越不像話！看著他們鬥嘴，誰都會忍俊不禁。君臣之間，誠惶誠恐哪裡去了？戰戰兢兢哪去了？是哪位明君有如此容人雅量？又是哪位直臣敢這樣放膽直言？

犯上不犯法

　　這個朝堂之上溫情一幕的兩位主角就是漢武帝和汲黯。一君一臣，一個剛愎自用，一個性倨少禮，是真心其樂融融，還是假意粉飾太平？

第一，汲黯抗旨。

　　封建時代皇帝的旨意必須無條件地執行，否則，就叫做抗旨；抗旨在封建專制制度下是殺頭之罪；但是，汲黯上演了好幾齣抗旨之戲。

　　第一次，建元三年（前138），閩越王（建都東冶，今福州市）進攻東海王（建都東甌，今溫州）。原來，當年吳王劉濞發動吳楚七國之亂時，東海王也是同謀，後來，吳王劉濞兵敗，東海王乘機將其誘殺，將功贖過，得到了劉啟的寬恕；因此，劉濞的兒子鼓動閩越王進攻東海王，以報當年殺父之仇。

漢武帝得知東越相攻，派汲黯去視察。汲黯走到吳地（今江蘇蘇州，當時的會稽郡郡治）就打道回京了。他向漢武帝滙報：越人之間的打打殺殺，是他們的習俗，根本不值得大漢天子的使者前去。我們要連這種事也管，就太掉價了。

對皇上布置的任務挑三揀四，汲黯膽子真不小。

漢武帝是什麼反應呢？史書沒有記載，不過，汲黯還有第二次抗旨；看來，至少漢武帝沒有給予汲黯刻骨銘心的懲罰。

第二次，河內郡（郡治在今河南武涉縣）發生大火災，燒了幾千戶人家，漢武帝仍派汲黯去視察。汲黯回朝向漢武帝報告：由於房屋密集，燒了不少人家，不過不值得皇上憂慮。我路經河南郡（郡治今河南洛陽），眼見當地百姓受水旱之災，災民多達萬餘戶，甚至發生父親吃兒子的慘劇。我未經您准許，以欽差大臣的名義，打開河南郡的國家糧倉，賑濟當地災民。現在我交回符節，情願接受假傳聖旨的罪名。

假傳聖旨，其罪當斬啊！口氣還這麼衝！皇帝該做什麼不該做什麼，一個謁者還要指手畫腳。這回汲黯罪該嚴懲了吧？

事實是，漢武帝沒有一句責怪，免了汲黯假傳聖旨之罪，還調任他為滎陽縣縣令。

汲黯在武帝身邊是個謁者，調他任縣令是升遷，但是，汲黯「恥為令」，藉口有病把官辭了。漢武帝又將他調回身邊，任命他為太中大夫。

奇怪！武帝一向血氣方剛，怎麼突然變得如此忍讓？一句「不足以辱天子之使」就抬舉了大漢天子，讓武帝順了氣？擅自開倉放糧是為天子分憂解難，所以武帝就大事化小？

或許武帝的意思是，這個汲黯，脾氣是臭了一點，刺兒也比別人多，不過，好歹也是在為大漢辦實事，結果是好的。何況，都是小事，與大政無關。

但是，汲黯也反對過大政方針，而且還是武帝最為得意的政績。

第二，汲黯批評漢武帝對匈奴作戰。

漢武帝在位54年，對匈奴作戰達44年。對匈奴作戰是漢武帝畢生致力之大業。

汲黯對對匈作戰一貫持反對態度，因此，一有機會，就向漢武帝提出和親。（是時，漢方征匈奴，招懷四夷。黯務少事，承上間，常言與胡和親，無起兵。）

就因為對匈作戰，汲黯和漢武帝在一年之中鬧了兩次。

第一次是元狩二年（前121）秋，匈奴渾邪王因屢戰屢敗，擔心自己被大單于誅殺，乾脆率部向漢朝投降；這是漢武帝對匈作戰以來，第一次接受匈奴大規模投降。漢武帝非常重視，準備用兩萬輛車去迎接。古時一車四馬，兩萬輛車需八萬匹馬。但是，連年戰爭已使漢朝不堪重負，國家只好向百姓借馬。百姓哪裡捨得？紛紛將馬藏起來，兩萬輛車遲遲不能到位。

漢武帝非常惱火，準備處死完不成任務的長安縣縣令。

汲黯對漢武帝說：長安縣的縣令沒有罪，只有殺了我汲黯，百姓才願意將馬獻出來。此時汲黯擔任右內史，長安縣令是他的屬下，汲黯站出來為下屬承擔責任。他又說，朝廷只需讓人沿途準備車馬，就可將他們接到長安。怎麼能夠鬧得全國騷動，讓全國百姓都去侍奉匈奴降者呢？

這話非常尖銳，而且和漢武帝的意見完全相左；但是，漢武帝沉默不語（上默然），並未降罪汲黯。

第二次是渾邪王率部入住長安後，出了件大事震驚朝野：因與匈奴投降者做生意，五百多名商人被判死刑。漢法規定：不能和匈奴人私自做生意。而不少漢族商人想當然地以為長安的匈奴降者例外，故涉案者眾多。

汲黯對漢武帝說：我們本該將匈奴人賞給烈士家屬爲奴，以慰死者。即便做不到那樣，也不該拿老百姓的血汗錢養活他們，把他們當寵兒一樣。再說，百姓怎麼知道與匈奴人做生意是死罪呢？陛下此舉，是保了樹葉而傷了樹枝啊！

漢武帝沉默良久，沒有答應汲黯的要求。汲黯走後，漢武帝感慨地說：我很長時間沒有聽到汲黯說話了，今天又聽到他說昏話。（上默然，不許。曰：吾久不聞汲黯之言，今又復妄發矣。）

第三，汲黯抨擊漢武帝的寵臣。

在〈以死殺人〉裡面講到，迂腐的狄山就是忘記了「不可批評皇帝的紅人」這一爲官大忌，向張湯開炮，觸怒武帝，自取滅亡的。那麼，汲黯這一炮又是怎麼打的呢？

張湯任廷尉（最高司法長官）後，著手變更漢初的法律。一次，汲黯當著漢武帝的面斥責張湯：你身爲國家正卿（正部級幹部），上不能弘揚先帝功業，下不能遏止百姓邪念。相反，明知不對你還非要做，爲的就是成就自己的「事業」，尤其不能容忍的是，你怎麼敢把高祖皇帝定下的法令亂改一氣呢？你這樣做，早晚會斷子絕孫（非苦就行，放析就功，何乃取高皇帝約束紛更之爲？公以此無種矣）。罵街的話都出來了。汲黯深諳戰鬥要訣：我先扯下臉了，就無畏了，你敢扯下臉皮，就放馬過來。結果，汲黯得勝而歸。

汲黯經常和張湯吵架，張湯愛在細節上雄辯滔滔，汲黯則在大問題上堅持原則。汲黯說不服張湯，怒不可遏地罵張湯：天下人都說，不能讓刀筆吏出身的人居公卿之位，果眞如此。如果依你訂的法律，天下人都會嚇得腿也邁不開，眼睛也不敢向前看！（黯時與湯論議，湯辯常在文深小苛，黯伉厲守高不能屈，忿發罵曰：天下謂刀筆吏不可以爲公卿，果然。必湯也令天下重足而立，側目而視

矣！）

汲黯罵到了張湯的痛處。

第四，汲黯揭露漢武帝的表裡不一。

漢武帝外儒內法，有三位大臣看出來了，但對策各不相同：

公孫弘看出了，他創造性地以公羊派《春秋》闡釋法律（習文法吏事，而又緣飾以儒術，上大說之），因此，大得漢武帝歡心。

張湯也看出來了，於是發明了以儒學斷案的新方法，同樣深得漢武帝讚賞。（是時上方鄉文學，湯決大獄，欲傅古義，乃請博士弟子治《尚書》、《春秋》補廷尉史，亭疑法。）

公孫弘和張湯都是精明人，他們利用漢武帝的外儒內法，為自己撈取了雄厚的政治資本。

汲黯也看出來了漢武帝的外儒內法，但是，他不但沒有迎合，反而毫不客氣地指出：陛下心裡欲望極多，表面上還要侈談仁義，那樣如何能效法唐堯虞舜呢？（天子方招文學儒者，上曰：吾欲云云。黯對曰：陛下內多欲而外施仁義，奈何欲效唐虞之治乎？）

漢武帝自尊大挫，一聲不吭，怒氣沖沖地退朝了。漢武帝回宮後，對侍從說：汲黯鬧得太過分了！（上默然，怒，變色而罷朝，公卿皆為黯懼。上退謂左右，曰：甚矣！汲黯之戇也！）

這一次汲黯的確有些過分。官場之事，「只可意會不可言傳」，何況是對當今聖上？他「言傳」了還不夠，還那麼露骨，什麼「骨子裡要法家，面子上要儒家」。汲黯不懂批評藝術，或者也不是不懂，而是唯恐繞彎子別人聽不明白，有點存心的意思。

氣壯理不直

話說回來，汲黯的批評，讓漢武帝能聽到不同的聲音，對漢武

帝是有益的。但是，汲黯的批評果真字字珠璣，句句在理嗎？

對汲黯的屢次批評應當具體分析。

關於兩次抗旨。

第一次，東越相攻，漢武帝派汲黯視察，打算進行干預，此舉體現了漢武帝的大國意識。汲黯不理會，堅持華夷之辨——越人跟咱們不同，就是好鬥，讓他們去打打殺殺，跟大漢有何相干？

第二次，河內大火，漢武帝又要汲黯前往，體現君主對百姓的關愛，但汲黯竟然置之於不顧。雖然河南矯詔救災值得稱道，但河內百姓的生命難道不重要嗎？置一地百姓於不顧，對另一地百姓備加呵護，那是怎麼回事呢？

兩次抗旨，汲黯做得都有缺失，只是漢武帝對汲黯比較寬容。

關於處理匈奴降者。

如何處置這四萬多匈奴降者，確實是一難題；處理不妥，會帶來很大的後遺症。漢武帝開始將渾邪王部四萬餘人遷到長安，最後，安置在河套地區新組建的朔方郡。應當說是決策英明。

汲黯建議將匈奴降者賞給烈士家屬為奴，明顯不妥。民族矛盾不可能採取睚眥必報的方式來處理，這種提議只能增加民族間的仇恨，不利於漢匈和諧相處。

明君惜直臣

既然汲黯的道理本身有漏洞，又屢屢對漢武帝高唱反調，漢武帝為什麼能一忍再忍呢？

其一，漢武帝看到汲黯的鯁直和忠誠。

汲黯兩次抗旨，多次「逆龍鱗」（古代稱皇帝為龍的子孫，「逆龍鱗」就是拔掉龍身上的鱗片，用來比喻觸犯皇帝），漢武帝

都沒有降罪。這是武帝的英明，也是汲黯的幸運。

　　不是每位大臣都有這種幸運！司馬遷一言不當，慘遭宮刑；狄山稍有出格，沙場送死；汲黯當面揭露漢武帝，漢武帝對汲黯一是「上默然」，二是「上默然」，至多是「上默然，怒，變色而罷朝」。漢武帝是什麼脾氣？閻王脾氣！說殺就殺。汲黯夠幸運的了！

　　漢武帝執政54年，他能容忍的僅汲黯一人。

　　看看武帝是怎麼回應汲黯的「咄咄逼人」？「我很長時間沒有聽到汲黯說話了，今天又聽到他說昏話了。」「人不能不讀書，聽聽汲黯都說的些什麼，越來越不像話！」如此親切，就像對待一個率性而為的孩子。汲黯的放肆無禮，漢武帝都當做童言無忌，誰會和一個孩子計較呢？

　　可貴的是，漢武帝不採納汲黯的意見，並不認為汲黯不忠誠、不可用。換作呂后，別說一個汲黯，十個汲黯也殺光了。劉邦在世時，周昌是一介直臣，到呂后專權，直臣周昌不見了，為什麼？有什麼樣的上司，就會有什麼樣的下屬！一個殺人魔王手下出現直臣，基本不可能！

　　漢武帝沒有降罪汲黯，但也不會重用汲黯。汲黯是景帝朝的舊臣，出道比公孫弘、張湯早得多，汲黯位列九卿時，公孫弘、張湯僅為小吏；後來，公孫弘、張湯爬上來，和汲黯並列九卿；再往後，公孫弘當了丞相，封平津侯，張湯當了御史大夫，任副丞相；原來汲黯手下的人還超過了他。汲黯滿腹牢騷地對漢武帝說：陛下用群臣就像垛柴禾，越是後來的越要放到上面（陛下用群臣，如積薪耳，後來者居上），漢武帝照樣「上默然」，只是說：人不能無學識，聽聽汲黯的話，越來越不像話。（人果不可以無學，觀黯之言也，日益甚。）好像拂去薄塵，一笑而過。

　　其二，漢武帝看到了汲黯的原則性。

　　汲黯是一個非常有原則的人，漢景帝朝任太子洗馬時，就以「以莊見憚」，連漢景帝都感到有心理壓力。

　　有一次漢武帝坐在大帳之中，汲黯來上奏章。漢武帝當時沒戴帽子，害怕被汲黯看見，要挨批評。漢武帝趕快躲到內帳，立即恩准汲黯的奏章。（上嘗坐武帳中，黯前奏事，上不冠，望見黯，避帳中，使人可其奏，其見敬禮如此。）但是，漢武帝接見其他大臣就不是這個樣子。「見大將軍衛青，漢武帝踞廁而視之」；「廁」就是衛生間，漢武帝在衛生間裡接見衛青，說明漢武帝與衛青之交，相當隨意。同樣，丞相公孫弘在漢武帝休息時面見漢武帝，漢武帝連帽子都不戴。（丞相弘燕見，上或時不冠。）唯獨見汲黯，漢武帝不戴好帽子絕不敢見。（至如黯見，上不冠不見也。）君臣之間處到這個地步，既可笑又可敬。汲黯能成為漢武帝的風紀檢查官、形象督察員，不在於他言語犀利，義正辭嚴，而在於他無欲無求，敢豁出去。命可以不要，話必須直說。

　　其三，漢武帝認可汲黯的政治才幹。

　　眼不見為淨，漢武帝任命「刺兒頭」汲黯擔任東海郡（郡治今山東郯縣）太守。汲黯信奉黃老之學，為官處世，喜好清靜，他把事情交付給下屬處理，為政只督查下屬按大原則辦事，不苛求小節。他體弱多病，常閉門臥床。但一年多時間，東海郡便一片清平，百姓擁戴。漢武帝知道後，召汲黯回京任主爵都尉（主管侯國事務），享受九卿待遇。

　　後來，漢武帝認為淮陽（今河南淮陽）是楚地的交通要道，又調任汲黯為淮陽太守。汲黯趴在地上不願領命。汲黯傷心地哭訴：我原以為我死之前不能再見到陛下了，沒想到陛下還要任用我；但是，我病痛纏身，不能擔任地方官，能不能就在朝中做個中郎（侍從），當個顧問？漢武帝回答：愛卿是不是覺得淮陽這個地方太小？你先上任，我很快就會把你調回來。淮陽官民關係緊

張，我想借重你的名望，你身體不好，就躺在家裡處理政務吧。

汲黯到了淮陽，整個淮陽郡在他的治理下，政通人和，一片興旺。汲黯在淮陽做了七年，最後病死在淮陽太守任上。

其四，漢武帝認可汲黯是社稷之臣。

汲黯多病，常常一病數月。而漢法規定，臥病超過三個月就要免官。於是，漢武帝常常是在汲黯病了將近三個月的時候，又恩准他假期，讓他繼續休養，又保證汲黯不會免官。有一次，汲黯病得很重，莊助替他請假。漢武帝問莊助：汲黯是個什麼樣的人？莊助回答：要是讓汲黯在一般情況下當官，也顯示不出有多少過人之處；但是，如果讓他輔佐少主，他會一心一意，任何力量都不能動搖他。即使有人自稱是戰國時期的著名勇士孟賁、夏育，也不可能讓他改變主意。（其輔少主，守城深堅。招之不來，麾之不去，雖自謂賁育，亦不能奪之矣。）漢武帝頻頻點頭：是啊，古代有能與國家共存亡的忠臣，汲黯就是這樣的人啊！（上曰：然。古有社稷之臣，至如黯，近之矣。）

作為國家一把手的皇帝認可汲黯是「社稷之臣」，汲黯在官場中還會有什麼風險嗎？

汲黯有無政治風險取決於兩個因素：一是汲黯有沒有什麼毛病有可能被別人利用？二是汲黯會不會遭到權臣的暗算？

善於借刀殺人的公孫丞相出手了。

汲黯屢屢揭露公孫弘是偽君子，公孫弘能放過汲黯嗎？當然不能！公孫弘會怎樣陷害汲黯呢？

公孫弘向漢武帝建議，調汲黯任右內史。

右內史管轄的京城地區，住有諸多達官貴人和皇室宗親，公孫弘以此地難治為由，奏請選調有聲望的大臣汲黯擔此重任。公孫弘話是沒錯，但沒安好心。誰料，汲黯當了幾年右內史，政事處理得井井有條，並無貴戚鬧事。（上愈益貴弘湯，弘湯深心疾黯……弘

爲丞相，乃言上曰：右内史界部中多貴人宗室，難治，非素重臣不能任，請徙黯爲右内史。爲右内史數歲，官事不廢。）公孫弘的陰謀破產了。

當地那些難纏的權貴爲什麼沒有向汲黯叫板？

舉一個例子來解答這個問題：淮南王劉安準備謀反，最頭痛汲黯，劉安說：汲黯喜愛直言相諫，又固守臣節，甘願爲正義捐軀，很難用什麼手段誘惑他。至於遊說丞相公孫弘，就像揭掉一塊布或者把將落的葉子震掉那麼容易。（淮南王謀反憚黯，曰：好直諫，守節死義，難惑以非。至如說丞相弘，如發蒙振落耳。）可見，驕橫不法的淮南王都畏懼汲黯的剛直耿介。大抵是京城權貴素聞汲黯大名，才不敢尋釁滋事。

【武帝平叛】

23.淮南大案：

劉皇叔謀逆　恩怨久長

　　元朔五年（前124），淮南王劉安的中郎（侍從）雷被連夜逃奔京城長安，上書漢武帝，狀告淮南王對自己的迫害。茲事體大，漢武帝沒有半點馬虎，迅速將此事批轉給廷尉、河南郡聯合審理。淮南王劉安聞訊，立即密謀造反。

　　雷被到底有何冤情，只有天子才能爲其做主？淮南王難道罪不可恕，只能選擇造反？一椿家務事爲何牽動漢武帝徹夜輾轉？一腔書生意氣又怎樣引發一場諸侯叛亂？

兒子逞氣父失地

　　淮南王劉安的這場大難緣自太子劉遷（在漢代，不是只有繼承皇位的皇帝之子叫做太子，諸侯王的王儲也叫太子），那麼，淮南王太子怎麼會給父親惹來如此大難呢？

　　元朔五年（前124），劉遷學習舞劍，學了一段時間之後，自覺無人可敵。一天，他聽說父親的侍從（中郎）雷被劍術極爲高明，被譽爲淮南第一劍客；心裡很是不服，急召雷被前來比試，想透過打敗雷被，提升自己的江湖地位。

　　雷被聽說此事，進退兩難；他知道，如果贏了，以後還如何在淮南王手下做事？如果輸了，就毀了自己淮南第一劍客的英名，於心不甘。思來想去，只好回絕比賽。但劉遷不幹！不參加怎麼行？不參加，就是看不起本太子！最終，雷被硬著頭皮答應了。較

量中，雷被一再退讓，太子步步緊逼。一不小心，雷被刺傷了太子。太子勃然大怒，雷被一身冷汗，不知如何收場。

此時，正是衛青打贏漠南之戰，對匈作戰取得巨大勝利時。漢武帝下令，只要有人願意從軍，即可到京城報名，地方政府不得予以截留；否則，以抗旨論處。

雷被覺得，自己在淮南王手下混不下去了，決意到京城參軍，逃離淮南這個是非之地。而太子劉遷不依不饒，多次在父王劉安面前詆毀雷被。劉安令郎中令嚴厲訓斥雷被，撤了雷被的職務，還口諭：嚴禁中郎雷被入京從軍！淮南國人以此為戒：今後誰再惹是生非，休想以從軍為名一走了之！

雷被走投無路，只好拚死上京，告發淮南王。

淮南王劉安是漢高祖劉邦的孫子，而漢武帝是漢文帝的孫子，因此，劉安的輩分比漢武帝還要高出一輩，在劉姓宗室中是最高的，漢武帝會怎樣處置這位族叔呢？

漢武帝對吳楚七國之亂印象極為深刻。繼位之後，全力加強中央集權，削弱諸侯王勢力。元朔二年（前127），漢武帝採納主父偃的推恩策，將諸侯國逐步縮小。但是，推恩策不具強制性，有些諸侯國執行了，有些諸侯國並未執行，劉安的淮南國就沒有執行。因此，淮南王的一舉一動，漢武帝都看在眼裡，記在心上，從不馬虎。接到雷被的上訴時，漢武帝心頭一震。

「嚴禁雷被入京從軍」，這可不是雞毛蒜皮的虐僕事件。根據漢律，凡阻撓執行天子詔令者，應判處棄市死罪。漢武帝下令弄清事件真相。

淮南王劉安坐臥不安，非常緊張；後來，又聽說河南郡（郡治洛陽）要抓劉遷到洛陽受審，更是憂心如焚，不能讓寶貝兒子坐牢啊；便和王后商量，一旦河南郡來抓兒子，就舉兵造反。但是，謀反可不是件小事，淮南王猶豫了十幾天，遲遲沒敢動手。

　　壽春是淮南國的國都，壽春縣丞是淮南王任命的；而淮南王的國相是中央政府任命的，他見淮南王的太子遲遲沒有歸案，擺明了要偏袒淮南王；就抱怨壽春縣縣丞對抗中央命令，於是向中央政府舉報壽春縣丞。

　　中央勢力和地方勢力第一輪角力開始。

　　淮南王得知國相舉報壽春縣丞，便要求他取消彈劾。但是，國相不為所動。

　　淮南王一看事態有點失控，便搶先狀告國相違法。漢武帝令廷尉審理。案子一追就追回到了淮南王自己頭上。

　　緊接著，公卿大臣一致要求逮捕淮南王。

　　淮南王和太子商議：一不做，二不休，假如漢朝使者來抓人，就殺了漢使；同時除掉淮南國主管軍事的中尉，舉兵造反。

　　漢武帝雖想藉機一舉蕩平淮南國，但是，並不貿然一步到位。畢竟，淮南王是自己的長輩；即使不顧及叔叔的尊嚴，也要考慮自己的聲譽。於是，他先派一個中尉（主管京城治安）到壽春縣，向淮南王問明事情真相。

　　淮南王見中尉和顏悅色，只詢問雷被的情況，不提懲戒的事。因此，沒有格殺中尉。

　　中尉回朝，稟報調查結果，公卿大臣議論紛紛：要求處死淮南王。

　　漢武帝沒有採納朝臣的意見。

　　大臣們提出第二種處理辦法，削去淮南國五個縣，以示懲罰。這個意見漢武帝也只是部分採納，最後削去淮南國兩個縣。而且，仍然派前次去詢問情況的中尉，到淮南國宣布處罰。

　　淮南王只聽說自己死罪難逃，不知道最後的宣判其實是削地，便和太子劉遷商量，這一次再不能心慈手軟，一定要刺殺使者，起兵叛亂。誰料中尉一見淮南王，就連聲道賀，告訴淮南王死

罪得免，只削兩縣。劉安懸著的心又放回肚裡，中尉再次逃過一劫。叛亂不了了之。

有心無力欲翻盤

淮南王劉安觸犯漢法，其罪當誅，但是，漢武帝沒有將其一棍打死，而是給了他一個贖過的機會，淮南王會珍視這個機會嗎？他能從此一心向善，推行仁政嗎？

淮南王沒想到漢武帝會免自己一死，這當然是個驚喜。但是，驚喜也只是一剎那，事過之後，淮南王很快又極度不安，鬱悶異常。他認為，自己在諸侯王中輩分最高，一生「行仁義」，還被削了兩個縣，太不公了。

那麼，一天天感到不滿足的淮南王會怎麼樣呢？

從此陷入焦慮之中。凡是從京城回來的人，他都要仔細盤問一番，誰要是騙他，說皇上沒有孩子，朝廷政局不穩，他就非常興奮；誰要是說朝廷政局穩定，皇上有了兒子，淮南王就非常生氣：瞎說，不可信！

淮南王就在這種焦慮不安的仇恨中一天天煎熬著。

陷入焦慮狀態的淮南王劉安，一心想著叛亂。他召來手下最有軍事才能的門客伍被，商議叛亂之事。但是，伍被拒絕支持淮南王劉安的叛亂。

伍被的理由只有一點：叛亂不可能成功！

伍被為什麼認為淮南王的造反不能成功呢？

一是沒有民意支持。

伍被認為：當年，百姓無法忍受秦始皇的暴政苛法，早已積聚了巨大的反秦能量，所以陳勝、吳廣振臂一呼，天下立即響應；如今，武帝雖然窮兵黷武，但國富民強，民間毫無反政府的情緒。

二是力量太懸殊。

吳楚七國叛亂初起之時，力量相當強大，但是，造反最終沒有得逞，何況一個小小的淮南國？與中央政府相比，雙方力量懸殊，不可能成功。

的確，無「勢」、無「力」，如何成事？可以守勢、可以趁勢、可以造勢，但前提必須有「勢」；可以借力、可以蓄力、可以發力，前提必須有「力」。有想法無辦法，不如讓它作罷。

伍被的意見是對的，只是淮南王此時聽不進去。

常言道禍不單行。削地一事剛了，一張狀告淮南王的御狀又送呈到漢武帝面前。

那麼，這一次告御狀的是誰？他又是為什麼告淮南王劉安呢？

這次擊鼓鳴冤的，居然是淮南王劉安的親孫子劉建。

為什麼孫子會告爺爺的御狀呢？

其一，其父受侮。

淮南王有兩個兒子，庶長子是劉不害，但是，淮南王、淮南王的王后、太子劉遷都不喜歡他；不僅不喜歡他，還經常欺負他。劉不害性情窩囊，對這些不公正的待遇並沒有太大反應；而劉不害的兒子劉建可不一樣了。劉建有才華，有血性，他看不慣淮南王、王后、太子對父親的蔑視，心中常常憋著一腔不平之氣，伺機討回公道。

其二，不得封侯。

漢武帝於元朔二年採納主父偃的建議，頒布推恩策；這樣，不僅是繼位的嫡長子，其他兒子也能裂土封侯。漢武帝的原意是讓諸侯國越分越小，小到難以對抗中央政府。而這個政策在劉建眼裡，就是一次改變命運的大好時機。一旦裂土封侯，父親劉不害就可以封侯，自己再也不用在劉安眼皮底下天天受氣。

然而，淮南王劉安拒不執行推恩策，劉建的太子夢泡了湯，於是恨意大生。

劉不害雖然庶出，好歹也是長子，卻一無所有。弟弟劉遷因為嫡出，就位居太子，呼風喚雨，備受寵愛。親兄弟的身分、地位如此懸殊，劉建的心裡能平衡嗎？當然不能！（不害有子建，材高有氣，常怨望太子不省其父；又怨時諸侯皆得分子弟為侯，而淮南獨二子。一為太子，建父獨不得為侯。）

其三，計畫敗露。

劉建不像父親劉不害那般忍氣吞聲，他極力結交有才之士，想扳倒太子劉遷。這樣，自己的父親就可以順理成章取而代之，成為太子。但是，劉建行事不嚴密，很快為太子劉遷察覺。

劉遷驕橫跋扈，怎麼容得下侄兒這等心機？立即將劉建抓起來，嚴刑拷打。

這一拷打，家庭矛盾上升為敵我矛盾，叔侄（太子和劉建）關係迅速惡化，劉建只好鋌而走險。

元朔六年（前123），也就是雷被狀告淮南王的第二年，劉建派人進京，告發太子劉遷。

劉建告狀主要是三件事：

一是自己受迫害；

二是父親受迫害；

三是淮南陰事。

這三椿事，第一、第二件，雖屬家事，但是，皇族家事就是國事，中央政府有權查辦。第三椿事最為厲害。所謂「淮南陰事」，即淮南王劉安見不得人的事。劉安最見不得人的事是什麼？是謀反。劉建知道太子曾多次謀劃刺殺漢使，此事確有致命的殺傷力。

漢武帝將此案交丞相公孫弘主持，河南郡負責查辦。

此時，呂后當年的親信、辟陽侯審食其的孫子審卿和公孫弘私交甚好，審卿與淮南王劉安宿怨頗深。於是，他極力羅織罪名；公孫弘更懷疑淮南王有叛亂之心，辦得格外認真。

劉安非常慌亂，又想發動叛亂，找到伍被商量，伍被還是老意見：當今諸侯無異心，百姓無怨氣，人心思定，如果貿然行動，必然是「逆天道而不知時」，肯定不能成功。劉安進退兩難：起兵，勝算幾乎沒有；不起兵，陰謀即將敗露。

劉建本來只想除掉太子劉遷，讓自己的父親當上太子。他萬萬沒有想到，這一狀竟將自己的爺爺送上不歸路。

伍被力阻不成，便向淮南王獻出一條借力打力的謀反之計：

第一，偽造皇帝聖旨，遷徙三種人充實邊地。

當時，朔方郡組建不久，人口不多，伍被要遷徙的三種人：一是各地的豪強俠士，二是判處耐罪（兩年以上刑期）以上之人，三是家產在五十萬以上之人；而且，要急催他們出行，逼得他們走投無路。

第二，偽造中央司法部門關於逮捕各地諸侯的太子、倖臣的文件。

伍被這一計謀，想透過作偽，導致民怨沸騰，諸侯恐懼（如此，則民怨，諸侯懼），天下大亂，淮南王劉安好藉機舉事。

司馬遷在《史記·淮南衡山列傳》中兩次用大段文字書寫伍被不贊成淮南王劉安謀反的說辭，幾乎占《史記·淮南衡山列傳》近一半的篇幅，表現了司馬遷對伍被說辭的欣賞，對劉安破壞大一統局面的不滿。伍被言論的中心就是，武帝時期百姓對中央政權的心態，與秦末百姓希望推翻暴秦的心態截然不同，因此，叛亂絕無成功可能。

「借力打力」著眼於製造政局危機，激化社會矛盾，挑起人心轉向。但是，劉安既聽不進伍被不能謀反的話，也聽不進伍被借力

打力之計。（此可也。雖然，吾以爲不至若此。）他自有謀略：

一是偽造印信。

劉安這次是動了眞格，上至皇帝的玉璽，丞相的大印，下至各地縣官的官印，整套克隆。

二是安排臥底。

劉安派人偽裝獲罪逃到京城，在大將軍衛青和丞相公孫弘的府中臥底，一旦事發，立即刺殺衛青，逼降公孫弘。

三是策劃調兵。

武帝時期，諸侯國的軍隊由國相、內史、中尉三人掌管，三人之中有一人不同意，即不能調兵。淮南王擔心國相等人不服從；於是，他和伍被商議了兩種調兵方案：

第一，謀殺國相等淮南國的高官，篡奪兵權。具體的方案是：偽裝宮中失火，等國相、二千石高官來宮中救火，立即殺死他們。（偽失火宮中，相、二千石救火至，即殺之。）

第二，偽造南越兵入侵的假消息調兵：偽稱南越入侵，藉機派兵，掌握軍權。（持羽檄，從東方來，呼日，南越兵入界，欲因以發兵。）

我們可以比較一下兩套方案：伍被主張先做勢，待塵埃四起之時，登高一呼，他是做長線，謀全局；劉安主張畢其功於一役，他是做短線，搞投機，難怪謀事不成。

書生造反終不成

然而，這一系列措施緊鑼密鼓籌劃之際，事情卻迅速敗露，轟轟烈烈的淮南王叛亂胎死腹中。

究竟是什麼原因導致淮南王瞬時失利呢？

禍起蕭牆

　　導致淮南王叛亂敗露的原因有三：一是門客雷被告狀，二是孫子劉建告狀，三是主謀伍被告狀。雷被和伍被是他手下的「八公」（八位門客）之一，劉建是他的孫子。雷被告狀，敲響了淮南王的喪鐘；劉建告狀，再起波瀾；伍被投案，供出全部詳情。這是典型的「眾叛親離」啊！

　　案發後，太子、王后立即被捕，王宮被圍，參與謀反的人全部被抓，各種叛亂的器物也被查抄出來。漢武帝派宗正（主管皇族事務）手持符節，審判淮南王。

　　宗正還未走到淮南國，淮南王已自刎而死。王后荼、太子劉遷和所有謀反之人一概被滅門。

寡謀少斷

　　劉安喜愛讀書鼓琴，曾經召集門客編撰了《淮南子》一書（淮南王安為人好讀書、鼓琴，不喜弋獵狗馬馳騁），世代傳誦。從本質上講，劉安是一介文人，屬於「秀才造反，三年不成」的類型。

　　劉安準備起兵的時候，曾經擔心太子妃洞察內幕，走漏風聲，於是授意太子，三個月不和太子妃同床共寢，藉口休掉太子妃。之後淮南王假裝大怒，把太子和太子妃關在一起三個月，太子仍然不和太子妃親近。太子妃只好請求離去，淮南王上書道歉，將太子妃送回京城長安。

　　由此看來，淮南王準備叛亂的時間是很充分的；但是，在是否真正起兵一事上，淮南王非常猶豫，屢屢決而不斷。

　　雷被事件中，河南郡打算逮捕太子劉遷，劉安想叛亂，但一度舉棋不定（計猶豫十餘日，未定）；中尉至淮南國宣布削地時，劉安本來準備謀殺中尉後舉事，中途又停了下來。

　　劉建事件發生，淮南王得知中央政府的廷尉到來，便通知國相、二千石高官進宮，準備將中央政府任命的高官一網打盡。但

是，前來的只有國相，內史出差在外，中尉以迎接廷尉爲由推辭不來。劉安只好放棄這一謀殺計畫。

太子劉遷自以爲罪不過謀殺淮南國的中尉，參與密謀的人也都死無對證；因此，還打算跟廷尉進京，聽候發落。

正當此時，伍被自首，徹底打亂了劉安的所有計畫。

整個叛亂，劉安心有不甘、手有不忍，優柔寡斷，終至失敗。

志大才疏

淮南王劉安非常自負，伍被認爲在天下安定的情況下發動叛亂不得人心，必然失敗；後來精心籌劃了煽動民心的幾條措施，劉安不以爲然：我還需要那樣做嗎？

劉安有文才，他曾受武帝之詔，一揮而就，寫下著名的〈離騷傳〉；但是，劉安的這些才能，都不是治國之才，充其量只是一點文才。伍被批評他「逆天道而不知時」，真是一針見血！

漢景帝前元三年（前154），吳楚七國之亂爆發之時，劉安企圖叛亂（孝景三年，吳楚七國反。吳使者至淮南，淮南王欲發兵應之），他的國相說願意爲他帶兵，他便將兵權給了國相。國相拿到兵權後，協助中央政府平叛，根本不聽淮南王指揮，客觀上使淮南王躲過一次劫難。

所以，命運已經很眷顧劉安了，好幾次助他擺脫厄運。但是，「自作孽，不可活」，連擺平自己國相的能力都沒有，淮南王竟然念念不忘陰謀叛亂。

究竟是什麼成爲淮南王的心魔，一定要放下書卷琴瑟，投進一場力所不及、世人不恥的叛亂呢？

武安侯田蚡可謂把準了他的脈，幾句話捧得他飄飄然：

方今上無太子，大王親，高皇帝孫，行仁義，天下莫不聞。即宮車一日晏駕，非大王當誰立者？淮南王大喜，厚遺武安侯金財

物。

其實，田蚡只是說說漂亮話，淮南王劉安就高興得忘乎所以，幻想著有朝一日君臨天下。

淮南王過分看重自己的身分地位。自認為是高祖劉邦的孫子，比當今天子都要高一個輩分；因此，常常不願向晚輩稱臣。（且吾高祖孫，親行仁義，陛下遇我厚，吾能忍之；萬世之後，吾寧能北面臣事豎子乎？）皇族中的輩分並不是多麼了不起的政治資本，而劉安太看重這一點，以至於背上包袱，目空一切。

24.皇室恩怨：

淮南王策反　殺父仇深

淮南王劉安謀反之心由來已久，甚至在他出生之前，就已經埋下了叛亂的種子。那麼，劉氏皇族內部還有著多少引而未發的恩怨？又是什麼變故在溫文爾雅的劉安心中烙上了「忤逆」的印記？

沒媽孩子像根草

這場皇家恩怨的源頭就是淮南厲王事件。

淮南厲王劉長是西漢王朝第一個劉姓淮南王，漢高祖劉邦八個兒子中的小兒子，死後的諡號是厲王；因此，後人稱他為淮南厲王。淮南王劉安是淮南厲王的長子。劉安最初的謀反念頭有沒有受到父親的慈恩？

此事說來話長，要從淮南厲王的身世講起。

淮南厲王劉長的母親是劉邦一朝趙王張敖的美人（後宮官名，相當於二千石）趙姬。而張敖的王后是劉邦與呂后的女兒魯元公主，因此，劉邦與張敖的關係既是君臣，又是翁婿。高祖七年（前200），劉邦在平城解圍之後，路過趙國；張敖對劉邦非常恭敬，每頓飯必定親自侍奉，忙前忙後，但劉邦對他吆來喝去，罵罵咧咧，言辭十分難聽。張敖雖無怨言，但他手下的國相貫高等人實在看不下去，恨得牙癢，以至於起心謀殺劉邦，並且將全盤計畫向他交底。張敖堅決不同意。他們便瞞著張敖策劃了一起驚天大

案。

第二年（高祖八年，前199），劉邦親征韓王信殘部，路過趙國都城邯鄲。

張敖便將趙姬獻給劉邦，趙姬和劉邦一夜情後，竟然懷孕。當晚，劉邦住在柏人縣賓館。但是，劉邦臨睡前突然一陣心慌；一打聽此縣的縣名，原來是「柏人」。劉邦說：柏人者，迫人也。這個縣名不吉利，於是連夜離開。劉邦平生難得一次迷信，卻正是時候。原來，趙國相貫高早已在賓館布下埋伏，安排後半夜謀殺劉邦。

高祖九年（前198），貫高謀逆一案東窗事發，趙王張敖、國相貫高被押往京城受審。趙王府中家眷統統被就地關押，其中就有懷孕的趙姬。

趙姬被關押後，就將自己懷了皇帝骨肉的事報告給看守（屬王母亦繫，告吏曰：得幸上，有身），希望得以救助；看守不敢怠慢，立即上報給高祖劉邦。

劉邦時年五十九歲，得此消息理應非常興奮；但是，劉邦剛遭遇一生中唯一一次謀殺；而且，謀殺他的人很可能是自己的乘龍快婿張敖。盛怒之下，劉邦沒有理會趙姬。

趙姬看皇帝那邊沒有消息，想方設法讓自己的弟弟透過呂后親信辟陽侯審食其，向呂后求救。呂后一聽趙國有人懷了劉邦的孩子，堅決不幫忙。呂后此時已經有一個情敵戚夫人，再來個趙夫人，豈不是更受冷落？

呂后不願管，審食其見風轉舵，自然不肯出力相救。

趙姬上訴無門，在關押中誕下兒子——就是後來的淮南屬王劉長；此時，趙姬一無牽掛，二又惱怒，因而羞憤自殺。（屬王母已生屬王，恚，即自殺。）

看押人員將孩子抱到京城，送給劉邦。事過境遷，劉邦的怒氣

已消，看見小兒子，他非常後悔，深感對不起趙姬。於是讓呂后撫養這個孩子，並且厚葬趙姬。

劉長由呂后撫養成人，因此，劉長和呂后的關係非常親密。

漢高祖十一年（前196）十月，淮南王黥布叛亂。劉邦原打算讓太子劉盈代自己出征，結果，這個計畫被「商山四皓」破壞，劉邦只好抱病平叛。平定黥布之亂後，劉邦把黥布的淮南之地分給了劉長，從此，劉長成爲漢代第一位劉姓淮南王（漢代第一位異姓淮南王是黥布）。

劉邦去世，呂后掌權，先後有三位趙王（劉如意、劉友、劉恢）被呂后所殺，代王劉恆也曾被改封趙王，只是因爲他堅決辭謝，才躲過一劫。

此時，高祖八男之中，只有淮南王劉長從小無父無母，又是呂后帶大，不具任何威脅；因此，在惠帝、呂后執政的十五年中，劉長沒有像其他兄弟那樣受到迫害。

報仇謀反有淵源

那麼，淮南王劉長和其子劉安的謀反到底有什麼關係呢？

呂后死後，呂氏滅族；代王劉恆即位，即漢文帝。此時，劉邦的兒子中只剩下排行第四的漢文帝劉恆和排行第八的淮南王劉長兩人。這個一直在深宮默默成長的八皇子開始發力，要把失去的一切奪回來。劉長倚仗自己和皇帝的關係最親近，驕橫不法。漢文帝也總寬恕他，從不追究。

漢文帝前元三年（前177），劉長入朝拜見漢文帝時，已經肆意放任，他和漢文帝一塊兒去打獵，同坐一輛車，開口閉口稱文帝是「大哥」（大兄）。

劉長天生神力，是繼項羽之後第二個「力能扛鼎」的大力

士，而且心狠手辣。

　　一日，劉長親自去拜訪審食其，年邁的審食其在家門口迎接。劉長突然從袖中掏出一柄大鐵椎，劈面砸去。審食其猝不及防，加之年邁，被當場擊倒，隨從魏敬就地割斷了審食其的喉嚨。

　　殺了辟陽侯審食其之後，淮南厲王急速面見漢文帝，露出膀子（肉袒）請罪。

　　劉長說，辟陽侯有三條必死之罪：

　　第一，我母親不應受趙國謀殺案的牽連，當時辟陽侯足以左右呂后，但是，他不為我母親力爭，導致母親自殺，這是第一椿罪。（臣母不當坐趙事，其時辟陽侯力能得之呂后，弗爭，罪一也。）

　　第二，趙王劉如意母子都沒有罪，呂后殘殺了他們母子，辟陽侯不去為劉如意母子爭辯，這是第二椿罪。（趙王如意子母無罪，呂后殺之，辟陽侯弗爭，罪二也。）

　　第三，呂后大封諸呂為王，威脅劉氏江山，辟陽侯又不爭，這是第三椿罪。（呂后王諸呂，欲以危劉氏，辟陽侯弗爭，罪三也。）

　　我為天下人除掉賊臣辟陽侯，報了母親之仇，特來向陛下請罪。

　　淮南厲王這番話是經過深思熟慮的，乍一聽，確有道理；如仔細推敲，漏洞不少：一是辟陽侯當時能否左右呂后；二是辟陽侯能否有力量讓劉邦救出淮南厲王的母親。可見，劉邦死了，呂后死了，劉長含恨隱忍多年。他認為：審食其不願全力營救，才導致母親自殺；但是，當時呂后掌權，審食其是呂后親信，劉長只能心裡怨恨，不敢發作。現在有了機會，他當然不會放過審食其。

　　淮南厲王公然椎殺審食其，給文帝出了道難題：怎樣處置這個

皇室僅存的異母弟弟呢？

處理結果大出人們意料，文帝全盤接受了淮南王的強詞奪理，沒有治他的罪。

淮南厲王椎殺辟陽侯一事迅速傳遍京城，上至薄太后、太子，下至眾大臣，一片譁然，都對這個曾經微不足道、孤獨無依的小皇子刮目相看。

從此，淮南厲王膽大無邊，為人處事更加肆無忌憚。他在淮南國內不使用漢朝法令，出入要清道戒嚴，他下的命令像皇帝一樣稱作「制」，還學君王那樣自訂一套法令。（厲王以此，歸國益驕恣，不用漢法，出入稱警蹕，稱制，自為法令，擬於天子。）

在別人眼裡，淮南王是靠皇帝哥哥遮風擋雨，而在劉長心中，自己從來就是劉氏皇族的另類，他怎能在仇家面前俯首稱臣？

漢文帝前元六年，劉長派一個沒有任官的「男子但」（無爵者稱「男子但」）等七十個人和棘蒲侯柴武的太子柴奇，計畫用四十輛大車，在谷口縣（今陝西醴泉縣）造反，並且勾結閩越、匈奴，一起行動。

但是，這次謀反很快被發覺，漢文帝立即調淮南厲王進京，以丞相為首的大臣們認為，應依法懲治淮南厲王。

七十個人，四十輛車，淮南厲王就想謀反。讀這段史料，實在讓人疑竇叢生，這也叫謀反？但是，司馬遷的《史記‧淮南衡山列傳》、班固《漢書‧淮南衡山濟北王傳》、司馬光的《資治通鑑》都記載了這一史實，因此，史料無誤；淮南厲王劉長對此也供認不諱。

果真如此的話，那麼，淮南厲王此舉無異於兒戲。

最終，淮南厲王被判押往蜀郡嚴道縣（今四川滎經縣）監視居住。在押往蜀郡的途中，沿途各縣沒有揭下囚車上的封條，不許淮

南厲王下車活動。淮南厲王不堪忍受這種長途囚禁，絕食而死。這一年，是漢文帝前元六年（前174）。

淮南厲王死後兩年（漢文帝前元八年，前172），漢文帝封淮南厲王的四個黃口小兒為侯，長子劉安封阜陵侯，次子劉勃封安陽侯，三子劉賜封陽周侯，四子劉良封東城侯。

漢文帝前元十二年（前168），一首民歌廣為流行：一尺布，尚可縫；一斗粟，尚可舂。兄弟二人，不能相容。

漢文帝聽到這首廣為流傳的民歌時，唯恐天下人說他圖謀土地，而謀殺其弟，又追諡劉長為淮南厲王。

皇恩浩蕩實捧殺

那麼，淮南厲王事件確如民間傳言那樣，是一個兄弟相殘的陰謀嗎？如果傳言成立，厲王之子劉安的叛亂就是為父復仇。如果不成立，難道另有隱情？

漢文帝前元十六年（前164），劉安被封淮南王。史書記載，劉安對其父之死耿耿於懷，時時伺機復仇（時時怨望厲王死，時欲畔逆，未有因也），所以，我們說淮南厲王事件是劉安後來叛亂的第一動因。

漢文帝前元六年，劉安六歲，是年，他失去了父親。

10年後，劉安16歲，加封為淮南王（前164），他時刻牢記漢廷殺父之仇。

又一個10年，吳楚七國之亂（漢景帝前三年，前154），淮南王劉安26歲，決定起兵叛亂。由於國相從中阻撓，未能舉事。

由此可見，劉安從未忘記這場皇家恩怨，他最後的叛亂與其父之死關係密切。

既然劉安叛亂與其父之死互為因果，那麼，這裡又有一個問

題：淮南厲王劉長之死與漢文帝有沒有關係？

答案是肯定的：有關係！淮南厲王在被漢文帝流放蜀郡的途中絕食自殺，漢文帝肯定有責任。但是，這種責任有兩個層面：一是有意謀殺，一是無意傷害。

無意傷害的證據：

第一，堅決不殺。

淮南厲王因謀反罪被召回京城後，大臣們朝議，應將其依法治罪。但是，漢文帝稱不忍對弟弟執行法律，要求大臣重議。（制曰：朕不忍致法於王，其與列侯二千石議。）

大臣們二次朝議，維持原判。漢文帝還是不答應判淮南厲王死刑，最後只廢掉他的王位。（制曰：朕不忍致法於王，其赦長死罪，廢勿王。）

於是第三次朝議，大臣們要求將淮南厲王押解到蜀郡嚴道縣，嬪妃隨行，由縣署為他們建房，供給生活用品。

漢文帝這才定案，並規定每天供應淮南厲王五斤肉，二斤酒；將淮南厲王用帶篷的貨車囚禁起來，一縣一縣依次押送。

看上去漢文帝對淮南厲王不薄啊！

第二，用心良苦。

漢文帝讓淮南厲王到蜀郡監視居住，只是權宜之計，按漢文帝的原話，是「吾特苦之耳」，就是讓他受點苦。言外之意我很快會赦免他，讓他回來。由此可以推論，漢文帝懲治淮南厲王的出發點是好的，並非有意殺弟。

第三，嚴懲「瀆職」。

淮南厲王絕食自殺的消息傳到京城，漢文帝大放悲聲（上哭甚悲），將沿途不給淮南厲王開封的官員，全部處死。

從史書中，我們找不到文帝「不准揭封」的詔令。但是，《史記》、《漢書》對厲王之死前後的記載有微妙的不同。

《史記》記載的順序是：

1.吾特苦之耳，令復之；

2.縣傳淮南王者，皆不敢發車封；

3.淮南王乃謂侍者曰：誰謂乃公勇者？吾安能勇？吾以驕，故不聞吾過至此。人生一世間，安能邑邑如此，乃不食死；

4.至雍，雍令發封以死聞。

按照《史記》上述記載順序，厲王之死與不發封有關，但是，雍令為什麼敢發封，這說明文帝並沒有不發封的詔令。

《漢書》記載的順序是：

1.吾特苦之耳，令復之；

2.淮南王乃謂侍者曰：誰謂乃公勇者？吾安能勇？吾以驕，故不聞吾過至此。人生一世間，安能邑邑如此，乃不食死；

3.縣傳淮南王者，不敢發車封；

4.至雍，雍令發之，以死聞。

按照《漢書》的記載順序，厲王不食死在前，不敢發車封在後，厲王之死與不敢發車封關係不大。

但是，不管怎麼講，以下幾點是肯定的：

1.文帝沒有下「不發車封」的詔令，這種授人以柄的事，文帝絕對不會幹，但一句「特苦之耳」，就沒有人敢照顧厲王了；

2.文帝內心是想處死厲王的，但他必須考慮輿論方面的影響，故不敢公開動手；

3.厲王死後，文帝必然盡力洗刷自己，沿途的「瀆職」官員就因此成為犧牲品。

第四，隆重安葬。

淮南厲王自殺之後，漢文帝以列侯之禮儀安葬淮南厲王，並安排三十戶人家，世代為劉長守陵。

第五，封其四子。

文帝前元八年（前172），加封淮南厲王四個幼子爲侯；文帝前元十六年（前164），除了已經故去的小兒子外，劉長的另外三個兒子全部加封爲王；長子劉安封淮南王。

班固《漢書‧賈誼傳》記載：文帝封四子爲侯時，賈誼已知文帝將封厲王之後爲王，上疏諫：

淮南王之悖逆無道，天下孰不知其罪？陛下幸而赦遷之，自疾而死，天下孰以王死之不當？今奉尊罪人之子，適足以負謗於天下耳。此人少壯，豈能忘其父哉？

這是一望即知的歷史的正面；那麼，我們再來看看歷史的背面：漢文帝謀殺了淮南厲王劉長。

一，老謀深算。

淮南厲王弄了七十個人去發動叛亂，簡直是過家家。相形之下，漢文帝則是老謀深算。

呂后稱制其間，三個劉姓趙王劉如意、劉友、劉恢相繼被殺死在趙王任上，「趙王」對劉邦的兒子們而言，幾乎就是閻王殿的代名詞。三個趙王死後，呂后讓代王劉恆繼任趙王，這等於催促劉恆踏上不歸路。但是，劉恆以爲嫡母守邊拒絕到任。而且，在呂后專權的十幾年中，劉恆一直裝弱智，不僅騙過了呂后，也騙過了精明的陳平，騙過了朝中所有大臣。所以，陳平、周勃滅呂后，選中自以爲容易控制的代王劉恆繼位。其實，在蕩平諸呂中，出大力的是齊王劉肥的三個兒子：齊王劉襄、朱虛侯劉章、劉興居。

朱虛侯劉章殺死呂產，走出平定諸呂的最爲關鍵的一步；劉章立此大功，而且又是劉邦的孫子，完全可立爲繼位之君。但是，陳平、周勃有私心，他們目睹劉章的勇武和智慧，知道劉章太能幹了。如果讓年輕的劉章登上帝位，他們這些老臣很難控制朝政。出於私心，手握立君大權的陳平、周勃一致推舉代王劉恆繼位。對帝王將相的歷史，百姓總是覺得天機難測。其實哪有什麼天機，哪是

什麼天命！偶然或者必然，原在一念之間。

漢文帝一到京城，周勃才知道上了大當，劉恆遠不是他們想像的那個窩囊廢，而是心機重重、極有手腕，遠不如年輕氣盛、一覽無遺的朱虛侯劉章單純。但是，一切都晚了，劉恆騙過所有的人，穩穩當當地繼位了。這種政治智慧，豈是淮南厲王所能相比的？

二，欲擒故縱。

以漢文帝的城府，他難道不知道放縱淮南厲王的後果？

文帝繼位之後，對他政治命運有威脅的劉章、劉興居二人很快被打發出京，封到外地。剩下來可能取代他的，就是弟弟淮南厲王劉長。

但是，漢文帝還是在「寵愛」的旗幟下一而再，再而三地放縱劉長無法無天：

劉長不顧君臣大分，稱自己為「大哥」，他不反駁；

劉長公然殺死辟陽侯審食其，他不問罪；

劉長在淮南一切按皇帝的規格生活，進出要清道戒嚴，命令稱「制」，他不過問；

袁盎看到淮南厲王肆意違法，勸漢文帝「諸侯太驕，必生患，上不聽」，他充耳不聞；

淮南厲王叛亂那年（文帝前元六年），劉長在淮南國驅逐中央政府任命的官吏，擅任國相、二千石高官，這已突破做臣子的底線；但是，「帝曲意從之」，他竟然默許；

淮南厲王擅自殺死無罪之人，擅自賞人爵位至關內侯，他視而不見；

發展到最後，淮南厲王上書的言辭已極不像話，漢文帝沒有訓斥，只讓自己的舅舅薄昭寫信勸說（帝重自切責之，乃令薄昭與書風喻之），他輕描淡寫。

　　回首呂后當政，皇族子弟人人自危，朝廷上下一片肅殺，獨人微言輕的劉長平安順泰，位居淮南王；而今太平盛世，人心和諧，又獨備受皇寵的劉長起兵造反，命喪黃泉。這一切的確耐人尋味。

　　三，借刀殺人。

　　在處理淮南厲王的過程中，漢文帝屢屢駁回大臣們處死淮南厲王的意見，最終以流放蜀郡寬大處理。但是，劉長被關押在大貨車上，「死罪可免」，貌似寬大，卻是連續不斷又不動聲色地侮辱劉長的人格；極度自卑和自尊的劉長豈能受此凌辱，最終選擇自殺是必然的。

　　劉長自殺漢文帝應該想得到；即使想不到，袁盎也曾提醒他：淮南王性格剛烈，如今這樣粗暴地對待他，我擔心他會突然死在途中。陛下一旦落個殺弟的惡名，又該怎麼辦呢？（淮南王爲人剛，今暴摧折之，臣恐卒逢霧露病死，陛下爲有殺弟之名，奈何？）

　　漢文帝固執己見，答案只有一個：希望淮南厲王死在路上，一勞永逸地解除劉長與自己爭奪帝位的憂慮。

　　淮南厲王自殺後，漢文帝又是失聲痛哭，又是大爲自責，還要處死沿途「瀆職」的官員，兩年後又一一加封淮南厲王的四個兒子，一切都在印證漢文帝的虛僞、殘忍。

　　就以上兩個方面而言，我更傾向漢文帝謀殺了其弟淮南厲王劉長。

25.一錯再錯:

漢武帝平叛　兵不血刃

　　淮南厲王劉長在漢文帝的縱容下,盲目自大,踏上謀反之路,最終被漢文帝輕鬆除掉。劉長有四個兒子,幼子劉良早夭,次子劉勃也是命短。武帝即位之後,只剩長子淮南王劉安、三子衡山王劉賜。為報殺父之仇,淮南王劉安踏上謀反之路,成為劉長後人中的第一個失敗者;那麼,劉賜是一個什麼樣的人呢?他還會步其父兄的覆轍,讓這個家族一錯再錯嗎?

私心重野心小

　　漢文帝前元十六年(前164),劉賜被封為廬江王。漢景帝前元三年(前154),吳楚七國之亂,吳國使者來到廬江,廬江王劉賜不願響應叛亂;但是,他仍派人與閩越頻頻聯絡。

　　廬江王劉賜的封地鄰近閩越,他屢次遣使臣與閩越結交,引起朝廷關注,不久,劉賜被北遷為衡山王。

　　衡山王劉賜和淮南王劉安雖是親兄弟,但二人關係並不融洽;雙方都抱怨對方失禮,互不往來。

　　一開始,衡山王劉賜並沒有捲入淮南王劉安的謀反案。但是,畢竟是親兄弟,衡山王對淮南王的動靜挺關心,劉賜很早就發現大哥劉安想謀反。他沒有向漢武帝舉報,而是暗中提防,唯恐大哥劉安順勢吞併了他的衡山國。

　　劉賜守著衡山國這「一畝三分地」,坐井觀天、患得患失。但

是，一個突發事件打破了平靜。

元光六年（前129），衡山王劉賜進京朝見漢武帝。他手下有一個叫衛慶的謁者（負責收發傳達）懂方術，衛慶就想上書武帝，入朝侍奉，奔一個好前程。投靠皇帝顯然比跟個諸侯王更風光，更容易發達。衡山王劉賜知道衛慶準備改換門庭，勃然大怒，判衛慶死罪，嚴刑拷打，衛慶認罪。但是，衡山國主管民事的內史（兩千石）不同意劉賜對衛慶的指控。

劉賜十分惱怒：殺個奴才都要被橫加阻攔，我畢竟是一方諸侯，太傷自尊了。

於是劉賜派人向漢武帝上書，先把內史告上朝廷。而內史義正辭嚴說，劉賜誣陷衛慶。

衛慶事件暴露出衡山王劉賜在君臣關係上處理不當。我這裡講的君臣關係包括兩個方面：一是衡山王和衛慶之間的君臣關係，一是衡山王和漢武帝之間的君臣關係。

漢武帝和劉賜是君臣關係。衛慶如果確有方術，劉賜即便一百個不願意，也應忍痛割愛，將衛慶奉送喜歡方術的漢武帝；何況衛慶只是一個小小的謁者，能取代他的人多如牛毛，為何不做個順水人情？衛慶事件，也證實了劉賜的目光短淺。

漢武帝如何處理劉賜的官司呢？他將這樁案子和另一樁案子併案處理了。因為衛慶事件暴露出武帝的不良嗜好，如果就案斷案，難免讓人說閒話。所以漢武帝利用另一樁案子，「借力打力」，處罰衡山王劉賜。

原來，在衡山王控告衡山國內史之時，另有人控告衡山王兩樁罪：一是搶奪民田，二是毀壞百姓墳地，開闢為自家田地。這兩樁罪其實是一回事：非法擴張私人占地。

有人建議逮捕衡山王，漢武帝搖頭。他沒收了衡山王任命官吏的權力——兩百石以上官俸的官員一律改由中央政府任命。

漢代開國以來，諸侯國的國相、太傅均由朝廷任命，兩千石以上的高官都由諸侯王任命，更不用說兩百石的低級官員了，諸侯王權限極大；吳楚七國之亂後，諸侯國兩千石以上的高官改由中央政府任命，但是，兩百石以上低級官員的任命，諸侯王還能做主。

借衡山王非法占地一案，漢武帝收回了劉賜任免兩百石以上官員的權力，對衡山王和內史的是非恩怨則不予處理。

衡山王被完全架空，過去是自己人不聽自己的話，現在弄得身邊沒有自己人了。

家不和亂天下

衡山王劉賜面臨兩種選擇：一是接受懲罰，改邪歸正；二是我行我素，變本加厲。一向明哲保身的劉賜會怎麼選擇呢？

衡山王以此恚，與奚慈、張廣昌謀，求能為兵法、候星氣者，日夜從容王，密謀反事。

劉賜選擇謀反！劉賜對漢武帝沒收他的官吏任免權十分惱怒，極力尋找兩種人：一是能夠帶兵打仗的，二是懂得星象占卜的，日日夜夜和他們謀劃於密室。

漢文帝前元八年（前172），淮南厲王劉長叛亂。

漢武帝元朔六年（前123），劉長長子淮南王劉安叛亂。

漢武帝元狩元年（前122），劉長三子衡陽王劉賜叛亂。

幼年喪親，成年謀逆。劉氏皇族八子劉長這一脈似乎受到命運的詛咒，陷入一種可怕的循環。

漢武帝元朔六年，衡山王劉賜還沒有來得及叛亂，他的家中出了兩大醜聞：

一是，衡山王的太子劉爽派了他的親信白贏進京上書漢武帝，狀告他的弟弟劉孝製造戰車、弓箭，準備謀反，還告他弟弟和

父親的侍女通姦。

二是，衡山王劉賜狀告太子劉爽不孝。

哥哥狀告弟弟謀反、亂倫，這豈不是天大之事？緊接著父親狀告兒子不孝，也是有違綱常。但是，白贏還沒有來得及將上書交給漢武帝，就因為淮南王劉安的謀反案被逮捕了。

衡山王劉賜的叛亂還未成型，怎麼就後院起火，突然爆發一連串不測之事呢？

事情緣於衡山王劉賜上書「廢長立幼」，即要求廢太子劉爽，立劉爽的弟弟劉孝為太子。

「廢長立幼」一向是君王大忌，即使有充分的理由，也很難得到大臣、民眾的認同。衡山王劉賜憑什麼廢掉太子呢？

這件複雜的家庭糾紛涉及四個女人和三個男人。這四個女人分別是衡山王的王后乘舒、兩個嬪妃（徐姬、厥姬）和一個女兒劉無采；三個男人是衡山王劉賜和他的嫡長子劉爽，嫡次子劉孝。

王后乘舒和兩個嬪妃都為衡山王劉賜生了孩子：王后乘舒為劉賜生了兩個兒子一個女兒。嫡長子劉爽是太子，嫡次子劉孝，小女兒劉無采。

兩個為他生育的嬪妃，一是徐姬（徐來）為劉賜生了四個兒女，二是厥姬為劉賜生了兩個兒子。

太子劉爽嫡系出生，名正言順。為何卻如此不肖，引得腹背受敵，最終為父王拋棄？

受人挑撥

太子劉爽的母親王后乘舒短命，乘舒死後，徐來被立為王后；為衡山王生了兩個兒子的厥姬也很受劉賜寵幸。徐來和厥姬之間本來就相互妒忌，厥姬沒有搶到王后之位，就挑撥徐來和太子的關係。她告訴太子：徐來指使婢女用巫蠱之術殺害了太子的母親乘舒。

太子因此對徐來恨之入骨，總想找機會羞辱她。

不久，王后徐來的哥哥到衡山國來，太子劉爽和他一塊兒喝酒。在酒宴上，受厥姬挑撥，憤怒的太子刺傷了徐來的哥哥。太子是酒後亂性，王后徐來不好發作，只能記恨於心。此後，徐來經常在劉賜面前詆毀太子。太子在家中樹了第一個敵人。

兄妹結怨

太子劉爽一母同胞的妹妹劉無采習蠻任性。出嫁不久，被休回家。劉無采可無所謂，反而和奴僕通姦，和初來乍到的客人通姦。親妹行如此不倫之事，為兄豈有臉面？劉爽多次教訓妹妹無采，無采老羞成怒，竟宣布和哥哥斷絕兄妹之情。這樣，妹妹劉無采成了太子在家中樹的第二個敵人。

徐來結盟

王后徐來得知兄妹失和，伺機討好劉無采。劉無采和他的二哥劉孝，從小失去母親，生活上多依附王后徐來。徐來擺出一副慈母姿態，將劉孝、劉無采拉到自己一邊，結成反太子聯盟。

聯合誣告

嫡次子劉孝是太子劉爽的天敵。劉爽的存在，劉孝無法成為太子；只有扳倒親哥哥，劉孝才有可能成為太子。

出於不同的目的，王后徐來、弟弟劉孝、妹妹劉無采三個人聯合詆毀太子劉爽。

衡山受騙

衡山王劉賜在王后徐來、嫡次子劉孝和女兒劉無采三人輪番輿論圍攻之下，很快表現出明確的傾向性：厭惡太子。

於是，衡山王劉賜多次重打太子，造成衡山王和太子之間嚴重對立。

我們再來看一下這齣家庭悲劇中的諸角色。

嬪妃厥姬最陰險。她是太子劉爽一切不幸的導火線；她想用

挑撥徐來與太子關係的辦法報復徐來，她的目的確實達到了；但是，隨著事態的全面失控，最終導致衡山國滅亡，捲入這一事件中所有的人全部被殺。史書沒有記載厥姬的最後結果。但是，劉賜是謀反罪，依漢律，謀反是夷三族罪，厥姬作為主犯妃嬪，難逃一死。

太子劉爽最糊塗。他毫無政治頭腦，首先被厥姬利用，成為厥姬報復王后徐來的武器；既而和王后徐來鬧翻，招致一場又一場磨難。劉爽教育妹妹本是善意，但是，淫亂的無采是無法挽救的，劉爽和妹妹反目，也是不明智。

劉無采最愚蠢。如此放蕩，怎麼可能不被休？回家後，又把徐來當親人，視親哥哥為仇人，是非不分，肆意妄為，成為徐來的害人工具。

王后徐來最兇狠。她是這場家庭大亂的禍根。她拉攏劉孝、劉無采，陷害劉爽，無所不用其極。但是，一旦太子劉爽被逼得鋌而走險，整個衡山國遭遇毀滅，衡山王因謀反而自殺，她這個王后還能有好下場嗎？

劉賜不能理順父子關係，聽任徐來挑撥，導致父子反目，自毀其家。和他的大哥如出一轍，劉賜的家庭關係亂七八糟，妄圖謀反，豈非天方夜譚？

災難只露出了冰山一角。就在衡山王家庭日益不和之際，又接連發生了四件事，令本來就深陷泥沼的衡山王家庭雪上加霜，不可收拾。

第一，保母受害。

元朔四年（前125），有人傷害了衡山王劉賜的保母。衡山王多次重責太子劉爽，因此，懷疑太子劉爽報復保母，就把太子又重打一頓。

這樣，衡山王劉賜和太子劉爽的關係就越來越僵。

第二，劉賜臥病。

不久，劉賜病倒，太子劉爽說自己有病，不能去侍奉衡山王。王后、劉孝、劉無采三個人趁機對劉賜說：太子實際上沒病，他聽說大王病了，還滿臉喜色。劉賜勃然大怒，決心廢掉太子劉爽，立次子劉孝爲太子。

第三，加害劉孝。

王后徐來得知衡山王決心廢掉太子劉爽後，就想借此機會連嫡次子劉孝一塊兒廢掉，這樣，自己的兒子就可以立爲太子了。

徐來有一個侍女，善於跳舞，衡山王劉賜很寵愛她。徐來想讓這個侍女和劉孝私通，以便將劉爽、劉孝兄弟同時廢掉，立自己的兒子劉廣爲太子。

第四，封堵徐來。

太子劉爽得知徐來的陰謀，便想堵住她的嘴。

有一天，徐來正在飲酒，太子劉爽借敬酒之機，坐在徐來的大腿上，要和她同寢。徐來大怒，立即向衡山王告太子非禮。

衡山王立即召來劉爽，準備捆起來重打一頓。

太子知道衡山王久存廢長立幼之念，自己又出了這檔子醜事，乾脆攤牌。於是，他對父親說：劉孝和父王的侍女通姦，妹妹無采和奴僕通姦。父王多多保重，我要上書天子了。他扔下劉賜在寶座上發呆，跑掉了。

衡山王見事態嚴重，趕快派人阻止太子劉爽，沒有人能夠攔得住。於是，衡山王親自駕車去追，總算將太子追回來了。追回來的太子劉爽更是大放厥詞，衡山王只好把太子囚禁起來，以免他把謀反一事抖露出去。

劉孝很快得到衡山王的信任，讓他佩帶著衡山王的王印，號稱「將軍」，住在王宮外的府第中，還給了他很多錢招攬賓客。

劉孝府上的賓客私下裡都知道淮南王、衡山王打算叛亂，紛紛

慫恿衡山王造反。

於是，衡山王派劉孝府上的兩個賓客救赫（《漢書》作「枚赫」）、陳喜製造戰車和弓箭，刻了天子的玉璽、將軍的大印。衡山王到處訪求壯士，屢屢稱引吳楚七國叛亂時的計畫。但是，衡山王的胃口沒有淮南王那麼大，他不敢奪取皇帝寶座，只是擔心淮南王起事後，近水樓台，首先吞併自己。他期望淮南王向西進兵，自己則乘機占領江淮。

破鏡圓赴黃泉

元朔五年（前124）秋，衡山王入朝見天子。經過淮南國時，淮南王和弟弟劉賜促膝長談，消除了兩兄弟多年的隔閡，並約定共同謀反。（元朔五年秋，衡山王當朝，過淮南。淮南王乃昆弟語，除前郤，約束反具。）

是什麼讓這對反目的兄弟重歸於好？也許，他們談起了父親劉長，談到了他的死，他們孤獨的童年，這一支皇室血脈的延續……上一輩那對相殘的兄弟，成為這對「老死不相往來」的兄弟復合的基石，此情此景著實讓人感動。而當這一切直指「謀逆」這條絕路，又讓人悲從中來、唏噓不已。

元朔六年（前123），衡山王上書漢武帝，要求廢太子劉爽，立次子劉孝為太子。劉爽趕緊派人進京告劉孝，衡山王聽說太子劉爽派白贏進京上書，擔心他講出自己的謀反之事，趕快向漢武帝上書，告發太子劉爽大逆不道。

這才有了我們前面所講的衡山王劉賜家中兩樁大案：哥哥告弟弟，父親告兒子。

漢武帝把這個案子交給鄰近衡山國的沛郡郡守審理。

元狩元年（前122）冬，沛郡在劉孝家裡抓獲謀反要犯陳喜。

陳喜的被捕不僅讓劉孝成爲窩藏犯，而且，另有兩件大事讓劉孝揪心：

一，陳喜可能供出衡山王劉賜謀反。

陳喜經常和衡山王劉賜商議謀反一事，劉孝非常擔心陳喜被捕後，供出劉賜。

二，太子派人進京告狀可能供出衡山王謀反。

劉孝考慮再三，決定率先自首，告發陳喜等人參與謀反。漢法規定：能夠坦白並揭發他人者可免罪。此時，劉孝已經不再顧及父王，一心只想自保。

這樣，衡山王的謀反案和淮南王劉安的謀反案一樣，尚未起動就被重要參與者告發；告發淮南王的是要犯伍被，告發衡山王的是要犯劉孝。

最終，衡山王劉賜自殺；劉孝檢舉自首且檢舉他人，免除他的謀反罪，但是，劉孝和父王的侍女私通，處死；王后徐來用巫蠱手法害死前王后乘舒，處死；太子劉爽犯不孝罪，處死；參與衡山王謀反者一律滅族；撤銷衡山國，改立衡山郡。

至此，淮南厲王劉長的兩個兒子劉安、劉賜因謀反罪自殺，劉長這一支皇室血脈基本斷絕。

劉賜爲什麼會走上一錯再錯的謀反之路呢？

首先，自保。劉賜沒有大哥劉安那樣的政治野心，他開始只想自保，以免被大哥劉安起兵時所吞併；但是，隨著時間的推移，劉賜的野心也在膨脹，他想趁劉安起兵後占有江淮之地；兄弟二人握手言歡後，劉賜由自保踏上了謀反之路。

其次，不滿。劉賜謀反的另一個重要原因是衛慶事件，漢武帝對他的懲罰讓他由不滿走向叛亂。

但是，無論是漢武帝時期的政治大環境，還是劉賜本人的政治才幹，加上劉賜家庭中的內亂，都不可能讓劉賜叛亂成功。劉賜的

失敗是必然的。

　　再有，復仇。和他的哥哥劉安一樣，劉賜並未忘記父親劉長的慘死，兄弟復合，血濃於水，決意謀反復仇。

　　關於劉邦八子劉長一支，幾代人的皇家恩怨終於落下帷幕。

【武帝弄臣】

26.另類奇才：

厚待東方朔　匪夷所思

武帝一朝人才濟濟：衛青開疆擴土，霍去病克敵制勝，汲黯心憂社稷，張湯嚴刑峻法。唯有一人，難以定義：他滿腹經綸卻沒有幾句治國安邦之言，他放浪形骸又嫉惡如仇；皇上對他百依百順，群臣眼中他又無足輕重。他是誰？是曠世奇才還是跳梁小丑？是喜劇之王還是悲情智聖？

這位匪夷所思的人物就是東方朔。當時社會，沒有人能夠理解他，現代價值多元，倒是有一個詞差可比擬：另類。

「另類」這詞兒好。首先，它沒有褒貶。我們要講的是東方朔如何與眾不同，為什麼與眾不同；至於他這樣對不對，好不好，要不要模仿，就見仁見智了。其次，就字面看，「另類」就是「別一類」，既然「別一類」，我們就要跳出各種古典的或現代的條條框框去看他。

功名俸祿一擔挑

第一，求職。

漢武繼位之後，於建元元年（前140）下詔，要求各地廣泛推舉賢良方正之士，而且一旦選中，待以不次之位，不拘輩分授予官職，待遇優厚。

漢武帝在這時選出了兩個很不錯的人。

　　第一個就是董仲舒。董仲舒是公羊派《春秋》的大師，他的〈天人三策〉以儒家學說為基礎，引入陰陽五行理論，建成「天人合一」的「大一統」思想體系，才華橫溢，思維縝密；並提出一系列治國方略。因此，董仲舒的入選是中規中矩，武帝對他是相見恨晚。

　　第二個就是東方朔。草民東方朔，爹媽早逝，由哥嫂養大。十二歲讀書，三個多天讀的文史已經夠用。十五學擊劍，十六學《詩》、《書》，讀了二十二萬字。十九歲學兵法，也讀了二十二萬字。如今我已二十二歲，身高九尺三（兩米多）。眼睛亮得像珍珠，牙齒像貝殼一樣整齊潔白，兼有孟賁（古代衛國勇士）之勇，慶忌（先秦以敏捷著稱的人）之敏捷，鮑叔（齊國大夫，與管仲分財，自取其少者）之廉潔，尾生（先秦人名，與女友約於橋下，友人不至，河水上漲，尾生堅守不離，被淹死）之誠信。我是文武兼備，才貌雙全，夠得上做天子的大臣吧！

　　東方朔這番個人簡歷，《史記》評之為「文辭不遜，高自稱譽」。不過，他出奇制勝，先聲奪人，漢武帝一下記住「東方朔」這三個字，並且大加讚歎（上偉之）。

　　如果說董仲舒的〈天人三策〉是一劑大補丸，利膽養心，東方朔的這篇文章就是一瓶辣椒醬，開胃醒腦。東方先生的另類自不待言：一是不談治國，二是自我標榜。從頭到尾，沒有一句經緯之論。

　　但是，漢武帝愣是被東方朔深深吸引，視為奇才。不過，漢武帝非常有分寸；畢竟這只是「高自稱譽」，沒有提出任何治國之道。比起董仲舒，東方朔當然不在同一個重量級上。漢武帝對董仲舒是連發三策，而對東方朔只給了一個待詔「公車」署（就是在「公車署」這個衙門裡等待皇上的詔令，實際上就是一個下級顧問）的待遇。比起同年級的董仲舒、公孫弘，東方朔地位低，待

遇差，平常也難得一見漢武帝。（令待詔公車，奉祿薄，未得省見。）

東方朔這第一次亮相，的確讓人大跌眼鏡。武帝一朝，言辭放肆的不止東方朔一人，汲黯也常常令武帝哭笑不得。但汲黯因爲不會說話，才出言不遜；而東方朔這番海吹，引經據典，鋪陳比喻，還基本在理，如果不是「王婆賣瓜」，也稱得上一篇美文。他這是有意給集中閱卷、審美疲勞的漢武帝製造一次感官衝擊。東方朔的「另類」透著一股詭詐之氣！

第二，提職。

東方朔不是一個中規中矩的讀書人，他的身上不僅充滿詭詐之氣，而且還有一股詼諧之風。

東方朔剛剛待詔「公車」時非常興奮。可是，時間一長，東方朔就犯嘀咕了。

東方朔思來想去，他找來爲皇帝餵馬的侏儒，聲色俱厲地對他們說：皇上說你們耕田沒有力氣，當官不能治理百姓，打仗又不勇敢，一點用處也沒有，還白白消耗國家的糧食；準備把你們這些白吃白喝的人統統殺掉！

侏儒們嚇得嚎啕大哭，求他出手相救。東方朔想了一想，說：假如皇上路過這裡，你們就跪下來求饒，或許會有點作用。

過了一會兒，漢武帝從這兒路過，侏儒們齊刷刷、黑壓壓跪了一大片，哭哭啼啼，高呼「皇上饒命」。漢武帝莫名其妙。侏儒們說：東方朔說皇上要把我們這些人全殺了！漢武帝一聽，知道是東方朔搞鬼，便質問他：你把侏儒們嚇得半死，到底爲什麼？

東方朔理直氣壯地說：那些侏儒們不過三尺，俸祿卻是一袋米和二百四十錢。我身高九尺三，俸祿也是一袋米和二百四十錢。他們吃得肚皮都要撐破，我卻餓得前心貼後背。如果陛下覺得我的口才還有用，就先讓我吃飽飯。如果覺得我沒用，請立即罷免，也好

爲長安節約點米。漢武帝一聽，樂不可支，立即讓東方朔從「公車」待詔轉到金馬門待詔，這樣，東方朔收入提高了，和武帝接觸的機會也明顯多了。

這就是膾炙人口的「長安索米」的故事。

東方朔藉侏儒和自己身高懸殊，卻享受同等俸祿一事，恫嚇侏儒，表達不滿。這種對比極富喜劇性，東方朔一沒要官，二沒索地，只求填飽肚子；輕鬆詼諧，言語得當，因此惹得漢武哈哈大笑，在笑聲中化解了對東方朔「惡搞」的不滿。

第三，檢討。

有一年伏日（三伏天的祭祀日），漢武帝下詔賞賜諸大臣鮮肉。大臣們早早來到宮中，一直等到太陽偏西，主持分肉的官員也不來。大夥都在苦等。東方朔可沒有那麼好的涵養，拔出刀來就割肉。一邊割一邊說：不好意思了，今天熱浪襲人，我先走一步！說著，把一大塊肉摭在懷裡，大搖大擺地走了。在場大臣目瞪口呆，眼睜睜看東方朔將肉席捲而去。

第二天上朝，主持分肉的官員將東方朔擅自割肉一事上奏給漢武帝。漢武帝便問：你爲什麼不等分肉官員來，就自己切下肉跑了？東方朔立即脫下帽子請罪。漢武帝佯裝生氣，板著臉說：先生起來吧，當眾做個自我批評，朕就不治罪了。東方朔一聽，張口就來：東方朔啊東方朔啊，不等皇上分賞，你擅自拿走賜物，真是無禮至極！拔劍割肉，多麼壯觀！只切了一小塊，多麼廉潔！一點不吃，全部帶給老婆，真是愛妻模範！（朔來，朔來，受賜不待詔，何無禮也；拔劍割肉，壹何壯也；割之不多，又何廉也；歸遺細君，又何仁也！）

東方朔話音未落，漢武帝已經笑彎了腰。

漢武帝又賞了東方朔一石酒和一百斤肉，讓他回家送給太太。

這哪裡是自我批評啊？完全在自我吹噓嘛！但是，武帝就吃他這一套。朝堂肅穆，百官惶恐，為博龍顏一悅：公孫弘曲意逢迎，張湯機關用盡；只有東方朔敢於搖舌鼓唇，惡搞作秀，在所不惜。因為他明白，討得皇帝歡心，一切盡在掌中。

浪得知識換財富

第四，諮詢。

東方朔奉旨顧問的故事首載於《史記・滑稽列傳》中褚少孫的補傳。原來，《史記》自流傳以後，一直有人為其作補，其中，最有名的是褚少孫的補傳。《史記》的〈東方朔傳〉即為褚少孫所補。

據《史記》褚少孫補傳記載：有一天，長安的建章宮跑出來一個怪物，外形很像麋鹿。消息傳到宮中，驚動了漢武帝，也想見識一下這個不速之客，來自何方，緣何而來？武帝想起了東方朔，立即傳旨叫東方先生來。

東方朔看過之後，胸有成竹地說：我知道它是什麼東西，但是，您一定要賜我美酒、佳餚，讓我飽餐一頓後才說。漢武帝立即同意。東方朔喝完酒，吃完飯，並沒有馬上回答，又對漢武帝說：有一塊地方，有公田、魚塘、蒲葦，加起來好幾頃，請陛下把這塊地方賞給我，我就回答您的問題。東方朔得寸進尺，漢武帝急火攻心。無可奈何，只好馬上傳旨：可以賞給你。（詔東方朔視之，朔曰：臣知之，願賜美酒梁飯大飧臣，臣乃言。詔曰：可。又曰：某所有公田魚池蒲葦數頃，陛下以賜臣，臣朔乃言。詔曰：可。）東方朔酒足飯飽，又得了皇上賞賜，半生有靠，這才不緊不慢地說：這個東西叫「騶牙」。它滿嘴的牙齒完全相同，排列得又像騶騎一樣整齊，所以叫做「騶牙」。如果遠方有人前來歸降大

漢，「騶牙」就會提前出現。

　　一年多後，匈奴渾邪王果然帶領十萬之眾前來歸降，漢武帝再次重賞東方朔。

　　本來，作為臣子，皇上有了旨意，應當立即奉旨，不得延誤，否則就是抗旨。但東方朔恣肆妄為，我行我素，要吃要喝，要田要地，心滿意足之後，方才侃侃而談。

　　東方朔的確聰明過人，他的智慧和博學就是無所顧忌向皇上要待遇的本錢。「智聖」的稱譽看來絕不是浪得虛名。當然，由此也可以看出東方朔的現實和另類。他真正懂得什麼叫皇帝，什麼叫價值。君君臣臣父父子子，哪有這麼溫情脈脈？要酬勞、分地產，就是皇帝一句話。只有你能為皇帝辦事，皇帝才能賞賜你；只有具有使用價值，你才能獲取價值。

　　東方朔心安理得，用知識換財富，表現了他不屑儒家「謙謙君子」的獨特個性。

　　另外，從頭至尾，我們發現，東方朔最大的另類就是敢要。

　　遇到皇上請教，臣子一般都是必恭必敬，只有回答問題的分兒；誰敢在這個節骨眼上較勁兒、耍大牌？東方朔就敢！

　　東方朔為什麼如此膽大妄為？

　　一是東方朔完全有把握回答皇上的疑問；

　　二是東方朔完全有能力在皇上發怒時，瞬間讓其轉怒為笑。

　　把握皇上的心理，不失時機地投其所好，為我所用，使東方朔在漢武帝的諸多臣子中別具一格，才智機敏明顯高出一籌。

樂得避世在朝堂

第五，婚姻。

　　《史記》記載：取少婦於長安中，好女，率取婦一歲所者即棄

去，更取婦。所賜錢財，盡索之於女子。

東方朔娶妻有三條鐵律：一是專娶京城長安的女人，二是專娶小美女（好女、少婦），三是一年一換。皇上賞給他的錢財，他全都用來打發舊美女，迎娶新美女。

群臣看不慣他這一套，都說東方朔是「狂人」。漢武帝說：假如東方朔沒有這些毛病，你們誰能趕上他？（人主左右諸郎半呼之狂人。人主聞之曰：令朔在事無爲，是行者，若等安能及之哉？）

其實，封建社會的男人即使妻妾成群，旁人也不能說一句不是。厭倦了可以放在家裡養著，沒必要離婚。東方朔不同，他偏要放愛一條生路，看來這個「情場浪子」還是懂得憐香惜玉。

第六，獲賞。

東方朔獲得皇上賞賜的方式和別人大不相同。

皇上賜飯，有的大臣即使晚年退休在家，也是彎著腰、低著頭，細嚼慢嚥，必恭必敬，誠惶誠恐。

東方朔沒有那麼多規矩！當著皇帝的面，狼吞虎嚥，不顧吃相。吃完之後，剩飯菜扔了可惜，東方朔就脫下衣服，把油乎乎的肉兜起來，拎著就走。所以，多數時間東方朔的衣服都是齷齪不堪，別人冷眼相看，他也滿不在乎。（時詔賜之食於前，飯已盡，懷其餘肉，持去，衣盡污。）有人以爲打包是中國人向外國人學的；其實，中國歷史上第一個打包的人是東方朔。

皇上賞賜絹帛，東方朔如數照收，擔揭而去，從不謙讓。而皇上賞賜的這些絹帛，東方朔全都用來迎娶美女。

第七，遭嫉。

一天，漢武帝在宮裡玩，他把一隻壁虎放在盆下讓大臣們猜是何物，大臣們都猜不出來。東方朔說：說牠是龍吧，牠沒有角；說牠是蛇吧，卻有腳；能在牆壁上爬，這不是壁虎，就是蜥蜴。皇上

說：猜得好。賞了他十匹絹帛。接著讓他再猜其他東西，結果東方朔是連連猜中，得了一大堆賞賜。

武帝另一個寵臣郭舍人不服氣，大喊大叫：東方朔是矇對的，不算猜中，我找個東西讓他猜，他如果猜中了我情願挨一百大板，他猜不中請皇上賞我絹帛。郭舍人在樹上找了一個長有菌芝的樹葉讓東方朔猜，東方朔應聲而答。漢武帝馬上令人打郭舍人一百大板，郭舍人吃了啞巴虧。

東方朔見郭舍人挨打，只管袖手旁觀，冷嘲熱諷。

郭舍人還不服氣，又出了個謎語，東方朔又猜了出來。眾人慨歎，東方朔也不再張狂。

這次猜謎之後，眾大臣對東方朔無不佩服得五體投地，漢武帝也十分高興，提拔東方朔任常侍郎。

但是好景不常，一個另類得離了譜的事，讓東方朔丟官卸職。

一次，東方朔喝醉了酒，竟然在皇帝的朝堂上撒了一泡尿（先是，朔嘗醉入殿中，小遺殿上）；這一次漢武帝真火了，下令把東方朔的官撒了，只留他待詔宦者署。（劾不敬，有詔免爲庶人，待詔宦者署。）

有人問東方朔：人們都認爲你是個瘋子，腦子有毛病，是這樣嗎？

東方朔說：我只是一個在朝廷中避世的人。古人到山中避世，我不同，我是避世在朝。（朔曰：如朔等，所謂避世於朝廷間者也。古之人，乃避世於深山中。）

據《史記》記載，在一次酒宴上，東方朔即席作了一首歌：陸沉於俗，避世金馬門，宮殿中可以避世全身，何必深山之中、蒿廬之下。

意思是：

在世俗中隨波逐流，

避世在皇宮之中，

宮中也能避世全身，

我何必非住深山草屋？

這首歌是東方朔「時坐席中，酒酣，據地歌曰」，所以，明清以後的古詩選本把這首歌稱作〈據地歌〉。

東方朔的「避世於朝廷間」，到了晉代王康琚〈反招隱詩〉，演繹成「小隱隱陵藪，大隱隱朝市」；白居易在〈中隱〉詩中，又提出「中隱」的概念。這樣，就有了「小隱隱於野，中隱隱於市，大隱隱於朝」的說法。

依賴周圍環境忘卻世事，這是小隱；藏身市井之中，是中隱；隱身朝野之中，才是大隱。

從進入仕途，到與漢武帝相處，東方朔始終另類，原因在於他從未把朝堂看得很神聖，他不是懷著敬畏之心在朝堂上供職，而是把朝堂當作隱居之地，用一種調侃的方式，和至高無上的漢武帝相處。

既然朝堂是隱居之所，東方朔唯求無拘無束地生活，快快樂樂地生活，隨心所欲地生活，實實在在地生活。

可漢武帝不是慈善家，憑什麼一次一次容忍他的另類？

答案只有一個：快樂！

東方朔不是董仲舒，〈天人三策〉解答了那麼多沉重問題；東方朔也不是汲黯，你不戴好帽子他都會挑你個不是；東方朔無論幹什麼都讓漢武帝覺得開心！他寫封求職信，漢武帝看了直樂；他自比侏儒，只為加薪；這樣一個人，漢武帝幹麼不要？漢武帝不僅需要建功立業的董仲舒、汲黯、衛青，也需要能讓他整天快樂的東方朔。

27.廬山眞面：

經緯天地才　屈尊弄臣

　　奇才東方朔以朝堂爲隱居之地，用調侃遊戲人生，沉溺在自得其樂的另類生活中。然而，東方朔眞的就是個玩世不恭的滑稽大王嗎？他的眞實面目究竟是什麼樣子呢？

東方朔之西方面

　　東方朔狂放的娛樂姿態，總讓人感覺詭詐、不安：越是試圖讓眾人記住某種形象，是否意味著你同時在極力使大家忽視你的另一張面孔呢？而那會是一張怎樣的面孔？哪一個才是東方朔的眞實面目？我們先來看看史書記載有關東方朔的三件事，再作判斷。

第一件事，阻止擴建上林苑。

　　建元三年（前138），剛滿18歲的漢武帝突然命令大規模擴建上林苑。

　　上林苑始建於秦代，當時規模較小，是秦代的皇家獵場。秦始皇在上林苑建阿房宮，後毀於項羽的一把大火。高祖十二年（前195），劉邦開放上林苑，上林苑成爲農民的耕地。

　　即位才三年的漢武帝爲什麼放著諸多大事不幹，偏偏突然要大興土木建上林苑呢？

　　原來，武帝即位之後，一直致力於推行新政。建元二年（前139），竇太后突然出手，罷免竇嬰、田蚡，重新任命丞相、御史大夫。漢武帝的建元新政全面擱淺。

　　面對竇太后干政，漢武帝沒有任何反抗之舉，他選擇了等待。

　　因此，從建元三年開始，18歲的漢武帝將改革新政「等待期」用於「微行」。帝王「微行」始自秦始皇。所謂「微行」，是指帝王或權貴隱瞞身分，易服出行。

　　但是，漢武帝的出遊遭遇了三大麻煩：

　　一是擾民。

　　漢武帝的「微行」非同一般，他自稱平陽侯，率領一干精悍的騎從（期門軍），沿途打獵，踐踏莊稼，驚擾百姓，夜出晨歸。民間怨聲四起，大罵土匪當道，一狀告到鄠、杜縣令處。縣令要親眼見識一下這個「平陽侯」到底是何方神聖，竟遭到阻攔。縣令大怒，痛斥並扣留了武帝的幾名隨獵者。隨從只好出示皇室用品，自暴身分。杜縣令大驚，馬上放行。

　　二是遇險。

　　一個月黑風高之夜，武帝率一路驃騎行至柏谷（河南靈寶西南），直奔一家小店，問老闆：有什麼喝的？老闆也沒好氣：要喝的沒有，尿倒是有一馬桶。老闆娘見漢武帝相貌堂堂，氣宇軒昂，便攔住老闆：這幫傢伙錦衣夜行，裝備精良，來頭可不小！算了！老闆則堅持武帝一干人是江湖大盜，要找群後生收拾他們。老闆娘只好不管三七二十一，把老闆灌醉，一把捆起來，召來的年輕人一律趕走；殺雞做飯，好吃好喝，送客人上路。

　　第二天，漢武帝回到宮中，立刻召見老闆娘，賞她千金，又任命她家老闆做羽林郎（皇宮禁衛軍）。

　　這是漢武帝「微行」以來，第一次遇險。

　　三是顧忌。

　　漢武帝雖然「微行」上癮，但有王太后、竇太后牽制，不能不有所顧忌，未敢遠行（然尚迫於太后，未敢遠出），難以盡興。

出於上述三方面原因，漢武帝決定大規模擴建上林苑，作爲自己的打獵場。

但是，擴建上林苑，就要遷徙苑中的農民，迫使他們另墾荒地。

一向玩世不恭的東方朔這次一板一眼，義正詞嚴，提出「三不可」：

上乏國家之用，下奪農桑之業，是其不可一也；

壞人塚墓，發人室廬，令幼弱懷土而思，耆老泣涕而悲，是其不可二也；

一日之樂，不足以危無隄之輿（指武帝），是其不可三也。

東方朔認爲：國家得不到稅收，農民失去土地，這是一不可；毀壞百姓的墓地、住宅，讓百姓悲痛，這是二不可；皇上飛車奔馳，一旦出車禍，後果難料，這是三不可。

他還以殷紂王、秦二世爲例，告誡漢武帝不可不顧民心民意。

這「三不可」漢武帝聽進去了沒有呢？漢武帝連連稱「是」，擢升東方朔爲太中大夫，賞賜黃金百斤。不過聽歸聽，上林苑照樣擴建。（上乃拜朔爲太中大夫、給事中，賜黃金百斤，然遂起上林苑。）

在這件事上，以漢武帝的個性，表現正常，既獎勵直臣，又我行我素。倒是東方朔一反常態：東方先生的本職工作是博皇帝一樂，和圍苑打獵一回事，怎麼板起臉憂國憂民了？哪有一點「大隱」的味道？

第二件事，讚揚武帝殺婿。

武帝的外甥昭平君娶了武帝的女兒夷安公主爲妻。昭平君仗著自己的舅舅兼岳父是當今聖上，母親隆慮公主又只有他一個兒子，平日驕橫跋扈，總是被傳訊。隆慮公主臨終時，對這個不肖

之子很不放心，於是拿出金千斤、錢千萬，請求預先爲昭平君贖死罪。漢武帝答應了妹妹的最後託付，隆慮公主方才合眼。

母親過世後，昭平君更加有恃無恐，竟然醉殺妻子的傅母（輔導、保育貴族子女之人）。按照漢律，殺人必判死罪。廷尉上奏後，大臣們認爲，隆慮公主臨死之前已經爲兒子交了贖罪錢，皇上也答應了，這次就饒駙馬一命吧。

漢武帝痛心疾首：妹妹英年早逝，只留下這根獨苗，死前又將他託付我。我如殺他，怎麼向死去的妹妹交代！他垂淚歎息，思考良久，又說：法令是先帝制定的，我不能因爲答應妹妹而違反成令。否則，將來我有什麼顏面進祖廟拜見列祖列宗呢？面對天下百姓，我又作何解釋？於是，下令處死昭平君。其實，武帝還有一個痛處不便表明：妹妹的兒子也是自己的女婿啊！自己將愛女變成寡婦，於心何忍？一向鐵石心腸的武帝悲從中來，心痛不已。大臣們也紛紛落淚。（法令者先帝所造也，用弟故而誣先帝之法，吾何面目入高廟乎？又下負萬民，乃可其奏。哀不能自止，左右盡悲。）

朝堂上愁霧瀰漫、唏噓一片。突然，東方朔跳了出來！他找到一個酒杯，高高舉起，敬獻給武帝說：臣聽說聖君執政，賞賜不避仇人，誅罰不分骨肉。陛下遵循古訓，這是天下百姓的福分啊！好個東方朔！皇帝家要死人了，這是插科打諢的時候嗎？群臣啞然、面面相覷，武帝也被他的突如其來驚住了，愣在那裡。

漢武帝馬上退朝，召見東方朔，質問他：古書上說，該你說話的時候說話，才不至於討人嫌。剛才你瘋瘋癲癲地敬酒，是什麼意思？

東方朔趕緊脫下帽子，叩頭請罪：陛下，天下之大，能夠消憂解愁的只有酒。今天看到您這般傷心，我獻上一杯美酒，一來祝賀皇上秉公辦案，二來希望陛下借酒消憂。可惜我腦子笨，不懂得挑

選時候，眞是罪該萬死！（臣朔所以上壽者，明陛下正而不阿，因
以止哀也。愚不知忌諱，當死！）

漢武帝想：東方先生哪裡笨，大智若愚，心明眼亮得很哪！他
怕我情緒不穩，收回成命，就當著群臣敬了那杯酒，這一來，我是
絕難再有悔意了！這次，武帝仍沒有降罪東方朔，反而免了他因殿
上小便而受到的處罰，另外又賞了他一百匹絹。

東方朔的表現再次令人匪夷所思，眼見皇帝痛不欲生，本應用
你所長博他一笑，幹麼還不知輕重地跑上來「添堵」？

第三件事，呵斥內寵入宣室。

長公主的丈夫陳午死得很早，她守寡多年。五十多歲的時
候，長公主梅開二度，招了一個十八歲的內寵董偃。

董偃十三歲時隨他母親經營珠寶，經常出入長公主府中。長
公主身邊的人都誇董偃長得眉清目秀。長公主雖然已不年輕，但
「愛美之心人皆有之」。她召來董偃一看，果然漂亮！就對董偃
說：吾爲母養之。董偃的母親是生意人，全仰仗長公主關照，自然
不敢有所得罪，只好留在長公主家。長公主教董偃讀書、計算、駕
車、射箭。五年後，董偃十八歲了，長成個大小夥子，長公主就讓
他伴寢。此時，長公主已經五十多歲了，得了這麼帥氣的內寵，自
然喜不自勝。

董偃雖然是長公主的內寵，卻只是個下人。長公主卻不顧一
切，主動撥出一筆專項資金，用於董偃結交京城權貴，而且下
令：董偃每天花的金子不到百斤，錢不到百萬，絹帛不到千匹，
不用向她請示，超過這個數再向她報告。（因推令散財交士。令
中府曰：董君所發，一日金滿百斤，錢滿百萬，帛滿千匹，乃白
之。）

京城的達官貴人因此對董偃十分客氣，尊稱他爲「董君」。

但是，內寵說到底是權貴夫人的洩慾工具，不僅沒有名分，還

陷在權、錢、慾的漩渦中，命懸一線。歷史上，武則天、太平公主的內寵，下場都十分淒慘。因此，有好友提醒董偃：你以一介布衣私奉長公主，犯的是難以預料的罪，打算將來怎麼辦？（足下私侍漢主，挾不測之罪，將欲安處乎？）董偃愁眉不展：我料到這事早晚是個大麻煩，但苦於毫無對策。

好友說：你爲什麼不勸長公主把自己的長門園獻給皇上呢？他早就想要這個園子。皇上要是知道你的心意，一定會非常高興。只要皇上賞識你，還擔心什麼呢？

董偃立即向長公主表達了這個意向。其實，長公主私納董偃，自己也十分心虛，怕漢武帝治董偃的罪。她一聽這個計策不錯，馬上打報告，要將自己的長門園獻給皇上。漢武帝照單接受，還將這個園子改名爲長門宮。（主立奏書，獻之，上大說，更名長公主園長門宮。）長公主萬萬沒有想到，這個長門宮雖成全了她和董偃的私情，後來卻做了女兒阿嬌被廢之後的冷宮。這是後話。

長公主讓董偃以黃金百斤答謝那個朋友，朋友也就「好人做到底」，積極爲董偃設計，面見漢武帝：長公主稱病不上朝，漢武帝就來探病，詢問長公主有何要求。（因是爲董君畫求見上之策，令主稱疾不朝，上往臨疾問所欲。）長公主對武帝說：我蒙陛下厚恩，被封公主，衣食無憂。可我年事已高，一旦有個三長兩短，會留很大的遺憾，希望皇上能抽空到我的住所，向您表達一下我的謝意！

過了一陣兒，長公主稱自己病好了，親自拜見皇上。

姑姑如此拘禮，侄兒也不敢怠慢。幾天之後，武帝親臨長公主的住所。這次，長公主算是拉下老臉，豁出去了。她穿起傭人的衣服，親自掌勺，炮製了一桌好菜。慢慢地，武帝也猜到了她的用心所在。他主動提出，希望見見「主人翁」。「主人翁」即男主人，顯然是戲言。

長公主一聽皇上提到董偃，趕快去掉身上的首飾，光著腳，叩

頭請罪：我確有見不得人的事，犯了國法，有負陛下厚望。求陛
下恕罪！姑姑守寡多年，武帝也想成人之美，於是傳旨，不予追
究。長公主這才重新戴上首飾，穿好鞋，還要董偃入席拜見漢武
帝。

董偃穿著下人的服裝，跪在殿下拜見漢武帝。漢武帝見董偃
果然長得不錯，就讓董偃更衣上殿。長公主親自端菜盛飯，倒茶
敬酒。漢武帝酒興高漲，一口一個「主人翁」，與董君感情迅速
升溫。（主自奉食進觴。當是時，董君見尊不名，稱爲主人翁，
飲，大歡樂。）

從此，董偃經常陪著漢武帝鬥雞踢球，變著法兒哄漢武帝開
心。董偃身價倍增，王公大臣無人不曉董君大名。（於是董君貴
寵，天下莫不聞。）

一天，漢武帝在宣室款待長公主和董偃，東方朔正好執戟站
崗，看見董偃要進入宣室，立即用長戟攔住董偃。皇親國戚難得一
次家庭聚會，東方朔不上前湊趣，怎麼又不識時務地跑了出來？

東方朔對漢武帝說：董偃有三條大罪可殺，他怎麼能進宣室
呢？漢武帝問：哪三條罪？東方朔應聲而答：

第一，以家臣的身分，私通公主；

第二，有傷風化，非婚同居，敗壞先王制度；

第三，皇上正是建功立業之時，董偃卻蠱惑皇上沉湎聲色犬馬
之中。

漢武帝沉默良久，才說：我已經備好酒宴，這次算了，下不爲
例。東方朔不依不饒：不行！宣室是先帝處理朝政的正殿，董偃
若進去，有違法度，不能進。（上默然不應，良久曰：吾業以設
飲，後而自改。朔曰：不可！夫宣室者，先帝之正處也，非法度之
政，不得入焉。）

漢武帝只好自找台階，擊節讚歎說：講得好！立即下詔，將這

次酒宴改到北宮舉行。然後，帶著董君從東司馬門走，從此，東司馬門改名爲東交門，成爲下人入宮的地方。同時，漢武帝還賞了東方朔黃金三十斤。（上曰：善。有詔止，更置酒北宮，引董君從東司馬門。東司馬門更名東交門，賜朔黃金三十斤。）

人要臉，樹要皮。董偃也是富商之後，十三歲被長公主包下做內寵，難道他不知羞愧嗎？當然知道。他邀寵獻媚也是因勢單力薄，身不由己。一向玩幽默的東方朔突然翻臉，「董君」精神受到極大打擊，從此失去武帝的寵愛，整天鬱鬱寡歡，三十歲就死了。不幾年，長公主也憂悶而死，和董偃合葬在霸陵。（董君之寵由是日衰，至年三十而終。後數歲，長公主卒，與董君會葬於霸陵。）

董偃是漢武帝姑媽的情人，又和漢武帝一見如故。東方朔爲什麼容不得他呢？東方朔一番陳詞，不僅讓董偃無地自容，而且讓長公主大失顏面：無論你是什麼皇親，你的情人就是不能進先皇正殿！這又哪裡有一點「大隱」的味道？

而東方朔自己的私生活就那麼禁得起說道嗎？一年一換妻，比人家非婚同居強多少？所以說，在這件事情上，東方朔不僅不是玩世不恭，簡直有點固執迂腐。

《漢書·東方朔傳》載：朔雖詼笑，然時觀察顏色，直言切諫，上常用之。東方朔雖然滑稽搞笑，卻經常察言觀色，直言進諫，而意見多被漢武帝採納。

東方朔從未任過地方官，一直在武帝身邊。一位近侍臣子，能夠言無不盡，也是難得。

尷尬千古誰人知

東方朔的盧山眞面目到底什麼樣呢？

　　不妨看看東方朔的一篇著名文章〈答客難〉。

　　〈答客難〉是東方朔的代表作。此文以「博士、諸先生」質問東方朔、東方朔回答辯難爲結構，組織成文。這是東方朔首創的一種自問自答的文體。

　　質問者的問題是：戰國時期的蘇秦、張儀，都高居卿相之位，澤被後世，而你東方朔讀了那麼多書，自以爲海內無雙，即可謂博聞辯智矣，但是，幹了幾十年，官不過侍郎，位不過執戟，這是什麼原因呢？

　　東方朔回答：彼一時，此一時也，豈可同哉？蘇秦、張儀的時代和現在的時代差別太大了。諸侯割據的時代能否得到人才關係到國家的存亡，所以，各國君主都特別愛才惜才，蘇秦、張儀就在那種大環境中脫穎而出。

　　天下平均，合爲一家，賢與不肖，何以異哉？現在天下太平無事，賢者和非賢者就看不出差別了。即使是聖人，如果天下無災，也沒有用武之地。（天下無害菑，雖有聖人，無所施其才。）

　　何況用人之權在上不在下：尊之則爲將，卑之則爲虜；抗之則在青雲之上，抑之則在深泉之下；用之則爲虎，不用則爲鼠。用你，你可當將軍；不用你，你只能當個兵。捧你，你能達到青雲之上；壓你，你只能居深泉之下。用你，你可以爲虎；不用你，你只能是老鼠。

　　所有的先生都無話可說了。（於是諸先生默然，無以應也。）

　　東方朔這篇〈答客難〉名氣極大，成爲後世諸多失意文士爭相仿效的樣板。揚雄的〈解嘲〉、班固的〈答賓戲〉、張衡的〈應間〉等，都是模仿它而成。「用之則爲虎，不用則爲鼠」成爲揭露封建制度壓制人才的名句。

〈答客難〉寫出了東方朔懷才不遇的心態，也表達了他對相對性和變動性的參悟。

東方朔一貫嬉笑怒罵，爲什麼突然如此消沉，發這篇「牢騷」呢？原來，東方朔上書「陳農戰強國之計」，希望得到重用，結果，一篇萬言書，終不見用，所以，朔因著論，設客難己，用位卑以自慰諭。

可見，東方朔絕不是什麼「大隱」，更不是混吃混喝，及時行樂，他一直懷抱經緯之才，根本沒有擺脫儒家「修身齊家治國平天下」的價值觀。可惜生不逢時，武帝文武滿朝，不再需要社稷之臣，東方先生就不必勞心了，給朕談談奇聞軼事，講個開胃的笑話，足矣。在屢屢不受重用的情況下，東方朔不得已而放浪形骸、遊戲人生。

東方朔的盧山眞面目很少被人記起來，反倒是他那精靈古怪的喜劇形象爲民間傳誦。

爲什麼歷史沒有記住一個富有正義感和抱負遠大的東方朔呢？

個性流傳

東方朔的盧山眞面和一般封建士子沒有太大區別，都是希冀輔佐明君，治平天下。但是，人們對歷史人物的理解難免帶有個人的興趣取向，往往記住的只是最有個性色彩的一面。東方朔最爲大眾喜聞樂見的，也是其最具個性色彩的一面，即他的詼諧滑稽和機智過人。因此，他的「喜劇之王」以及「智聖」形象深入人心。

小說影響

東方朔身後出現了一些諸如《東方朔別傳》之類的書籍，這些書多半介於野史和小說之間，班固《漢書》爲東方朔寫傳之時，就特意交代：除了他記錄的這些作品是東方朔所作，其他所謂東方朔的書都是僞書（世所傳他事皆非也）。

1.武帝幸甘泉宮，馳道中有蟲，赤色，頭目牙齒耳鼻悉盡具，觀者莫識。帝乃使朔視之，還對曰：此「怪哉」也。昔秦時拘繫無辜，眾庶愁怨，咸仰首歎曰：「怪哉怪哉！」蓋感動上天，憤所生也，故名「怪哉」。此地必秦之獄處。即按地圖，果秦故獄。又問：「何以去蟲？」朔曰：「凡憂者得酒而解，以酒灌之當消。」於是使人取蟲置酒中，須臾，果糜散矣。（梁・殷芸，《小說》，卷二）

一次武帝到甘泉宮去，路上看到一種蟲子，紫紅色的，頭眼牙齒耳鼻都有，大家都不知道這是什麼東西。東方朔說：這種蟲的名叫「怪哉」。秦朝關押大量無辜百姓，愁怨太大，仰首歎息道：「怪哉！怪哉！」歎息感動上天，就生出這種蟲子，名叫「怪哉」。此地定是秦朝的監獄所在地。武帝查對地圖，果然。武帝又問：怎麼除去這種蟲子呢？東方朔回答：憂愁得酒就能消解，以酒澆這種蟲子，它就會消亡。他把蟲放入酒中，蟲子果然消散了。

2.君山上有美酒數斗，得飲之，即不死為神仙。漢武帝聞之，齋居七日，遣欒巴將童男女數十人來求之，果得酒。進御未飲，東方朔在旁，竊飲之。帝大怒，將殺之，朔曰：使酒有驗，殺臣亦不死；無驗，安用酒為？帝笑而釋之。（《湖廣通志》，卷一百一十九）

君山上有美酒數斗，如能喝到，可以不死成仙。漢武帝齋居七天，派欒巴帶童男童女數十人，到山上求酒，帶回來獻給武帝。武帝還未喝，東方朔就偷偷地先喝了。武帝大怒，下令將東方朔處死。東方朔能言善辯：假如酒真靈驗，你殺我我也不死；如果不靈驗，你要這酒有什麼用？武帝笑著把他放了。

可見，如果我們以為東方朔真是以博學換取錢財，再用錢財換取一個實惠的人生，就把東方朔縮小了。

28.琴挑文君：

千年一騙局　劫色劫財

在中國戲曲史上，《琴挑》是一齣非常有名的折子戲，不少劇本都以它命名。「琴挑」一詞最早源自漢武帝時期一位大文豪的浪漫故事。此人與史學家司馬遷並稱爲「文章西漢兩司馬」。不過，二者絕對不能夠同日而語。這位司馬先生一生名利雙收，可謂命運的寵兒。那麼，他又是誰？他的琴，是否真的挑起了一段千古佳話？

巧設臨邛一騙局

司馬相如，字長卿，幼年時，他的父母怕他有災，所以給他取了個小名叫「犬子」。長卿完成學業之後，知道了藺相如的故事，爲了表示對藺相如的羨慕之意，便更名爲司馬相如。

憑藉家庭的富有，司馬相如當了「郎」（以貲爲郎），「郎」是皇帝的侍從。漢承秦制，規定家中有錢的人可以爲郎。漢初曾以「十算」（十萬）爲起點，到了景帝朝改爲「四算」（四萬）爲起點。這樣做有兩個目的，一是衣食足而知禮儀；二是有資產備得起官服。

司馬相如初出道時，擔任漢景帝的武騎常侍（騎兵侍衛），他本人並不喜歡這個職業。司馬相如喜愛的是寫賦（一種文體），但是，漢景帝偏偏不喜愛賦。所以，在景帝朝司馬相如才華得不到施展，幹得很鬱悶。

　　後來，梁孝王進京，隨同他一塊來的有鄒陽、枚乘、莊忌等人，相如和這幾位辭賦高手，志趣相投，一拍即合。於是，他以有病爲由辭去了景帝朝的「郎」，隨梁孝王到了梁國。梁孝王讓司馬相如和鄒陽、枚乘等人一同居住，享受同等待遇。司馬相如心情大變，文思泉湧，創作了著名的〈子虛賦〉，聲名鵲起。

　　但是，不久（景帝中元六年，前144），梁孝王病卒，門客各奔東西。司馬相如離開梁地，回到家鄉成都。《史記・司馬相如傳》記載：梁孝王卒，相如歸，而家貧無以自業。《漢書・司馬相如傳》：梁孝王薨，相如歸，而家貧無以自業。這兩本重要史書記載的內容完全一致，都說司馬相如從梁孝王遊宦歸來後，家中窮困，沒有謀生的手段。

　　這段記載非常可疑。如果司馬相如真是「家貧無以自業」，那麼，他當初怎麼能夠「以貲爲郎」呢？但是，司馬遷、班固兩個人都這麼寫，我們今天已經無法知道事實的真相了。

　　正是在這種情況下，臨邛縣（今四川邛崍）令王吉邀請司馬相如到臨邛。王縣長與司馬相如是莫逆之交，司馬相如來到後，王吉將他安頓在縣城的賓館（都亭）裡。

　　一場「琴挑」的浪漫劇由此拉開帷幕。

　　臨邛縣令王吉安置好密友司馬相如之後，故意裝出一副謙恭的姿態，天天到賓館來看望司馬相如。司馬相如開始每天還見見縣令王吉，後來，縣令來訪，司馬相如一律謝絕。司馬相如越是謝絕，王吉越是恭敬，照樣天天來訪。（臨邛令繆爲恭敬，日往朝相如。相如初尚見之，後，使從者謝吉。吉愈益謹肅。）

　　「繆爲恭敬」四個字非常值得玩味，「繆爲恭敬」是故意裝出一副必恭必敬的姿態。而王縣令爲什麼要裝出這副必恭必敬的姿態？司馬相如和王吉究竟在打什麼主意呢？

　　原來，臨邛縣有兩位鋼鐵大王，一位是卓王孫，一位是程

鄭，兩家都以煉鐵暴富。卓王孫家中的奴僕有八百多人，程鄭家中的奴僕也有數百人，略遜一籌。這兩位聽說王縣令天天去看望一位貴客，還屢屢碰壁，非常好奇，很想見識一下。思來想去，便想出一計。既然是縣長的貴客，我們理應表示一下；不如備下一桌酒宴，好好款待一下人家，順便也宴請一下縣令。（令有貴客，為具召之，並召令。）

到了宴請這一天，王縣令先來到卓王孫家中。此時，上百位賓客已經入席，等到中午，卓王孫才派人去請司馬相如前來赴宴；但是，司馬相如推說有病不能赴宴。本來，等陪客們都到了才去請主賓，這是對客人尊敬的一種做法。但是，主賓不來，卓王孫別提多難堪了。王縣令一聽司馬相如不來，菜都不敢吃一口，立即登門去請。司馬相如見王縣令如此盛情，沒有辦法，只好勉強成行。司馬相如一到，他的風采立刻震動了臨邛的上流社會。（卓氏客以百數，至日中，謁司馬長卿。長卿謝病，不能往。臨邛令不敢嘗食，自往迎相如。相如不得已強往，一坐盡傾。）

有趣的是，《漢書》和《史記》記載王縣令親請司馬相如一事有一字之差：《史記》寫的是「相如不得已強往」，《漢書》寫的是「相如為不得已而強往」。比起《史記》，《漢書》多了一個「為」字，「為」者「偽」也，即司馬相如故作清高，假裝不願去赴宴。班固寫得比司馬遷更透徹，他揭示了司馬相如和密友王縣令的確是策劃了一個大陰謀。那麼，司馬相如和密友王縣令究竟想從這個陰謀中得到什麼呢？

透過《漢書》這個「為」字，我們基本上可以知道，司馬相如這次臨邛之行，絕對不是一般的探親訪友，而是有備而來，要辦成一件事，而且這件事一定和卓王孫有關。

琴心挑得美人歸

　　王縣令將司馬相如安頓在賓館裡天天朝拜，意在造勢，吸引卓王孫的眼光；果然，卓王孫上鉤了：親擺家宴宴請司馬相如。赴宴之際，他又「千呼萬喚始出來」，吊足卓王孫的胃口，哄抬自己的身價。

　　酒宴進行到高潮時，王縣令把一張琴恭恭敬敬送到司馬相如面前，說：聽說長卿的琴彈得極好，希望能彈一曲以助酒興。司馬相如一再推辭，王縣令一再相邀。最後，司馬相如拗不過，順手彈了兩支曲子。

　　《史記·司馬相如傳》記載：相如口吃而善著書。司馬相如有一個生理缺陷，就是結巴，但是，他的文章寫得非常好。王縣令之所以讓司馬相如賦琴，一是讓司馬相如迴避自己的弱項——口吃，二是發揮自己的強項——彈琴。

　　做了這麼多的鋪墊，還亮出了絕技，到底為什麼呢？

　　原來，這位卓王孫有一個寶貝女兒叫卓文君，這位文君小姐剛剛守寡，回到娘家暫住。她非常喜歡音樂，又特別精通琴瑟。所以，司馬相如與其說是為王縣令彈兩支曲子，不如說是司馬相如想用琴音挑動卓文君的芳心。（是時卓王孫有女文君，新寡，好音。故相如繆與令相重而以琴心挑之。）請特別注意「相如繆與令相重而以琴心挑之」中的「繆」字，司馬相如撫琴，絕非為縣長大人所奏，而是為了讓一位小姐芳心暗許。

　　一個人有癖好，就有了軟肋。

　　卓文君酷愛音樂，這恰恰成了卓文君的短處。司馬相如早就把卓文君給琢磨透了，卓文君精通琴瑟，這就是她的心理興奮點。一支表達愛慕的琴曲，正是司馬相如打開卓文君芳心的鑰匙。

　　原來，司馬相如故弄玄虛、排兵布陣多時，要謀的就是卓王孫

的掌上明珠——卓文君！

司馬相如應邀到臨邛之時，隨行車馬非常之多，來到之後表現得從容大方，舉止文雅，加上他英俊帥氣，整個臨邛縣無人不知。寡居家中的卓文君早有耳聞，只是無緣相識。等到司馬相如到自己家中飲酒、彈琴，文君從門縫裡看見司馬相如的風流倜儻，內心十二萬分仰慕，直擔心自己配不上他。兩支求婚曲讓文君小姐聽得如醉如癡，心動不已。

酒宴結束之後，司馬相如派人用重金買通卓文君的侍女，直抒胸臆。「兩情相悅」的確令人幸福得發暈。卓文君奮不顧身，連夜從家中出逃，司馬相如狂喜不已，當夜帶她離開臨邛，回到成都家中。

到了成都，卓文君才發現，司馬相如家中一貧如洗，只有四面牆（家居徒四壁立）。

當然，「家居徒四壁立」這句話與此前的「以貲為郎」，出行有盛大的車馬隨從頗不相符，真不知道司馬相如家中的經濟狀況到底怎麼樣。

第二天，卓王孫聽說自己的女兒私奔司馬相如，而且，兩個人已經離開臨邛要回成都，氣急敗壞。不過，作為一個大漢帝國首富，卓王孫自有撒手鐧：經濟制裁，一個子不給！

蜜月之後，兩個年輕人立即感受到生活的艱辛與窘迫，卓王孫的經濟制裁立竿見影。卓文君第一個受不了了！她自幼長於豪門，富日子過慣了，哪裡受得了窮？她對司馬相如說：假如你願意和我一塊兒回臨邛，就是向我的兄弟們借點錢，也足以維持生活，何苦在這兒受窮呢？

最後，司馬相如同意了愛妻的意見，變賣了車馬，在臨邛買了一處房子，開了個酒店，類似現在的酒吧。他讓卓文君親自站台賣酒（文君當壚），自己繫著大圍裙，和夥計們一塊兒洗碗。（文君

久之，不樂。曰：長卿第俱如臨邛，從昆弟假貸，猶足爲生，何至自苦如此？相如與俱之臨邛，盡賣其車騎，買一酒舍酤酒。而令文君當壚，相如身自著犢鼻褌，與保庸雜作滌器於市中。）

《西京雜記》（卷二）記載得更是有聲有色：司馬相如和卓文君回到成都之後，生活艱難，卓文君只得拿自己的高檔皮衣去賒一點酒，二人同飲；喝完酒，卓文君抱著司馬相如的脖子哭著說：我從來過得都是富貴日子，現在卻到了用裘皮大衣換酒的地步。於是，兩個人商定到臨邛開酒店，司馬相如親自穿著圍裙幹活，有意讓卓王孫丟人。（司馬相如初與卓文君還成都，居貧，愁懣，以所著鷫鸘裘就市人陽昌貰酒，與文君爲歡。既而，文君抱頸而泣曰：我平生富足，今乃以衣裘貰酒，遂相與謀於成都賣酒。相如親著犢鼻褌滌器，以恥王孫。）

卓王孫的富有絕非一般，司馬遷《史記·貨殖列傳》記述了卓王孫在秦滅趙國之後，從趙地主動要求遷徙遠方，最後遷到臨邛煉鐵致富的全過程。《史記·貨殖列傳》記載的都是國家級大富翁，卓王孫排行第一：卓氏……富至僮千人，田池射獵之樂，擬於人君。卓王孫無疑是當年富比士中國排行榜的首富。

卓王孫的千金回臨邛開酒吧，並親自「當壚」賣酒；卓王孫的女婿司馬相如和傭人一樣打雜，實在讓卓王孫丟人現眼，卓王孫因此大門不出二門不邁。（卓王孫聞而恥之，爲杜門不出。）

這裡的原因大概有以下三點：

自己引狼入室

司馬相如拐走女兒，是因爲自己請司馬相如到家中赴宴，而此事又是王縣令做的婚託兒，總不能和縣令翻臉吧？卓王孫有苦難言。

卓文君不顧禮儀

自己的女兒放著千金大小姐不做，竟然不知廉恥，與司馬相如

私奔，讓卓王孫臉面盡失。

丟人丟到家門口

女兒和司馬相如的酒店如果開在成都，眼不見心不煩，輿論還不至於這麼大；可他們竟然把酒店開到臨邛，生意做到家門口，臨邛小城，人盡皆知，這真叫「丟人丟到家」！

卓王孫又羞又惱，卻無處發洩。

文君的兄弟和長輩紛紛從中斡旋：卓王孫啊，你只有一個兒子兩個女兒，家中又不缺錢；文君已爲人妻，生米已然成熟飯，司馬相如也算個人才，並非無能之輩，文君完全可以託付終身。再者，司馬相如還是王縣令的座上賓，你又何必不依不饒呢？

卓王孫萬般無奈，只好花錢消災，分給文君一百名僮僕，一百萬錢，另有一大筆嫁妝。

司馬相如和卓文君立即關閉酒店，打道回成都，買田買地，富甲一方。

司馬相如琴挑卓文君這對才子佳人的傳奇佳話，從此千古流傳。

幾許癡心幾多謀

但是，據我看來，這個美麗的愛情故事裡還有許多疑問需要解答：

第一，司馬相如為什麼想不到與卓文君回臨邛開酒舍的計畫呢？

司馬相如是在無法維持生計的落魄之時應密友王吉之邀來到臨邛的。他來臨邛之前也許並沒有完整的想法，但是，到了臨邛之後，特別是在與王吉密談之後，司馬相如制訂了一個周密的計畫。只是這個計畫司馬遷沒有將其挑明，而是暗中點出。

司馬遷爲什麼不把司馬相如這個密謀揭示出來呢？道理很簡

單，司馬遷對司馬相如偏愛有加，特別是鍾愛他的才華。《史記·司馬相如傳》中全文引用司馬相如的大賦和文章，這在《史記》112篇人物傳記中是絕無僅有的。對司馬相如情有獨鍾，司馬遷筆下留情就是很自然的；他不會用直筆來寫司馬相如當年這一段不大光彩的婚史，但是，作為一代良史，司馬遷又不能違背作為一代史學家秉筆直書的為史原則，他還不得不將司馬相如這件事揭示出來。當然只能用曲筆，看「臨邛令繆為恭敬」和「故相如繆與令相重而以琴心挑之」兩句中的「繆」字，真相便昭然若揭。

司馬相如初到臨邛即大張旗鼓、製造聲勢，實則與縣令聯手，釣卓王孫上鉤。

司馬相如能夠制訂出一個如此周密的「釣魚」計畫，讓精明老到的卓王孫上當，至少說明司馬相如確有老謀深算的一面，那他豈能想不到主動提出來回臨邛開酒舍，狠宰卓王孫一把呢？

一是丟人。中國古代大男人主義盛行，一個男人要靠女人吃飯，無疑會遭人鄙視。

二是萬一卓文君拒絕了怎麼辦？如果卓文君寧肯受窮，絕不開口向父親要錢，這事此後就再難提起。

三是可能會讓卓文君懷疑當初「琴挑」的目的。這將會帶來一個更大的問題：你究竟愛我，還是愛我家的錢？你是為我琴挑，還是為了宰我爹而琴挑？

因此，司馬相如是不會提出回臨邛的；那麼辦法只有一個：忍耐！忍到卓文君自己受不了，主動提出，自然順水推舟、大功告成。

果然，卓文君主動提出回臨邛。此時，司馬相如內心應該是欣喜若狂——苦日子終於到頭了！如果將此事向前再推一點會發現另外一個問題。

司馬相如琴挑卓文君究竟為的是什麼？

之所以提出這一問題，是因爲這一問題從古至今被訛傳，它關乎到對這個經典愛情故事的眞實評價。

首先，卓文君究竟美不美？

如果卓文君是醜女，那麼，一切就明明白白：琴挑全國首富的醜女，豈不是司馬昭之心路人皆知？

《史記・司馬相如傳》、《漢書・司馬相如傳》都沒有記載卓文君是否國色天香。只有《西京雜記》卷二記載：

> 文君姣好，眉色如望遠山，臉際常若芙蓉，肌膚柔滑如脂。十七而寡，爲人放誕風流，故悅長卿之才而越禮焉。長卿素有消渴疾，及還成都，悅文君之色，遂以發痼疾。乃作〈美人賦〉欲以自刺，而終不能改，卒以此疾至死，文君爲誄，傳於世。

如果《西京雜記》的這個記載可信，那麼，國色天香，十七妙齡，司馬相如十分仰慕，才有與王縣令密謀琴挑文君一事。而且，司馬相如有糖尿病，由於喜愛卓文君，不加克制，導致自己病情加重，最後死在糖尿病上。

當然，因爲卓文君貌美而琴挑，目的無非是抱得美人歸，似乎無可厚非；但是，並不能排除司馬相如琴挑文君之後還有其他目的。如果先劫色後劫財，就是一石二鳥，當然，人品就大打折扣了。

西漢末年著名的文學家揚雄非常崇拜司馬相如，他模仿司馬相如創作了不少漢大賦，但是，揚雄〈解嘲〉一文中第一次提出：司馬長卿竊貲於卓氏，東方朔割炙於細君，僕誠不能與此數公者，並故默然，獨守吾〈太玄〉。

揚雄認爲：自己既不像司馬相如一樣無恥地劫卓王孫的財，又不能像東方朔那樣無恥自己割肉送老婆，只好活該受窮。揚雄第一個提出司馬相如是「竊貲」，是劫財。

顏之推的《顏氏家訓・文章篇》在批評「自古文人，多陷輕

薄」時，也說：「司馬長卿，竊訾無操。」

唐人司馬貞的《史記索隱》評司馬相如時亦說：相如縱誕，竊訾卓氏。

看來，古人對此事的說法大體一致，認為司馬相如人品不端，劫卓王孫之財。但是古人並未進行詳細議論，我們不妨來作一番論證。

另外，司馬相如回臨邛果真是為了劫卓王孫的財嗎？

《史記》、《漢書》的司馬相如傳都沒有談到，但是，《西京雜記》寫了非常值得玩味的四個字「以恥王孫」。如果我們相信《西京雜記》記載屬實，就得承認司馬相如在臨邛開酒店是為了宰卓王孫。此為其一。

其二，酒店開在哪兒不行啊，非得開在臨邛？顯然是為了卓王孫的錢嘛。

其三，《史記》、《漢書》都記載司馬相如拿到一百萬錢和一百個奴僕後，立即關閉酒店，帶著夫人回了成都。

從這三條看，司馬相如回臨邛開酒店，確實不能排除向卓王孫「劫財」。

最後一點，司馬相如宰卓王孫的計畫是在琴挑之前還是琴挑之後？

我們看看下面這五個問題是否成立：

（1）司馬相如知道卓王孫是全國首富；

（2）司馬相如相信自己可以用一個周密的計謀琴挑文君歸己；

（3）司馬相如深知自己「家居徒四壁立」根本養不起萬金小姐卓文君；

（4）司馬相如深信卓文君受不了窮一定會主動提出回臨邛逼其父出血；

（5）司馬相如堅信卓王孫受不了丟人一定會拿錢擺平。

　　如果上面這五個問題我們不得不承認是事實的話，司馬相如琴挑卓文君之前已經有了劫財的準備，因此，這個流傳千古的愛情傳說原來竟是一個先劫色後劫財的騙局。

29.情變之謎：

卓文君膽識　成就情聖

　　一段琴聲撩撥得卓文君情難自禁，決心夜奔；寫得一手好賦的文人司馬相如，成功運作，迎娶了全國首富的寶貝女兒，財色兼收。卓文君難道永遠看不到司馬相如的真實面目嗎？這麼一個先天不足的婚姻又該如何向下演繹呢？

虛實我心知

　　卓文君跟隨司馬相如回到成都家中，推開門，但見家徒四壁，一貧如洗！如果你是卓文君，自小養尊處優，十七新寡，為愛夜奔，面對眼前的一切，會怎麼想？

　　司馬相如在臨邛，入住高級客店，乘坐豪華馬車。本是一文不名，為何那般奢華？明知難以負擔，為何攜我夜奔？也許戀愛中的卓文君願意相信：為贏得愛人要點手段，情有可原。但是，眼前這個男人如此處心積慮，制訂周密計畫，將自己收入網中；到底悅我文君之容，還是愛我老爸之財？卓文君決心一試。

　　卓文君開始變賣裘皮衣，司馬相如拿錢買醉。卓文君提出找兄弟借錢，司馬相如不動聲色。卓文君建議回臨邛開酒舍，迫使老爸出錢，司馬相如舉雙手贊成！卓文君終於明白，在司馬相如眼裡，解決經濟危機的唯一出路正是──父親的錢財。

　　司馬相如為了回到臨邛，回到那個拒不承認他身分的老丈人身邊，變賣馬車，穿上跑堂的衣服，全心投入髒活、累活。這種放下

身段，不恥下賤的心態，令文君齒冷心寒：那般風度翩翩，竟然滿身銅臭。

那麼，她為什麼不揭穿這場騙局呢？為什麼還主動說出司馬相如想說不敢說的話呢？

我想至少有兩個方面：

一是愛情。

卓文君承受著極大的心理壓力：社會輿論的譴責已經讓私奔的文君不堪重負，更何況自己做出重大付出之後，才發現這是一椿有重大瑕疵的愛情。事已至此，卓文君願一力承擔。自古癡情女子薄情漢，文君放不下司馬相如，就願意成全他，做一個愛情的傻瓜。

二是感化。

面對一個動機不純的愛人和一份充滿銅臭味的感情，選擇分手最為簡單。但文君於心不忍，愛情無法瞬息即逝，司馬相如也並非不可救藥。因此，文君選擇了挽救，挽救一位自己的愛人，也是挽救一場婚姻。

最終，文君沒有揭穿司馬相如。夫妻二人連袂演出，獲贈百萬，富甲一方。

一場風波至此劃上圓滿的句號，卓文君和司馬相如相敬如賓、恩愛有加；真情慢慢取代假意，婚姻也算美滿。

輕重細掂量

平靜生活持續不久，一件關乎到文君家庭的大事降臨：漢武帝要召見司馬相如！

司馬相如怎麼會進入漢武帝的視野呢？

有一天，漢武帝無意讀到司馬相如的〈子虛賦〉，非常震

驚，遺憾地說：我怎麼沒能和這位作家生活在同一個時代啊！此時，漢武帝的狗監（管理獵狗）楊得意剛好在漢武帝身邊侍奉，此人是司馬相如的蜀地老鄉，聽武帝這一番感慨，忙對武帝說：我的老鄉司馬相如說過，他曾經寫過一篇〈子虛賦〉。武帝大吃一驚，忙傳旨召見司馬相如。（上讀〈子虛賦〉而善之，曰：朕獨不得與此人同時哉！得意曰：臣邑人司馬相如自言為此賦。上驚，乃召問相如。）

〈子虛賦〉是司馬相如在梁孝王身邊時所作，但是，當時的皇帝漢景帝不喜歡辭賦，司馬相如的才華得不到關注；而漢武帝生來喜愛辭賦，楊得意剛好知道這是同鄉司馬相如所作。

正所謂：千里馬常有而伯樂不常有。因為伯樂擁有鑑定的權利，而未被認可的千里馬總是處在劣勢，除了要擁有一日千里的才能，還要靜候機遇。漢武帝的召見，對司馬相如來說，正是一次人生機遇，而對卓文君瓷器般珍貴易碎的婚姻，卻是一次巨大的威脅。

才貌雙全、八面玲瓏的夫君進入官場，會不會生出什麼變故來呢？這一次，卓文君又將如何選擇？

第一，支持司馬相如的志趣。

得力於卓文君的大力支持，司馬相如如期抵京。他對漢武帝說：這篇賦只寫了諸侯的事，不值得一提，我再給皇上寫一篇〈上林賦〉。等到漢武帝讀完〈上林賦〉，立即下令：從今以後，尚書負責為司馬相如寫作提供寫賦的「筆札」，並任命司馬相如為郎（侍從）。（此乃諸侯之事，未足觀也。請為〈天子遊獵賦〉，賦成，奏之。上許令尚書給筆札。）

漢武帝時期的尚書是皇帝的專任秘書，負責為皇帝收發文書、保管圖書，他的職責是為皇帝服務，但是，漢武帝竟然特許自己的秘書負責為司馬相如提供「筆札」，這是非常隆重的禮遇

啊！

司馬相如這兩篇賦被後人合稱爲〈天子遊獵賦〉，成爲漢代大賦的代表作，在中國文學史上地位崇高。但是，司馬相如完全迎合武帝好大喜功、窮奢極欲的口味，並無眞心勸諫武帝節儉。因此，揚雄批評該賦「勸百而諷一」，縱容遠遠大於諷諫。

後來，司馬相如奉命出使西南夷，蜀郡的主要領導舉行了盛大的歡迎儀式：太守在郊外恭候，縣令在前方開路；一路浩浩蕩蕩，蔚爲壯觀。相比之下，過去金光燦燦的卓王孫也黯然失色，不過，這回老丈人心裡甜滋滋的。你想，有個在皇帝身邊做官的女婿，今後生意肯定節節高。此後，卓王孫自我批評：我是老糊塗啊，那麼晚才認可你們的婚事。於是，又劃撥大批財產給卓文君，而且絕不「重男輕女」，數額相等，一碗水端平。（至，蜀太守以下郊迎，縣令負弩矢先驅，蜀人以爲寵。於是，卓王孫臨邛諸公皆因門下獻牛酒以交歡。卓王孫喟然而歎，自以得使女尚司馬長卿晚。乃厚分與其女財，與男等。）這樣，司馬相如再次沾了愛妻的光，分得大批財產。

第二，用經濟實力為司馬相如買得官聲。

史書記載司馬相如對官場並不熱中，常常稱病閒居，因此，司馬遷說他「不慕官爵」。其實，司馬遷也上了司馬相如的當。司馬相如豈是「不慕官爵」之人？他要是「不慕官爵」，何必奔到長安？他稱病閒居，是另有原因：

一是生活上的富足爲司馬相如帶來一定的獨立性。他沒有必要在官場上摸爬滾打、你擠我扛。惹不起躲得起，司馬相如選擇「事不關己，高高掛起」。（與卓氏婚，饒於財，其進仕宦，未常肯與公卿國家之事。常稱病閒居，不慕官爵。）

二是文學侍從的身分使司馬相如失去了進取之心。漢武帝非常欣賞司馬相如，但是，這種欣賞僅限於司馬相如的文才而非文

治。司馬相如在官場上不如情場那般得意，天性又非執著之人，幾番進取失利後，乾脆在家吟風頌月，潛心詩賦創作。

收放有原則

卓文君雖貴為萬金小姐，卻深知夫妻之間恰如「綠葉紅花」，需要互相幫襯。於是，卓文君甘心做不起眼的綠葉，以自己的經濟實力撐起司馬相如的清高；但是，這種付出竟帶來不對稱的回報。

《西京雜記》載：相如聘茂陵人女為妾，卓文君作〈白頭吟〉以自絕，相如乃止。

司馬相如對卓文君開始審美疲勞，想娶一位茂陵女子為妾。這一次，卓文君還會成全司馬相如嗎？她寫了一首〈白頭吟〉，堅決表示反對。

你愛錢財、愛辭賦，那是你的個人愛好，我可以滿足你；你要另謀新歡，分享我的婚姻和愛情，那我不能再包容了：有她沒我，有我沒她！司馬相如看到〈白頭吟〉，幡然醒悟，放棄了原先的打算。

這首〈白頭吟〉，宋人郭茂倩編纂《樂府詩集》有記載：

皚如山上雪，皓如雲間月，聞君有兩意，故來相決絕。
今日斗酒會，明旦溝水頭，躞蹀御溝上，溝水東西流。
淒淒重淒淒，嫁娶不須啼，願得一心人，白首不相離。
竹竿何裊裊，魚兒何簁簁，男兒重意氣，何用錢刀為？

一是事件的真實性

《西京雜記》是一部筆記體雜史，或稱為筆記體小說。它的記載可不可信呢？據余嘉錫先生之說，此書是晉人葛洪編纂。作為一部筆記體小說，其書有一定的可信度。

第一，司馬相如對卓文君的感情最初就附著明顯的銅臭。因此，出現情變的可能性較大。

第二，司馬相如與卓文君的情變受到後人廣泛關注。

雖然，人們的關注並不能證實眞相，但至少說明：大多數人相信情變之事是可能的。否則，誰還願意對此津津樂道？

二是事件發生的時間

《西京雜記》沒有記載情變發生的時間，從常識判斷，不應發生在他們新婚不久；而應是婚後相當長一段時間之後。《史記‧司馬相如傳》記載司馬相如赴京之前有「居久之」三字，因此，情變應在司馬相如從政之後。

三是事件的結局

卓文君異常決絕；司馬相如立即煞車：放棄新歡，選擇舊愛。

文君的態度是結束這一事件的關鍵。而卓文君的所作所爲，又取決於她對這場浪漫婚姻的認識。而這個認識，需要一個長期的過程：

最初階段，文君迷戀司馬相如的才貌，此時的感情具有很大的盲目性，表現爲不計後果：私奔。

後來，苦心經營的美滿婚姻出現危機，文君的態度是：原則問題，半步不讓！

有關這次情變，後世流傳不少文學作品，但這些只能稱之爲「司馬相如現象」，而非歷史眞實。其中，最爲著名的是下面這一則：

這邊廂，才子司馬相如溫柔鄉裡卿卿我我；那邊廂，思婦卓文君幾年望眼欲穿。終於，文君放下矜持，寄去一紙呼喚，切盼郎歸。司馬相如一看，揮筆寫下「一二三四五六七八九十百千萬」十三個數字，算是回了信。卓文君滿心歡喜，展開卷軸：一二三四五六七八九十百千萬，唯獨沒有「億」字！無「憶」，

「無意」！司馬相如已經對自己無「意」了啊。

卓文君自憐自傷，把司馬相如寫的這些數字連綴成一首詩，回寄給司馬相如：

一別之後，二地相思；只說是三四月，又誰知五六年。七弦琴無心彈，八行書無可傳，九連環從中折斷，十里長亭望眼欲穿，百思想，千繫念，萬般無奈把郎怨。

萬言千語說不完，百無聊賴十依闌，九月重陽看孤雁，八月中秋月圓人不圓，七月半燒香秉燭問蒼天。六月伏天人人搖扇我心寒，五月榴花如火，偏遭冷雨澆花端；四月枇杷未黃，我欲對鏡心已亂；急匆匆，三月桃花隨水轉；飄零零，二月風箏線兒斷。噫，郎呀郎，恨不得下一世你爲女來我作男。

卓文君把司馬相如寫來的十三個數字順著寫一遍，倒著寫一遍，首尾連環，將自己心中的怨恨表達得低旋淺徊，打消了司馬相如再娶的念頭。

這首優美的數字詩，頗具元曲風韻，完完全全、徹徹底底是僞造；它和司馬相如、卓文君的故事毫不相干；然而，這首數字詩因其獨特的結構，征服了無數讀者，成爲司馬相如、卓文君故事的一個組成部分。

話說回來，中國封建時期，男人有三妻四妾無可厚非，更何況司馬相如這樣英俊瀟灑的大才子。爲什麼文君一否決，相如就打消念頭了呢？

因爲當年司馬相如費盡心機，智娶卓文君，一個重要目的就是要獲得財富。如果因爲茂陵女而離婚，財富肯定會大打折扣。

但是，《西京雜記》還有一段記載：

長卿素有消渴疾，及還成都，悅文君之色，遂以發痼疾。乃作〈美人賦〉欲以自刺，而終不能改，卒以此疾至死，文君爲誄，傳於世。

司馬相如有糖尿病（消渴疾），回到成都後，沉溺歡愛，加重

了他的病情。於是，寫了一篇〈美人賦〉告誡自己，但還是無法控制自己的濃濃愛意，最終因糖尿病致死。司馬相如死後，卓文君悲痛欲絕，寫了一篇相當感人的祭文。

這樣，大眾就一齊給卓文君和司馬相如的情變，安置了一個「浪子回頭」的光明尾巴。雖然野史的真實性無從考證，然而，我也認為，這樣的結尾確實更符合司馬相如的性格，更接近歷史真相。

儘管「劫財劫色」在先，但司馬相如並非心狠手辣的老江湖，說到底，他終生都為情所困，頗具傳統知識分子的幼稚和軟弱。

首先，為皇恩所困。史載司馬相如病危之時，漢武帝曾專門派所忠去他家中索書，結果來晚了一步，司馬相如已經撒手人寰。所忠正欲離開，突然發現司馬相如留給漢武帝最後的遺作──〈封禪書〉。

司馬相如至死不忘迎合漢武帝的泰山封禪之心。我不禁要問，司馬相如為什麼要迎合武帝？是有所期待嗎？前面講到，司馬相如衣食無憂，又沒有多少銳取之心，溜鬚拍馬不至於如此鞠躬盡瘁吧？從不得志的閒居雅士，一躍成為皇帝的座上賓，司馬相如的逢迎恐怕更多發自內心的感恩，是一種「士為知己者死」的文人氣質在作怪。

其次，為美人恩所困。司馬相如悅文君之貌，還是圖卓王孫之財？我以為，兼而有之。如果司馬相如果真是不遺餘力，追逐錢財，難道只有浪漫多情的「琴挑」，這唯一的思路嗎？再有，司馬相如婚後何必與文君恩愛甜蜜？娶茂陵女又為何要先試探文君的反應？甚至最後又因文君死於糖尿病？如果一定要把這一切解釋為赤裸裸的金錢關係，那麼，司馬相如無異於文君花錢買來的高級奴隸。事實上，卓文君為司馬相如甘付極大的犧牲，這又如何解釋？說到底，是卓文君的忠貞多情，讓他有所顧忌。

愛意味著付出，也意味著放棄。卓文君深知這一切，由此成為司馬遷《史記》中唯一一位自尊自重自愛的女性形象。

【武帝家事】

30.寵信江充：

小人竟得志　武帝受騙

漢武帝晚年，又一位民間「大能人」博得了他的貴倖。此人以故弄玄虛，引人注目；靠搬弄是非，自抬身價。甚而推波助瀾，策劃了陰森恐怖的「大手筆」——巫蠱事件。他是誰？怎樣一步步登堂入室，榮至寵臣呢？

一告成名

漢武帝一生處理過無數重大案件，也受理過無數告狀信。可他萬萬沒有想到，在他晚年，一封越級上告的奏狀竟然引發了一系列重大事件，直搗皇族內部秩序，徹底改寫了漢武帝晚年的歷史。

告狀者江充，狀告趙王劉彭祖的太子劉丹與其姊妹私通，交往各地豪強，爲非作歹，地方政府無法治理。（太子丹與同產姊及至後宮姦亂，交通郡國豪猾，攻剽爲姦，吏不能禁——《漢書‧江充傳》；太子丹與其女及同產姊姦——《史記‧五宗世家》。）

漢代告狀，應該按司法管轄逐級告劾，除非沉冤難訴，不可上書皇帝，江充詣闕上書就是越級上告。

漢武帝看到江充的告狀信後勃然大怒，立即派兵包圍趙王的王宮，逮捕太子劉丹，將他投入魏郡大獄。經過審理，情況屬實，太子劉丹被判死刑。這一下，趙王劉彭祖急了眼，慌忙上書爲太子丹申辯：江充不過是一名自身難保的通緝犯，一向胡言亂語、品性不端，他這是有意激怒聖上啊！我願意帶領趙國的武士攻打匈奴，贖

免太子丹的死罪。面對趙王苦苦哀求和效忠誓言，漢武帝最終免除劉丹死刑，但還是廢掉其太子資格。

那麼，這個生出如此不肖之子的趙王劉彭祖，是個什麼人呢？

劉彭祖是漢武帝同父異母的哥哥，表面是個謙卑的老好人，內心卻刻薄陰毒，一點不糊塗！吳楚七國之亂後，漢朝中央政府對各路諸侯王大加防範；規定諸侯國國相須由中央任命。但是，派到趙國的國相，往往幹不到兩年，即獲罪免職，大者死，小者刑。都說「洪桐縣裡沒好人」，難道這趙國也是個賊窩？

原來，每一個朝廷任命的國相初到趙國，劉彭祖都必恭必敬，親自去迎接。但是，他從來不正裝出場，而是穿上一件不知哪裡淘來的破破爛爛的奴僕衣衫迎候國相。這還不算，還有更詭異的！劉彭祖執意為新上任的二千石官員打掃房子，當起「老家奴」。見官員神色平緩、警戒鬆懈，便專找些爭議性強的、敏感度高的話題討論。說到興頭上，國相難免忘形，觸犯朝廷禁忌。好，要的就是這！此時，任你千叩萬跪，他二話不說，刷刷幾筆，罪狀全都記錄在案。這就是「罪證」，未曝光的「案底」。之後，願意順從我，你好我好大家好；如想秉公執法，沒門兒，他立即上書告發。所以，劉彭祖在位五十多年，國相、二千石的高官，任期兩年就是他們的「大限」，重者處死，輕者受刑，無人能逃此劫。（彭祖立五十餘年，相、兩千石無能滿兩歲，輒以罪去，大者死，小者刑。）

那麼，江充為什麼要狀告趙國太子劉丹呢？

江充是趙國邯鄲人（今河北邯鄲），原名江齊，後來為了逃脫趙太子丹的追殺，改名江充。

江齊別無長物，卻有個小妹，年輕貌美，能歌善舞，後來，這個小妹結識了趙王的太子劉丹。很快，江齊成了太子的大舅哥，從

此自由出入趙國宮廷，被趙王奉為上賓。但好景不常，一個突發事件斷送了江齊的幸福時光。

太子劉丹驕奢淫逸、無惡不作。他穢亂父王後宮，還跟自己的親姊妹，甚至親生女兒私通（太子丹與其女同產姊姦）。他交往各地豪強，無惡不作，無法無天，地方政府根本管不了。

「做了虧心事，生怕鬼敲門。」太子丹整天提心吊膽，疑心生暗鬼，生怕有人告發他。最怕誰呢？江齊與父王。

自己淫亂父王後宮，私通親姊妹、親生女，如此大逆不道，國法家法，理當嚴懲！怕父王很容易理解。

但吊兒郎當的街頭混混江齊，有什麼可怕的？

原來，太子劉丹和江齊，很長時間形影不離，好得跟一個人似的，太子劉丹的所有事情，江齊一清二楚。所以，江齊一直是太子劉丹的心腹大患！為了剷除後顧之憂，太子突派重兵抓捕江齊！可事前保密工作做得不好，江齊聽到風聲，跑了。江家上下被抓起來了，全部誅殺，一個不留！

這樣，江齊與太子劉丹結下深仇大恨。

江齊改名江充，逃到京城，直接上訪，向漢武帝揭發趙太子劉丹的罪行。

江充想打贏這場官司可不容易。一路通關升級，險情不斷。

第一關，躲過太子丹追殺。通關成本：滿門抄斬。風險巨大。

第二關，成功詣闕上書武帝。通關成本：觸目驚心之詳盡罪證，生死難測。

第三關，一舉扳倒太子丹。這一關的通關成本更不是憑江充一己之力所能應對。

江充要想扳倒太子丹，在於自「上」而起，而非自「下」而來。大漢開國以來，朝廷與各諸侯國之間的關係一直緊張而微

妙。漢武帝用盡渾身解數,使出十八般武藝,力圖遏制氣焰囂張的諸侯王勢力,強化中央權力。江充這一紙狀書,時勢所趨,雪中送炭,武帝如獲至寶,順勢而為,殺人於無形,給了趙王劉彭祖致命一擊。

江充能成功,全在其暗合大勢。

一天,漢武帝興之所至,想會會這個扳倒太子丹的江充。

異裝得寵

於是,漢武帝下令,在犬台宮(皇上玩狗之地)召見江充。

江充得知消息後,沒有喜形於色,竟跟皇帝談起了條件。我家境貧寒,沒什麼像樣的衣服面見聖上,如果聖上同意的話,容我穿著「平常」的衣服觀見,可以嗎?漢武帝應允,並未在意。

召見之日,犬台之上。江充穿得哪裡是「平常」衣服?完全是一款奇裝異服!這款薄紗做的「蟬衣」,長外套樣式,衣襟從領子斜至腋下,凸顯修長身材。它通身緊窄,長可曳地,下襬呈喇叭狀。後面的曲裾繁複拖延,又像當今款款婚紗。(充衣紗縠禪衣,曲裾後垂交輸,冠禪纚步搖冠,飛翮之纓。)服裝之新奇,足見江充費盡心機,細微之處,無不精雕細球。他頭戴絲質帽子,插上斑斕的鳥羽,走起路來,上下搖動。江充本來就是一美男,再一精心裝扮,更顯得瀟灑飄逸,宛如神仙下凡。

漢武帝一見江充穿著如此別致,身材又如此高姚,向左右誇讚:燕趙之人,就是不一樣!(充為人魁岸,容貌甚壯。帝望見而異之,謂左右曰:燕趙固多奇士!)

不學有術的江充,靠著一副皮囊、一張巧嘴對陣好惡隨心的漢武帝,果真一發命中嗎?

提前作了一番惡補的江充,面對武帝對答如流,談吐不凡,

大合漢武帝的胃口，斷定他是個人才。（問以當世政事，上說之。）江充也因此擁有了漢王朝中央政府這個極好的平台。

咬強邀功

江充知道漢武帝最看重對匈作戰，因此，在第一次面君之時，他就「自請」出使匈奴。武帝問他出使匈奴有什麼打算，他回答說：隨機應變，就以我們的敵人匈奴人為師，無須事先制訂什麼計畫。（因變制宜，以敵為師，事不可豫圖。）武帝聽後很滿意，就讓他作為謁者出使匈奴。江充的「因變制宜，以敵為師」，頗有一番辨證思維，看來江充並非完全的無能之輩。

江充從匈奴回來以後，漢武帝就讓他做直指繡衣使者。直指繡衣使者，也叫繡衣直指御史，是西漢侍御史的一種。直指繡衣使者是皇帝派出的特別專使，出使時持節仗，穿繡衣（衣以繡者，尊寵之也）；同時還是懲治地方豪強、辦理大案而臨時設置的特別監察官，可以調動郡國軍隊，獨行賞罰，甚至可以誅殺地方官員。《漢書·武帝紀》曾記載：泰山、琅邪群盜徐勃等阻山攻城，道路不通。遣直指使者暴勝之等衣繡衣杖斧分部逐捕，刺史郡守以下皆伏誅。一人獨攬公檢法三項大權，這明擺著是欽差大臣的權力啊！

一上台，江充就為武帝籌到大筆軍餉，一炮走紅！江充為何有如此能耐？

原來，這皇城根兒底下，有個北軍，平常負責維護京師地區安全，一旦有戰事，北軍屬於戰略預備隊。但是，北軍的軍餉是個問題。江充請命，把京城的皇親國戚、達官貴人奢侈越制的案底一個個刨出來，毫不留情，又整理成冊，一一上奏彈劾。江充向武帝建議：凡越制之人，沒收車馬，關押至北軍軍營裡，一律送上前線攻

打匈奴。漢武帝非常配合，二話不說，批准了江充的請求。

江充得令，逮捕違法近臣，全部送往北軍大營，不得隨意出入。留守家中的子弟們都急了眼，老爸充軍了，他們將來怎麼辦？於是，聯名拜見皇上，叩頭哀求，願意拿錢贖罪。漢武帝就等著這話呢！答應了罪犯家屬的要求，讓他們按照罪行輕重，分等級繳錢，送往北軍大營。一下子就弄到幾千萬軍餉。既打擊了貴戚，又籌集了軍餉。武帝非常高興，稱讚江充執法不徇私情，忠誠可靠。（上以充忠直，奉法不阿，所言中意。）

這是江充發跡的第一步。

江充任上的最大政績是整治「馳道」。

馳道，就是專供皇帝使用的公路，始建於秦始皇。據記載，道廣五十步，三丈而樹。厚築其外，隱以金椎，樹以青松。可以想見，這樣氣派的公路，在兩千多年前的漢代，已屬罕見。

但是，「馳道」既令人神往，更難以企及。秦漢兩朝法律都規定：臣子、百姓不能騎馬乘車經過這種御用專線，即使有皇帝的特許，也只能走公路的兩邊。此舉純粹是為了維護皇帝尊嚴和特權。但是，總有些皇親國戚，依仗權勢，仍冒險到「馳道」上過過癮。

江充號準了武帝的脈，好虛榮，講尊嚴。所以，在「御用專線」上做足了文章！

在江充盯上公路不久，就截住長公主的車隊。江充「鐵面無私」，厲聲責問長公主，為何越制走聖上的路。長公主解釋說，是太后親自下詔，准許她走的。此時竇太后已死。江充又問資深小吏，證實當年竇太后確實恩准長公主走「御道」。但江充還是不依不饒：既然如此，公主可以通行，其他車馬不能過。說話間就把長公主的車隊都給沒收了。

這是江充逮著的第一條大魚。

又一次，江充跟隨漢武帝前往甘泉宮，在甘泉宮附近的「御道」上，江充發現了皇太子劉據使者的車隊。因爲武帝還在身邊，江充沒有立即發作，只是攔住車隊，直接把使者轉送「交警」處罰。太子知道後，誠惶誠恐。趕緊派人向江充賠不是：我不是捨不得那輛新車，只是不想父皇知道這件事，落個對下屬管教不嚴的罪名，希望您抬抬手，寬恕他這一次。江充不爲所動，馬上奏報漢武帝。漢武帝對江充的秉公執法大加讚賞，說：做臣子的就該是這個樣子嘛，江愛卿是個表率（人臣當如是矣）。江充由此「大見信用，威震京師」。

這一系列事件傳達了「寵信江充」的兩方面訊息：

一是江充急於向漢武帝邀功請賞。

二是江充不計後果收拾皇親國戚、達官貴人，正合漢武帝心意。漢武帝最喜歡懲辦皇親國戚，遏制違法亂紀。江充跳出來充當打手，對漢武帝來說，代價最小。萬一江充鬧出麻煩，自己也有退路，可以殺江充以謝天下。

然而，江充眞的是一個剛正不阿、不畏權勢的循吏嗎？我們不妨看看。

對趙王劉彭祖

如果江充眞是「忠直，奉法不阿」之臣，他能在趙王劉彭祖手下待那麼長時間嗎？趙王劉彭祖可是與漢武帝水火不容的！難道江充對劉彭祖的劣跡一點沒察覺？而趙王劉彭祖一身反骨，爲什麼偏偏又看重了江充，視江充爲座上賓？很簡單，物以類聚！

對趙太子劉丹

如果江充眞是「忠直，奉法不阿」之臣，天天目睹趙太子丹無法無天、齷齪骯髒的勾當，應當直言規勸才對。也許，江充投鼠忌器，因爲親妹妹還在太子家做夫人呢。可爲什麼直到趙太子丹殺了自己全家，江充才上書揭發太子丹的罪行？雖然所告屬實，但初衷

只是爲了報一己私仇，無論如何，與「剛正不阿、不畏權勢」相去甚遠。

還有一件事也可以佐證江充的爲人。

居官落職

江充連續收拾長公主、太子這些皇親國戚之後，漢武帝給他一個肥缺——二千石的水衡都尉，職掌上林苑農田、水池、禽獸。漢武帝也是用心良苦。一來，江充的作爲已經犯了眾怒，也該避避風頭了；二來也想給這個功臣一點犒勞。江充千恩萬謝後，領了調令直奔新官位，卯足了勁大撈一把。這個一向「忠直」的寵臣，沒了家人，還有族人。一時間，把親朋好友全部安置，一人一份美差。這些人上下其手，大挖皇宮牆角，壞事幹盡。「奉法不阿」的江充也被拖下了水，丟了官，名節不保。（遷爲水衡都尉。宗族知友，多得其力者。久之，坐法免。）

即便如此，漢武帝對江充還是寵信有加，就算丟了官，他還能經常神氣活現地到皇帝宮中，登門請安問候，偶有機會，還會在漢武帝面前搬弄是非，竟然還屢屢得中、招招致命。

31.金屋藏嬌：

輕狂不自知　命中必廢

元光五年（前130），「金屋藏嬌」中的女主人公，漢武帝第一任皇后陳阿嬌被廢長門宮。很快，出身草根的衛子夫母儀天下。「君不見咫尺長門鎖阿嬌，不如意兮奈若何！」名門閨秀陳皇后為什麼不得善終？平民歌女衛子夫何以三千寵愛集一身？金碧輝煌的宮殿，藏得住富貴榮華，可藏得住癡心妒顏，寂寞春情？

陳阿嬌可不是一般的女人！她是漢武帝鍾情的第一個女人，同時也是漢武帝的親表姊。阿嬌的父親陳午，是堂邑侯陳嬰曾孫。陳嬰本來和項羽同時起兵反秦，深孚民心，東陽民眾推他稱王。但陳嬰聽從母親告誡，歸屬項梁，後轉投劉邦，成為開國元老，封為「堂邑侯」。陳午襲封侯爵，摘得金枝玉葉，娶長公主劉嫖。（堂邑侯陳午尚帝姑館陶公主嫖。）

景帝時期，宮中五女角逐太子之位，長公主起初向栗姬提親，將阿嬌許配太子劉榮。不料遭拒，轉戰王美人之子彘兒（劉徹小名）。有了王美人的允諾，再加上彘兒「金屋藏嬌」的許諾，長公主心花怒放，纏著景帝答應了這門親事。長公主不遺餘力，扶助劉彘登上帝位。

景帝病逝，太子劉徹繼位，就是漢武帝。帝王踐約，阿嬌住金屋，立皇后，一時嬌貴無比。

阿嬌被其母長公主推上皇后寶座，不過是這盤複雜的政治棋局中的一枚棋子。她的想法或許很簡單，不像母親那麼複雜、貪

婪，她只要劉徹的寵愛。而陳阿嬌的這一美麗夢幻雖以浪漫的「金屋藏嬌」揭幕，最終卻以悲劇「長門之怨」收場。

陳皇后的被廢，涉及阿嬌自己、陳阿嬌的母親長公主、衛子夫、漢武帝，是四方合力作用的結果。

豈能驕寵似舊日

第一個人，陳阿嬌。

一是驕橫

阿嬌的母親長公主為漢武帝由皇十子登基為帝立下了不世之功。這一背景使陳阿嬌成為漢武帝的第一任皇后，也使她多了幾分驕橫，少了幾許謙恭。

漢武帝霸道、專橫，這是帝王的通病。只是，他既有才能，又有大志，加上張揚的個性，表現得更為嚴重。

陳阿嬌呢？陳阿嬌也非常專橫、霸道。她的出身、地位，加上她的母親有恩於漢武帝，陳阿嬌怎麼可能低眉斂目、唯唯諾諾？

像漢武帝和陳阿嬌這樣，即使青梅竹馬，也絕難夫唱婦隨。

二是無子

陳阿嬌有一個致命之處授人以柄：無子。

漢武帝62歲時和寵妃鉤弋夫人生了幼子劉弗陵（漢昭帝），可見，漢武帝的生育能力沒問題。陳阿嬌無子，只有一個解釋，就是自己的生育功能有問題。史書記載，阿嬌治病花了九千萬。九千萬是多大個數字呢？當時西漢政府一年的總收入是五十三億，九千萬幾乎占國家總收入的千分之十七；一個人治病的費用達到這種比率，駭人聽聞！但是，最終還是無效。（與醫錢凡九千萬，欲以求子，然竟無之。）

阿嬌被廢，長公主非常不滿，當著漢武帝的姊姊平陽公主的面

說：皇上如果沒有我相助就不可能立為太子。現在拋棄我女兒，太忘恩負義了！平陽公主解釋道：阿嬌因為無子才被廢啊！（陳皇后母大長公主，景帝姊也，數讓武帝姊平陽公主：帝非我不得立，已而棄捐吾女，壹何不自喜而倍本乎！平陽公主曰：用無子，故廢耳！）驕橫的長公主無話可說，黯然神傷。

三是巫蠱

陳阿嬌被廢，直接動因是一起惡性事件：巫蠱。巫蠱就是把寫上被害人姓名、生辰八字的木偶人埋在地下加以詛咒的巫術。

衛子夫得寵，陳阿嬌受不了。她多次大吵大鬧、尋死覓活，令漢武帝非常惱怒。出於嫉妒、怨恨、焦慮、無奈，阿嬌私招巫師楚服，以巫蠱詛咒衛子夫等得寵的嬪妃。事情敗露後，漢武帝派酷吏張湯嚴查此案，前後牽連三百多人。最後，楚服梟首示眾，陳阿嬌被廢長門宮。

巫蠱案後，長公主非常慚愧，向漢武帝道歉。漢武帝說：皇后做事太出格，不得不廢。希望姑姑不要有誤解，皇后雖被廢，但她的生活水平和原來一樣，不會降格。（長公主慚懼，稽顙謝上。上曰：皇后所為不軌於大義，不得不廢。主當信道以自慰，勿受妄言以生嫌懼。后雖廢，供奉如法，長門無異上宮也。）

第二個人，長公主。

長公主在女兒阿嬌被廢一事中責任重大。

一是貪婪。

長公主自以為有恩於武帝，常常伸手要這要那，無休無止，搞得漢武帝十分厭惡（長公主恃功，求請無厭，上患之），也連累了陳阿嬌。

二是糊塗。

長公主的糊塗表現為三點：

其一對女兒的婚姻缺乏認識。

　　漢武帝與陳阿嬌之間的婚姻，說到底是基於政治利益，於青梅竹馬無關，於卿卿我我無關。作為母親，長公主應該清醒地認識到這一點，才會有充分的心理準備。

　　其二，阿嬌的丈夫是皇帝，作為母親，在嫁女兒給太子之時，就應當明白：阿嬌不可能專寵！何況漢武帝多情風流，一生女人無數。這時，教女兒對此不必在意，風物長宜放眼景，或許情況會大不一樣。

　　其三，對阿嬌的過激反應沒有及早干預。陳阿嬌一時性起，反應過度，尚情有可原。但是，作為母親，長公主不應該意氣用事，應及早提醒女兒收斂過激行為，更不可搞什麼巫蠱事件。

　　我們不妨拿長公主對陳阿嬌，與王太后對漢武帝作一個比較，漢武帝繼位之後和陳阿嬌、長公主的關係就出現了裂痕，王太后立即干預，希望二人能和好。漢武帝聽從了母親的忠告，馬上調整和長公主、陳皇后的關係，避免了許多後顧之憂。（皇太后謂上曰：汝新即位，大臣未服，先為明堂，太皇太后已怒。今又忤長主，必重得罪。婦人性易悅耳，宜深慎之，上乃於長主、皇后復稍加恩禮。）為什麼王太后可以告誡兒子調整夫妻關係？而長公主不能告誡女兒搞好夫妻關係？原因只有一個，就是王太后比長公主更有智慧。

　　長公主在親近王美人、私定娃娃親、毀栗姬、廢劉榮、譽劉徹、最終將劉徹推向皇帝之位的過程中表現出過人的才能。但是，在女兒的事情上卻麻木而愚蠢，前後判若兩人！

脈脈此情向誰訴

第三個人，衛子夫。

　　衛子夫出身低賤，本是漢武帝的姊姊平陽公主（因其夫是平陽

侯曹壽，故名平陽公主）家中的歌女。平陽公主貴為公主，一向注意搞好和弟弟漢武帝的關係。她找了十幾個年輕貌美的女孩養在家裡，打扮得漂漂亮亮，隨時準備漢武帝來挑選。即位第二年（建元二年，前139），漢武帝在霸上參加消災祈福的儀式後，順便來到平陽公主家。

平陽公主讓美人面見武帝，而武帝一個也不喜歡。這時，歌女進來獻歌，武帝一眼就看上了衛子夫。當天，衛子夫在皇帝換衣的車中侍奉漢武帝，得到親幸。

武帝幸得心愛女子，十分高興，當場賞給平陽公主黃金千斤。平陽公主見機行事，奏請將衛子夫送入宮中，漢武帝欣然同意。衛子夫上車時，平陽公主撫著她的背說：「去吧，好好吃飯，好好努力！哪天富貴加身，別把我忘了！」（子夫上車，平陽主拊其背曰：行矣，強飯，勉之！即貴，無相忘！）

衛子夫因何得到漢武帝垂青呢？

衛子夫的職業是歌女，歌聲如何，雖然史書無載；但是，應該還算動聽。

她有一頭美髮，這一點倒是有據可查。我國宋代編纂的一部大型類書《太平御覽》卷三百七十三〈人事部‧鬢〉記載了一件事：《史記》曰：衛皇后字子夫，與武帝侍衣得幸。頭解，上見其髮鬢，悅之，因立為后。但是，《史記》中沒有記載這件事。《漢武故事》卻也說衛子夫憑一頭秀髮大得漢武帝欣賞：子夫遂得幸，頭解，上見其髮美，悅之，納於宮中。東漢著名文學家張衡在他的名作〈西京賦〉中也有一句：衛后興於鬢髮。

中國男人素愛烏髮如雲的美女，漢武帝也不能免俗。一頭秀髮使平民女子衛子夫倍增嫵媚，也俘獲了大漢王朝最高當權者的心。

衛子夫入宮後，能夠延續她在平陽公主家中的好運嗎？

　　事實是，衛子夫入宮一年多，竟然再也沒有得到漢武帝的召見，更不要說親幸了。

　　其實，這並不難理解。

　　首先，漢武帝是偶然路過平陽公主家，邂逅歌女衛子夫，一時的魂不守舍稍縱即逝。回到宮中後，後宮佳麗如雲，衛子夫自然不那麼搶眼了。美人之美，從來都是相對的，在只有十幾個美女的平陽公主家，衛子夫才貌出眾；但是，到了武帝後宮，要想「三千寵愛在一身」，談何容易？

　　其次，宮中制度的限制。妃嬪並不能隨意見到皇帝，除了皇帝欽點。因此衛子夫沒有機會再次面見漢武帝。

　　漢武帝與衛子夫的再次相見是什麼時候呢？是她入宮一年之後。

　　當時，漢武帝打算放一批宮女回家。衛子夫一見到漢武帝，馬上哭著請求出宮。（入宮歲餘，竟不復幸。武帝擇宮人不中用者，斥出歸之。衛子夫得見，涕泣請出。）

　　哭得梨花帶雨的衛子夫，讓劉徹動了憐香惜玉之心。

　　衛子夫出身卑微，她的母親衛媼只是平陽侯家的奴婢；因此，衛子夫沒有阿嬌的驕橫霸道，卻別具小女兒態，更加讓漢武帝動心。

　　於是漢武帝再幸子夫，衛子夫也爭氣，不久就有了身孕。衛子夫懷孕之後，一天比一天更為武帝尊寵。（上憐之，復幸，遂有身，尊寵日隆。）在此之前，阿嬌沒有生下一男半女，衛子夫卻一連為漢武帝生了三女一男。長子劉據出生之時，漢武帝已經二十九歲，喜得長男，興奮不已。

　　衛子夫在阿嬌被廢一事中起了什麼作用呢？

　　首先注定了陳阿嬌的被廢，同時也導致了阿嬌的迅速被廢。

　　但是，這一切，並非衛子夫處心積慮。結識漢武帝是邂逅，入

宮是偶然，還險些被逐。衛子夫雖然並不刻意，卻似乎總受到命運的特別眷顧。

　　從漢高祖劉邦到漢武帝，還有多位活躍在皇權周圍的女人。這些女人大致可以分為三類：

　　一類是政治型。她們不動感情，如呂后、王美人；呂后並不十分在乎劉邦寵幸哪個嬪妃，她更在意太子是不是我的兒子，更在意權力的所屬。

　　第二類是小女人型。她們的特點是「將愛情進行到底」，如戚夫人、栗姬、衛子夫、陳阿嬌等。這類女人的特點是不切實際地追求皇帝的專情，並為此廝鬥爭寵，直到無一例外地在現實中碰壁而歸。

　　還有一類是混合型。她們看似有點政治頭腦，卻又十分幼稚。一半是海水，一半是火焰。如長公主，輔佐劉徹即位，平地起波瀾，無風三尺浪，搞得風生水起；縱容女兒爭寵，不顧一切，讓漢武帝大動肝火，也毀了陳阿嬌的皇后之位。

　　表面上看，小女人型也好，政治型也罷，追求的是同樣的東西──皇后之位，但兩者有本質的差別。對於政治型女人來說，皇后之位就是終極，而對小女人型來講，皇后之位不過是手段，她們最終需要的是皇帝的真愛。

莫期君王情專一

第四個人，漢武帝。

　　陳阿嬌被廢長門宮由漢武帝最後敲定，漢武帝自然是此事中的第一當事人。

　　漢武帝廢掉阿嬌的皇后之位有兩大理由：一是無子，二是巫蠱。兩條理由都無可辯駁。只要「無子」一條就可以廢后，第二條

不僅可以廢后，而且可以殺頭。

傳說陳阿嬌被打入冷宮後，聽說司馬相如擅長作賦，便一擲千金，求他寫下了哀婉淒惻的〈長門賦〉，希望以此喚回漢武帝，終究於事無補。

〈長門賦〉始見於蕭統《文選‧序》曰：孝武皇帝陳皇后，時得幸，頗妒，別在長門宮，愁悶悲思。聞蜀郡成都司馬相如工天下為文，舉黃金百斤，為相如文君取酒，因於解悲愁之辭，而相如為文以悟主上，陳皇后復得幸。後人大加發揮，辛棄疾〈摸魚兒〉曰：千金縱買相如賦，脈脈此情誰訴？〈長門賦〉的來歷尚有爭議，很可能是後人附會之作。

當漢武帝還沒有稱帝，還是彘兒的時候，喜歡阿嬌大大咧咧、風風火火，一時性起，要「金屋藏嬌」。可是，當皇上登基之後；當皇帝遇上溫柔繾綣、鶯喉婉轉的衛子夫時，阿嬌再「恃寵而驕」就顯得不識時務了。

美人易老，天子善變。

「生男勿喜，生女勿憂，獨不見衛子夫霸天下？」衛子夫一步登天，卻以花甲之年，三尺白綾自縊屈死。「北方有佳人，絕世而獨立。」李夫人傾國傾城，病中都不敢讓君王一見凋顏。「東方有貴人氣。」鉤弋夫人神話般出現，花樣年華即因一句「子少母壯」，無辜賜死。

32.一代將星：

衛青霍去病　雙子星座

衛青是武帝一朝最爲重要的軍事將領，他出身騎奴，最終官拜大將軍，三個兒子都被封侯，還娶了漢武帝的姊姊平陽公主。衛青是漢武帝的臣子、小舅子、姊夫，二人既尊卑有序，又裙帶相連，關係非常微妙。是什麼成就了衛青一代將星的美名？他會不會陷入功高震主的強臣循環？

謙謙君子

衛青是「苦出身」。童年因私生子的尷尬身分，在家中抬不起頭。長大了被姊姊衛子夫帶進宮，糊裡糊塗地讓長公主當作出氣筒，非法拘禁，差點死於非命。就連他的提拔，也是武帝和阿嬌賭氣的副產品。所以，衛青的謙恭，相當程度是早年生活際遇的性格烙印，也是後期官場歷練出的智慧使然。

我們先看三件事——

一是辭封與爭封

元朔五年（前124）夏，因爲在漠南之戰中戰功卓著，漢武帝加封衛青八千七百戶，又封衛青三個兒子衛伉、衛不疑、衛登都爲列侯。衛青推辭：衛青不才，能在軍中任職已經非常榮幸，仰仗陛下神威，各位將領拚力奮戰，才屢獲大捷。我有何德何能？陛下已經降恩封我食邑，三個小娃娃乳臭未乾，又無任何戰功，怎敢接受封賞？這不是我鼓勵戰士的本意啊！

　　漢武帝一聽，言之有理，當即表示：我沒有忘記各位將軍的功勞，本來就要考慮對他們的獎賞！於是封公孫敖、公孫賀等七人為侯，李息等三人為關內侯。

　　為兒子辭封，為諸將爭封，表現了衛青的謙恭，也為他贏得了極大的官聲及人心，保證了部隊的凝聚力。

二是善待汲黯

　　衛青加封大將軍之職，備受尊寵，滿朝文武對他必恭必敬、馬首是瞻，獨汲黯見他時只揖不拜。就有好事者點撥汲黯：你小子傻呀？皇上都巴不得大家主動自屈於大將軍之下，您怎麼能不拜呢？汲黯不管：難道大將軍有一個只揖不拜的人，他就不尊貴了嗎？衛青聽說此事，感到汲黯果然是個人物，有思想。於是，經常拿朝中不好決斷的疑難問題向他諮詢，對汲黯的禮遇更是連升幾級，越發地謙恭。（自天子欲群臣下大將軍，大將軍尊重，益貴，君不可以不拜。黯曰：夫以大將軍有揖客，反不重邪！大將軍聞，愈賢黯，數請問國家朝廷所疑，遇黯過於平生。）

　　《史記·衛將軍驃騎列傳》說衛青「仁善退讓」，就是說衛青有仁愛之心，為人善良，不喜爭功。

三是包容李敢

　　騎奴出身的衛青，平步青雲；將門之後的天才李廣，卻含恨自絕。不巧，李廣之子李敢則分配在衛青麾下從軍。可以想像，二人相見，大將軍衛青喜憂參半；校尉李敢則羞憤交加，他從來就認定老父之死，衛青是「暗箱操作」的第一黑手！終於有一天，李敢偷襲衛青，衛青受傷，但他既沒處分李敢，更不與任何人提及。不料驃騎將軍霍去病聞知此事，快意恩仇，一箭射殺了李敢。（李敢以校尉從驃騎將軍擊胡左賢王，力戰，奪左賢王鼓旗，斬首多，賜爵關內侯，食邑二百戶，代廣為郎中令。頃之，怨大將軍青之恨其父，乃擊傷大將軍，大將軍匿諱之。居無何，敢從上雍至甘泉宮

獵，驃騎將軍去病與青有親，射殺敢。去病時方貴幸，上諱云鹿觸殺之。）

一場暗殺復仇，展現三種英雄面目：李氏家族（李廣、李敢父子）的孤傲血性，霍去病的悍勇率性，衛青的忠厚隱忍。

正所謂：仰慕強勢簡單，尊崇弱勢困難；特立獨行簡單，通達包容困難；鋒芒畢露簡單，藏愚守拙困難。

鬱鬱臣子

漢武帝與衛青，既是君臣，又是郎舅，於公於私，都是高敏感、高難度的人際關係模式。伴君如伴虎，這一關係處理得好壞，不僅事關衛青個人，更牽扯到衛氏家族的盛衰榮辱。衛青如何處理自己和漢武帝的關係呢？

大體看來，衛青與漢武帝的關係可以分為五個時期。

第一，蜜月期。衛子夫初受寵幸，武帝愛屋及烏，對衛青青睞有加；此時，漢武帝與衛青的關係最融洽，也最簡單，只有一重色彩——姻親關係。

第二，微妙期。隨著衛青的軍事才能被漢武帝挖掘、利用，衛青立下的戰功越來越多。元朔五年（前124），漠南之戰大捷，衛青官拜大將軍。這一年，是漢武帝和衛青關係的轉捩點。隨著衛青地位逐漸遷升，他和漢武帝的關係也在悄悄地變化，由單純的姻親轉變為君主與重臣的關係；而且，衛青居功至偉，無人能出其右。姊姊是皇后，外甥是太子，本人又是大將軍。儘管衛青一貫行事低調，漢武帝還是有所警惕。

衛青此時如何應對呢？

既然是皇帝的小舅子，衛青「恃寵而驕」是有資本的。元朔六年（前123），陰山北麓之戰中，衛青部下蘇建損兵折將，一個人

逃了回來。如何處理蘇建，有人認爲「當殺」，有人主張「不能殺」。衛青說：我雖以皇親身分帶兵，卻並不考慮個人威嚴，要我殺蘇建以立威，有失我爲臣本意。即使我有處死罪將的權力，也不敢在外擅自做主，我將上告皇上，由皇上裁決。衛青把蘇建交給朝廷，漢武帝赦免了蘇建死罪，廢爲平民。

雖然「將在外，軍令有所不受」，但衛青反其道而行之，不僅救了蘇建一命，而且讓漢武帝看到了自己不恃寵、不擅權，時時事事聽從武帝安排。

《史記·衛將軍驃騎列傳》記載了一段話：蘇建語余曰：吾嘗責大將軍至尊重而天下之賢大夫毋稱焉，願將軍觀古名將所招選擇賢者勉之哉。大將軍謝曰：自魏其武安之厚賓客，天子常切齒。彼親附士大夫，招賢絀不肖者，人主之柄也，人臣奉法遵職而已，何與招士？驃騎亦放此意。其爲將如此。

蘇建曾告訴司馬遷，自己爲衛青的處境感到非常憋屈。爲什麼衛帥地位尊貴卻沒有好評？他建議衛帥向古人學習，招攬門客。衛青一口回絕：魏其侯、武安侯當年大養賓客，皇上常常恨得咬牙切齒。招賢納士是皇帝的事，臣子只要遵守法令，恪盡職守即可，何必廣招才士呢？

可見，衛青非常清醒。漢武帝反對的事，他絕不去幹；也不會妄做一事，妄發一言。

衛青時時處處小心謹慎，漢武帝是不是就沒有看法，衛青也可以平平安安了呢？

第三，倦怠期。漢武帝擁有巨大的造星能力。他認爲：群星璀璨沒有關係，他們再亮，也只是星星，只在夜晚發光；而自己是太陽，一日中天。如果滿天只見一顆星星，也許比太陽還顯眼，武帝就不能容忍了。衛青恰恰就是這樣一顆過於耀眼的星星。於是，元朔六年（前123），少帥霍去病出場！

　　霍去病與衛青雖同爲私生子，但霍去病是含著銀湯匙出生的，一直過著錦衣玉食的貴胄生活：年十八爲侍中，善騎射，再從大將軍。一路坦途。兩代名將個性迥異：衛青沉穩如山，霍去病性烈如火。

　　元朔六年霍去病剛剛18歲。漢武帝任命霍去病爲驃姚校尉，隨衛青出征。霍去病率領八百驃騎，深入匈奴腹地，伺機殺敵，共斬殺匈奴2028名。漢武帝大喜，立即封霍去病冠軍侯，彰顯其「軍鋒之冠」。

　　元狩二年（前121）春、夏，霍去病河西之戰兩出奇兵，大獲全勝，兩次被封。

　　元狩二年秋，霍去病成功接應匈奴渾邪王部投降，再次被封。

　　首戰封侯絕不是不可能，只是，漢武帝對霍去病的封賞如此迅猛、密集，耐人尋味。

　　史載衛青英武非常，但比起外甥霍去病，一個實力派，一個偶像派。偶像成名總是奇峰突起，令人眩暈。霍去病敢於深入敵軍境內作戰，經常長途奔襲，打遭遇戰、突襲戰，讓匈奴人摸不著頭腦，無法防守。

　　霍去病被發現之前，衛青獨掌軍權；霍去病的迅速提升，打破了衛青對軍事大權的壟斷。孤星高照演變爲雙子星座。

　　元狩二年，霍去病三次掛帥，戰功顯赫；衛青全年沒有出戰。

　　可見，漢武帝在有意爲霍去病創造機會，迅速捧紅一顆新星，意味著對老牌明星的抑制。

　　漢武帝意欲何爲？我們可以給出多種答案：

　　一是培養新人；

　　二是弱化衛青；

三是真心喜愛。

不論我們作何猜測，但有一點可以肯定：衛青和漢武帝的關係不再如前。

話說回來，漢武帝的確是一個好惡隨心的性情中人。他偏愛後生才俊，特別是漂亮的年輕男子。「天子嘗欲教之孫吳兵法。」「上爲治第，令視之。對曰：匈奴不滅，無以家爲也。由此上益重愛之。」皇帝教武將兵法，對霍去病是重點培養；另外，「治第」就是成家立業，不是父子關係，怎麼能幫別人蓋房娶媳婦？霍去病「爲人少言不泄，有氣敢任」，跟武帝一樣個性張揚。一句「匈奴不滅，無以家爲」的大丈夫情懷，使漢武帝對霍去病平添幾分「視若己出」的親近。

霍去病身沐浩蕩皇恩之時，衛青正經歷嚴酷的人生考驗。此時，衛青喜憂參半。喜的是，衛家又出了一個社稷之臣，光耀門楣；憂的是，自己似乎到了「芳蘭當戶，不得不鋤」的境地。

接受還是抵觸？史書沒有記載這一年裡衛青有何言行。這說明衛青選擇了默默承受，未有出格之話，未行越軌之事。

第四，打壓期。

蟄伏二年的衛青，在元狩四年（前119）春，與霍去病同時出擊匈奴，這也是一代將星的最後一戰。兩位將軍雖同時出兵，卻有兩點重要區別：

一是爲霍去病裝備的全是精兵，爲衛青配置的只是一般士兵。

二是開始派霍去病走西線，迎戰單于；後來得知單于在東邊，又改派霍去病走東線。（元狩四年春，上令大將軍青、驃騎將軍去病，將各五萬騎，步兵轉者踵軍數十萬。而敢力戰深入之士，皆屬驃騎。驃騎始爲出定襄，當單于。捕虜言單于東，乃更令驃騎出代郡，令大將軍出定襄。）

　　無論前期的兵力配備，還是中期的出擊方向，漢武帝都明顯偏袒霍去病。戰後，衛帥與霍帥的封賞更是天壤之別。

　　衛青凱旋而歸，卻讓匈奴單于逃脫；因此，上自衛帥，下到全軍將領，未得任何封賞。霍帥戰功輝煌，加封五千八百戶，出征將士賞賜豐厚。

　　漢武帝為此專設大司馬之職，衛霍同任大司馬，官職相等。宦海中人，嗅覺何其靈敏！很快，衛青門人紛紛改換門庭，棄衛投霍，而且多數如願以償，撈得一官半職。（定令：令驃騎將軍秩祿與大將軍等。自是之後，大將軍青日退，而驃騎日益貴。舉大將軍故人門下多去事驃騎，輒得官爵。）

　　懂得進退有序、明哲保身的衛青，難道只是一味隱忍？他甘於連續丟城棄池嗎？

　　元朔六年（前123），漢武帝發動了陰山北麓之戰。衛青率部殺敵一萬多人，但未完成消滅匈奴大單于的戰略目標，且損失了兩位將軍（蘇建損兵折將，趙信叛逃）。衛青回京後，漢武帝僅賞千金。

　　而霍去病大得武帝垂青，功封冠軍侯。

　　這時的衛青做了一件他平生從未想過的事：

　　衛青拿出五百金，為王夫人的雙親祝壽。原來，一個叫寧乘的人向衛青進言：將軍的軍功不太多，卻食邑萬戶，三個兒子都受封為侯，這些都得益於衛皇后。如今王夫人得寵，她的親戚都不如您富有，您不如把皇上賞賜的千金拿出來，為王夫人的雙親祝壽！

　　衛青於是拿出五百金，前去祝壽。後來，漢武帝向衛青求證此事，衛青坦言以告，漢武帝立即提拔寧乘為東海郡都尉。

　　漢武帝不追究衛青行賄，反而重獎出謀劃策的寧乘。說明了什麼？此舉甚合朕意！

　　寧乘為什麼勸衛青向漢武帝的寵妃行賄？有兩個重要前提：一

是衛子夫失寵和王夫人得寵；二是衛青已走到人生的十字路口。

自己的姊姊是否得寵，衛青當然心知肚明；漢武帝爲何迅速捧紅霍去病，衛青也了然於心。爲避免「芳蘭被鋤」，衛青立即採取他人建議，調整自己與漢武帝的關係。

如果寬容地看，這不能算作污點。

元狩四年（前119），衛霍同時官拜大司馬。兩年之後，元狩六年（前117），年僅25歲的霍去病病逝。

第五，冰點期。

霍去病死後，漢武帝再沒有發動對匈作戰。衛青尚在，不是沒有將領。問題是戰馬不足，再者，大漢對其他方向的用兵也在逐年增加。

因此，漢武帝對匈作戰進入一個相對平靜期。其間，衛青的三個兒子相繼失侯。（自驃騎將軍死後，大將軍長子宜春侯伉坐法失侯；後五歲，伉弟二人，陰安侯不疑及發干侯登，皆坐酎金失侯。）

衛青最受寵愛時，三個兒子受封欲辭不能；到對匈作戰進入休整期，三個兒子又接連失封。雖然每次失侯都有理由，但是，「欲加之罪，何患無辭？」衛青與漢武帝的關係至此進入「冰點期」。

衛青自元狩四年官拜大司馬後，在家閒居整整十四年。

元封五年（前106），衛青病卒，將星殞落。

悠悠良人

衛青娶平陽公主爲妻，使得後人對其人品耿耿於懷。

首先，衛青是否有攀龍附鳳、拋棄元配之嫌？

衛青的婚姻狀況，《史記》、《漢書》的〈衛將軍驃騎列

傳〉都沒有記載；但是，褚少孫在《史記‧外戚世家》的補傳中記載了這一事件。

衛青封至大將軍，三子前後封侯，是時平陽主寡居。據此，我們知道，在平陽公主與衛青成婚之前，衛青已有三個兒子。三個兒子是衛青和誰所生，史書無載。衛青一生謹慎，按說不會有非婚生子。那麼，衛青此前應當有過一段婚姻。這段婚姻的女方是誰？為什麼結束？什麼時候結束？無據可查。

平陽公主是漢武帝的大姊，她原嫁漢初功臣曹參的曾孫曹壽，生子曹襄。後因曹壽有病，平陽公主與其離婚，曹壽回到封國，平陽公主在京寡居。

依照常規，平陽公主應從已封的列侯中重選丈夫。大家提議大將軍衛青，平陽公主的第一反應是「笑」，第二反應是衛青出自家中騎奴，地位過於懸殊。（主與左右議長安中列侯可為夫者，皆言大將軍可。主笑曰：此出吾家，常使令騎從我出入爾，奈何用為夫乎。）

但是，平陽公主身邊的人眾口一辭：衛青現為大將軍，三個兒子也都封了侯。英雄美人、門當戶對。在這樣的輿論支持下，平陽公主最終應允了這門親事。（左右侍御者曰：今大將軍姊為皇后，三子為侯，富貴振動天下。主何以易之乎？主乃許之。）

平陽公主是漢武帝的大姊；漢武帝認識衛子夫是建元二年（前139），此時漢武帝17歲；武帝與衛子夫一見鍾情時，衛子夫應小於17歲，頂多與漢武帝同歲。衛青是衛子夫的弟弟，衛青的年齡絕對小於漢武帝。因此，平陽公主的年齡應該大於衛青。

漢武帝一共有三個姊姊，平陽公主是漢武帝的大姊，就算王太后一年生一個孩子，平陽公主至少比漢武帝大三歲。綜合上述兩方面，平陽公主最少也比衛青大四歲。

這場「姊弟戀」是否有愛情的因素，抑或只是純粹的政治交

易？

　　關於這場婚姻的文獻中，我們只看到女方當事人──平陽公主開始如何不同意，後來如何同意，完全看不到男方當事人──衛青的態度如何。他對這場婚姻似乎沒有意見，而這個態度恰恰說明衛青對此事的認可！能否就此推斷二人「郎情妾意」呢？

　　「郎情妾意」中，郎與妾對等，情與意才能匹配。而在一個奴才和一個主人的婚姻中，雙方不可能擁有平等的話語權。平陽公主和老前輩長公主一樣，也是皇帝的長年婚介人，在皇族中舉足輕重。面對這樣的婚姻，衛青很難「讓愛做主」。

　　不過，《漢書・衛青傳》載：與主合葬，起塚象廬山。可見，平陽公主死於衛青之前。因此，可以逆推，他們的感情還是不錯的。這段婚姻的善終也可見衛青人性的溫良。

　　儘管如此，個人官場的失意，姊姊衛子夫的失寵，三個兒子不斷失侯，外甥劉據太子之位風雨飄搖，一切都令這位從羊圈裡走出來的名將晚年寂寥難堪。

　　寶劍入鞘，戰馬臥槽，將軍已老。

33.太子失寵：

漢武帝多疑　杯弓蛇影

　　元朔元年（前128），戾太子劉據出世。大漢天子劉徹，16歲登基，13年等待，終於盼到了自己的兒子！這是漢武帝的第一個兒子，也是他和第一位最心愛的女人衛子夫所生的兒子！即使歷史塵霧漫漫，至今，我們依然能夠感受這位年輕父親的狂喜：大祭諸神還願，大赦天下祈福。

　　就是這樣一位盼星星盼月亮盼來的太子劉據，最終卻屈死於父親的嚴威之下，諡號戾（戾，過錯、違逆之意）。戾太子究竟犯了什麼過錯？他和父皇的關係奈何以悲劇結束？

子不肖父不滿

第一階段，父子情深。

　　戾太子劉據是漢武帝的嫡長子，他的出生曾經讓漢武帝欣喜若狂。

　　第一，二十九歲得子。

　　戾太子劉據出生時，衛子夫已經為漢武帝生了三個女兒。阿嬌不能生育，衛子夫專生女兒，漢武帝憂心忡忡。二十九歲時，第一個兒子劉據才「千呼萬喚始出來」。

　　第二，衛子夫所生。

　　劉據出生之時，衛子夫儘管已生了三個女兒，但容顏未改，是個不折不扣的漂亮媽媽，此時漢武帝身邊還沒有其他更中意的女

人。

專寵愛妃加上久盼獨苗，衛子夫母子的一笑一顰，一粥一飯，無不牽動著武帝的俠骨柔腸。

劉據剛七歲，漢武帝便迫不及待地立他為太子，派專人輔導他研習《公羊春秋》和《穀梁春秋》。戾太子弱冠之年（《禮記‧曲禮上》：二十日弱冠），移居太子宮，漢武帝為其立博望苑，希望他廣博有聲望，將來好統馭大漢江山。不僅如此，漢武帝破例允許太子按照自己的意願豢養賓客（漢武帝歷來視豢養賓客的人為政敵，竇嬰、田蚡當年廣招門客曾惹得武帝十分不滿）。

所以，從劉據出生，到博望苑設立，是漢武帝與太子劉據關係最為密切的時期。

第二階段，暗生罅隙。

做父親的潛意識裡總希望兒子像自己，好子承父業。但戾太子越大越不像武帝，令武帝甚是懊惱。且不說才幹不如自己（上嫌其材能少，不類己），就連性格，父子也截然不同。劉據生性仁慈敦厚，溫柔謹慎，沒有一點兒帝王霸氣。在武帝看來，兒子如此庸常，如何執掌大漢江山，成就帝國偉業？

當年劉邦為什麼產生廢立太子的念頭？就一句：太子劉盈「不類己」！如今，劉據也貼上了「不類己」的標籤，這是一個十分危險的信號！漢武帝與太子之間已經出現了某種外人不易覺察的裂痕。是劉據變得越來越不像父皇，還是武帝一顆慈父之心發生了轉移？到底是誰變了？

真執著假大度

第三階段，心口不一。

在每對關係微妙的父子中間，總有一根紐帶從中牽連。那就

是父親的妻子、兒子的母親。當年，劉徹得子之興奮，也有幾分「愛屋及烏」。如今衛子夫色衰失寵，武帝之變似乎在所難免。

武帝性情風流，怎麼會專寵一個衛子夫？衛子夫失寵後，是王夫人，再往後是李夫人。李夫人的大哥李廣利、二哥李延年都搭上了妹妹的便車，一個封爲貳師將軍，一個成爲漢武帝的倖臣，鋒頭直蓋衛家當年盛況。（及衛后色衰，趙之王夫人幸，有子爲齊王。王夫人早卒，而中山李夫人有寵，有男一人，爲昌邑王。李夫人早卒，其兄李延年以音幸，號協律。協律者，故倡也。兄弟皆坐奸，族。是時，其長兄廣利爲貳師將軍，伐大宛，不及誅。還，而上既夷李氏，後憐其家，乃封爲海西侯。）

此時，衛子夫、戾太子明顯地感受到某種潛在的威脅。

覺察母子倆的不安，漢武帝一反往常的倨傲、粗暴，委託中間人衛青，轉達爲父爲夫之眞情：漢王朝剛剛建立，一切都只是草創，加上四夷侵陵中國，我權高位重，責任重大。要是不變更制度，後世將沒有可以遵循的準則；要是不征討四夷，天下將永遠不得安寧；不得已而連累百姓蒼生受苦。我內心沉痛、日夜反省：如果後世的繼承人，仍然像我這樣窮兵黷武，漢王朝就會走上秦朝滅亡的道路。所幸太子穩重好靜，將來必能安定天下，我也可高枕無憂。找一個能夠守住基業的未來國君，還有誰比太子更合適呢！我聽說皇后太子心裡犯嘀咕，以爲我不再寵愛他們。沒有的事！你將這些話傳達給他們，讓娘兒倆定心。（漢家庶事草創，加四夷侵陵中國，朕不變更制度，後世無法；不出師征伐，天下不安；爲此者不得不勞民。若後世又如朕所爲，是襲亡秦之跡也。太子敦重好靜，必能安天下，不使朕憂。欲求守文之主，安有賢於太子者乎！聞皇后與太子有不安之意，豈有之邪？可以意曉之。）

漢武帝能說出這番話，非常不易；又透過衛子夫的弟弟、劉據的舅舅衛青轉告，大有深意。

其一，漢武帝解釋了自己為什麼要執行現行的內外政策；

其二，後世帝王要以民生為上，不能征伐為主；

其三，漢武帝深知太子、皇后內心的恐懼；

其四，申明自己對太子的信任。

後來的〈罪己詔〉證明這番話確有可信之處。聽聞武帝這番「肺腑」之言，衛青連連叩謝（大將軍頓首謝）。聽到轉告的衛子夫也連忙取下首飾請罪（皇后聞之，脫簪請罪）。

但我們不禁要問，話說得如此冠冕堂皇，是發自真心嗎？

我認為：漢武帝此言有政治秀的成分。

漢武帝在申明國策，表達信任之時，有四點非常值得重視：

一是，掩蓋對太子的不滿。

漢武帝讓衛青捎話時絲毫沒有提及太子「不類己」，說明這種不滿還沒有發展到要廢立太子的程度，同時也在刻意掩蓋對太子的不滿。

引而不發，最具威懾力；刻意的掩蓋，更令人不安。

二是，迴避對皇后的不愛。

漢武帝不喜歡衛子夫是客觀事實。得寵時泰然，失寵後超然；寂寞也好，委屈也罷，衛子夫一介歌伎出身，又沒有阿嬌的背景，她只能默默承受。問題是漢武帝自始至終不正面觸及問題的核心──衛子夫母子失寵。甚至也沒有提及一句有關李夫人母子的言辭。目的只有一個：置對方於捕風捉影、無理取鬧的「不義」境地。你無義，朕沒有責怪你，為什麼？我就是要你欠我人情，以後就會恪守本分了。

三是，有意表示對皇后、太子的信任。

就事論事，武帝的確很信任皇后和太子。每次外出，皇帝都將朝中之事託付太子處理，宮中之事託付皇后處理。回來之後，讓他們揀最重要的事報告一下，有時候連報告也懶得聽。（上每行

幸，常以後事付太子，宮內付皇后。有所平決，還白其最，上亦無異，有時不省也。）既能始終將決策權掌握在自己手中，又善於放權，樂得逍遙！

四是，衛子夫、戾太子是庸人自擾嗎？

衛子夫與漢武帝是夫妻，劉據與武帝是父子。如此骨肉相連，一方的任何一點細微變化，另一方都會覺察到；特別對於擁有生殺大權的皇帝的態度變化，皇后與太子自然敏感。因此，如果不是漢武帝確實有了某種變化，衛子夫、劉據何必自找煩惱呢？如果不是這種變化對自己已構成巨大的威脅，又何苦誠惶誠恐？

既然是客觀存在，又拒不承認，還託衛青捎話，表示信任太子，武帝這分明是在作秀。

漢武帝和太子之間為何變成了危險關係？

其一，政見不合。

武帝是典型的鐵血派，而劉據則是仁義派。劉據反對向四鄰各國用兵，更厭惡酷刑酷吏，他希望能夠休養生息。

其二，不懂權術。

漢武帝和太子劉據一樣，都是七歲立為太子。但是，漢武帝當年從默默無聞的十皇子最後勝出，是後宮五個女人角逐、博弈的結果。這使得漢武帝自小就見識了宮廷的冷酷，也因此變得冷血和世故。太子劉據生來養尊處優，未見宮廷紛爭；甚至不識人間煙火。漢武帝屢屢征伐四夷，太子劉據都要苦苦勸諫。每次，漢武帝都笑著說：吾當其勞，以逸遺汝，不亦可乎？我吃這個苦，讓你做個安逸的皇帝，不很好嗎？

武帝臉上在笑，可心裡呢？滿朝文武高呼吾皇神武，公孫弘、張湯等人的追捧更是花樣翻新，唯獨太子執意反對，漢武帝心中自然不快。

太子明確表示不同政見，既說明他忠於父皇，又說明他不懂權

術。

其三，朝臣分裂。

一方是獨斷專行的漢武帝，信任酷吏和執法嚴格的官員；一方是天真執著的太子，忙著推翻、平反大臣的判案，雖然此舉讓民心大快，卻得罪了很多大臣。「知夫莫若妻」，衛皇后怕長此以往得罪皇上，苦勸太子罷手，不要任意而為。漢武帝聽說後批評皇后的投機心態，稱讚太子的忠直善良。

上用法嚴，多任深刻吏。太子寬厚，多所平反。雖得百姓心，而用法大臣皆不悅。皇后恐久獲罪，每戒太子宜留取上意，不應擅有所縱舍。上聞之，是太子而非皇后。群臣寬厚長者，皆附太子；而深酷用法者，皆毀之。邪臣多黨與，故太子譽少而毀多。

群臣中寬厚之人或者長者都依附太子，與漢武帝周圍嚴刑苛法的官員形成鮮明對比。大臣們因此分為了兩派，一派擁護太子（太子黨），一派反對太子（君王黨）。朝臣的分裂，最讓武帝揪心。君子朋而不黨，而邪臣多黨與。因此，誹謗太子的官員還是大大多於讚賞者。

但是，這件事情我們也不能過度闡釋。如果認為漢武帝視太子為政敵，那就把太子與武帝政見不合的問題看得過重；以為憑這就引發了巫蠱事件，那就大錯了。

其四，衛青下世。

元封五年（前106），衛青去世。衛青的下世，使衛子夫失去朝中最大支柱。衛子夫與劉據馬上感受到失去衛青後的政治孤獨。平日裡懾於衛青地位、權勢的官員紛紛跳出來，誣陷太子。（衛青薨，臣下無復外家為據，競欲構太子。）「競欲」二字，可見這些反對派迫不及待、落井下石的醜態。

由於上述四個方面，漢武帝與衛皇后母子的關係疏遠了。最為危險是，皇后不能再自由面見漢武帝。（上與諸子疏，皇后希得

見。）

這使得衛子夫即使有緊急情況，也無法與漢武帝直接溝通。

此時，戾太子劉據與漢武帝，一個真執著，一個假大度，兩人的關係進入了一段非常敏感而微妙的時期。

遭暗算遇對手

第四階段，疑竇重重。

這一時期，太子劉據成了眾矢之的，宦官頻頻告密，導致父子關係由「不喜歡」升級為「不信任」。

有一次，太子去見皇后，見面的時間長了一點，「移日乃出」。漢武帝身邊的宦官黃門（禁宮侍從）蘇文立刻稟告漢武帝：太子光顧著與皇后宮中的宮女們戲耍。（黃門蘇文告上曰：太子與宮人戲。）漢武帝也不責備太子，而是不動聲色地給太子宮中增加了二百名宮女（上益太子宮人滿二百人）。

父皇莫名其妙地給自己增加這麼多宮女，太子很納悶，一打聽，才知道是太監蘇文打了小報告。蘇文與小黃門（禁宮小侍從）常融、王弼等一直暗中觀察太子，動不動就向漢武帝打小報告（文與小黃門常融、王弼等常微伺太子過，輒增加白之）。皇后恨得咬牙切齒，「明槍易躲，暗箭難防」。只有誅殺蘇文等人，才能免於後患。太子依然無知無畏：我又不犯錯，何須害怕蘇文！皇上何等聰明，不會相信那些邪惡讒言，不用擔心！（皇后切齒，使太子白誅文等。太子曰：第勿為過，何畏文等？上聰明不信邪佞，不足憂也！）

他沒有想到父皇也是人，也有偏聽輕信的人性弱點。

又有一次，漢武帝身體輕微不適，讓常融召喚太子，常融回來又進讒言：太子聽說您生病，面露喜色。漢武帝聽後心下一沉，默

然不語。太子過來請安，武帝細細觀察，他哪裡有喜色？倒有哭泣過的痕跡。漢武帝很奇怪，詳細盤查，才知道兒子是害怕自己出意外，剛哭過一場。武帝心中暗愧，殺了挑撥離間的常融。（上嘗小不平，使常融召太子。融言太子有喜色，上嘿然。及太子至，上察其貌有涕泣處，而佯語笑。上怪之。更微問，知其情，乃誅融。）

小太監們為什麼敢如此放肆地陷害太子？

一是深知武帝。

小太監們整天不離漢武帝左右，漢武帝與太子的微妙關係，他們最清楚。而且太子、皇后不能經常進宮面見武帝，這就進一步表明，武帝與皇后、太子的關係疏遠了。

二是武帝相信。

第一次聽了小黃門蘇文的小報告，立即給太子宮中增加兩百宮女，說明武帝相信了；第二次小太監常融誣告，漢武帝沉默不語，也是當真的。雖然後來心中起疑，深入調查，得知真相；卻更說明了武帝對太子疑心重重，對流言耿耿於懷。

皇族中的父子之情帶有太多政治因素，親情淡漠後，就只剩下君臣關係了。

第五階段，危機四伏。

就在太子被小太監們群起而攻時，太子又遭遇了一個強勁的對手。

漢武帝晚年一次打獵，路經河間（今河北肅寧）。一個懂得望氣占卜的人告訴他，這裡有個奇女子。武帝將這女子召來，立刻為她的美貌傾倒。武帝又見她雙手緊握，就親自去為她掰拳。女子的手竟然馬上伸開，這就是鉤弋夫人的傳說。此後，她深得武帝寵幸，又稱拳夫人。（天子巫使使召之，既至，女兩手皆拳。上自披之，手實時伸，由是得幸號曰拳夫人。）

　　《列仙傳》說漢武帝把她的手翻開後，發現她手裡握著一個玉鉤，這可能是從鉤弋夫人這個稱號中敷衍而來。

　　《漢書》又載：鉤弋夫人晉升爲婕妤，居住在鉤弋宮（拳夫人進爲婕妤，居鉤弋宮，大有寵），才被稱爲鉤弋夫人。

　　而後人則推測，鉤弋夫人之所以緊握拳頭，是因爲她小時候得了小兒麻痺症，並不是什麼奇女子。

　　太始三年（前94），鉤弋夫人懷孕十四個月，生皇子弗陵，號稱鉤弋子。武帝說：我聽說從前堯是懷孕了十四個月才出生，現在鉤弋子也是這樣。於是就命名鉤弋子出生的門爲堯母門。（任身十四月乃生，上曰：聞昔堯十四月而生，今鉤弋亦然，乃命其所生門曰堯母門。）

　　堯是儒家尊奉的聖人之一，文治武功俱佳。像當年戾太子出生一樣，漢武帝很興奮，舉行了命名儀式。司馬光在《資治通鑑》談到「堯母門」時說過一段非常中肯的話：

　　爲人君者，動靜舉措不可不愼，發於中必形於外，天下無不知之。當是時也，皇后、太子皆無恙，而命鉤弋之門曰堯母，非名也。是以奸人逆探上意，知其奇愛少子，欲以爲嗣，遂有危皇后、太子之心，卒成巫蠱之禍。悲夫！

　　鉤弋夫人被稱爲堯母了，等於說把鉤弋子比作堯了，堯不當皇帝誰當皇帝？

　　這是暗示皇上想要換太子嗎？漢武帝此時有廢立太子的打算嗎？

　　我認爲還不大可能：

　　皇族之中母子寵衰是緊緊相連的，而衛皇后已失寵多年，鉤弋夫人正沐浴皇恩。感情上，漢武帝傾向於幼子。但是，理智上漢武帝並非就想廢立太子。

　　一、漢武帝認爲太子穩重、仁慈寬厚，能夠繼承漢家的基

業。雖然太子與漢武帝的政見、性格、作風都不一樣；但是，漢武帝晚年，已經漸漸認識到自己廣征四夷對國家、子民的傷害。太子在這一點上與自己相反，正可以彌補自己的過失。

　　二、鉤弋子剛剛出世（太始三年，前94），漢武帝根本無從判斷其將來是否適合做繼承人。如果說漢武帝寵愛鉤弋夫人，就要立其子為太子，這是非常武斷的。鉤弋夫人之前，除了皇后衛子夫，漢武帝先後寵幸過很多夫人，也有幾位生下皇子，都沒有動搖太子的地位。漢武帝不可能不慎重對待國家的未來。

　　可見此時，漢武帝尚無易位太子的念頭。

　　漢武帝曾經說鉤弋子很像他，劉邦當初也曾對趙王如意發此感慨，想改立他為太子。但是，漢武帝吐露心聲，是在太子劉據叛亂被殺之後。

　　後衛太子敗，而燕王旦、廣陵王胥多過失，寵姬王夫人男齊懷王、李夫人男昌邑哀王皆蚤薨，鉤弋子年五六歲，壯大多知，上常言「類我」，又感其生與眾異，甚奇愛之，心欲立焉，以其年稚母少，恐女主顓恣亂國家，猶與久之。

　　後來衛太子叛亂被擊敗，而燕王旦、廣陵王胥有很多過失，寵姬王夫人的兒子齊懷王、李夫人的兒子昌邑哀王都年輕早逝。鉤弋子五、六歲時就長得高大，而且很懂事，又因為他出生時與眾不同，漢武帝就特別地喜歡他，經常說「鉤弋子很像我」；並打算立鉤弋子為太子。但鉤弋子年小母少，漢武帝怕王后將來專橫而危亂國家，因而猶豫了很久。

　　由於巫母門事件，太子劉據與父王漢武帝的關係進入危險期。此時，彷彿天意，又接連發生了幾件事：

　　征和元年（前92），漢武帝64歲，對於古人來說，這個年齡算是高齡了。漢武帝之前的漢朝皇帝，漢高祖（前256–前195）、漢文帝（前202–前157）、漢景帝（前188–前141），分別活到62

歲、46歲、48歲。此時，武帝體弱多病，很多事情力不從心，性情變得敏感，天天懷疑有人在詛咒他，破壞他的長生計畫。

征和元年年底，漢武帝看到一個帶劍的男子進入中龍華門，下令把他抓起來，而男子棄劍逃走。漢武帝很生氣，殺了宮門守衛官。十一月，漢武帝親自調集京城附近的騎士，在上林苑中仔細搜查，又關閉長安所有城門，全城戒嚴，前後折騰了一個月才解除戒嚴。

但是，這次急風驟雨只是揭開了「巫蠱」之禍的序幕，更殘忍、更血腥的殺戮即將開始。

34.巫蠱之禍：

戾太子蒙冤　武帝喪子

　　一個搬弄是非的寵臣，一個書生意氣的太子，再加上一個杯弓蛇影的老皇帝，就等於一場波及數萬人的流血慘案，一齣千年扼腕的父子悲劇。巫蠱之禍，莫須有之。衛皇后、皇太子、皇太孫一脈緣何死於非命？天災？人禍？是什麼釀造了人間荒誕？

心魔起滿城巫蠱

　　晚年漢武帝，體質越來越虛弱，身形越來越佝僂，巫蠱的魔力在他心中越來越大。老皇帝寢食難安，日夜冥想：是不是有人在用巫蠱咒我？

　　悲劇揭幕，漢武帝從身邊人下手。

　　第一個假想敵就是戰功卓著的公孫敖家族。公孫敖和衛青是少年玩伴、沙場兄弟，當年從專橫霸道的陳阿嬌母女密室之中，冒死救出衛青。就是這個義膽俠骨的公孫敖，太始元年（前96）春正月，因為受妻子行巫蠱之事的連累，被滅族。

　　第二個假想敵又是一位公孫先生，還是一位抗匈名將──公孫賀。公孫賀隨軍打仗，屢立戰功。轉崗當上了太子舍人，陪太子讀書。又封為太僕，皇家車隊的大隊長，親自為皇帝駕車。公孫賀娶了皇后衛子夫的姊姊衛君孺為妻，與漢武帝連襟，恩寵日隆。

　　公孫賀多次參與討伐匈奴，兩次封侯；不過，他最為膾炙人口的卻是拜相。

　　太初二年（前103），武帝拜公孫賀為相。鑑於此前已有諸多同僚死於宰相任上；公孫賀視相位如鬼門關，難保一朝不慎，相位會要了他的命。他拒絕接受印綬，跪地嚎咷痛哭，眾皆淒然。武帝拂袖而去，公孫賀萬般無奈，勉強領旨。

　　這樣膽小怕事的丞相，怎麼會跟惡毒的巫蠱攪到一起？災難緣於他的兒子公孫敬聲。公孫敬聲在父親任丞相後，接任太僕一職。父子俱列公卿，顯赫一時。這個公孫敬聲跟他老父可謂天壤之別，典型的「傻大膽」，驕橫奢侈，目無法紀。征和元年（前92），他擅自挪用北軍軍費一千九百萬，被投進大牢。

　　〈寵信江充〉中，我們講過，北軍是皇城根兒底下的戰略預備隊。漢代保衛京師，有長安城南的南軍和城北的北軍兩大營盤。南軍的職責範圍是大內皇宮，而北軍則保證長安及京畿地區的安全。北軍本來就是清水衙門，工資都發不出來；皇帝和江充機關算盡，才從京城闊少那裡敲來一筆軍餉，一下子給你挪用了，能不怒髮衝冠嗎？公孫敬聲凶多吉少。

　　公孫賀愛子心切，急中生智，以抓捕「通緝犯」朱安世為條件，替兒子贖罪。朝廷追蹤多時的朱安世果然被公孫賀抓到。

　　朱安世可不是省油的燈。那些宮闈內外、紈袴子弟的緋聞醜事、黑幕暗箱，他全部清楚。公孫賀要取他性命，朱安世仰天大笑：丞相，你和你的家族就要大禍臨頭了！朱安世要公孫賀一家陪葬！

　　朱安世獄中上書，爆料公孫敬聲與衛子夫的女兒陽石公主私通，還在皇上去甘泉宮必經之路上，埋了寫滿詛咒的木偶人。又是巫蠱！

　　年老體衰的漢武帝再也禁不起這些怪力亂神的刺激，急速崩潰。

　　征和二年春（前91），公孫賀父子死於獄中，滿門抄斬。

　　四月，皇后衛子夫之女諸邑公主、陽石公主，大將軍衛青長子長平侯，也捲入其中，無一免死。

　　同一樁巫蠱，旁人眼裡是飛來橫禍，無不歎息扼腕；心懷叵測的江充卻看出了機遇，找到了門路：

首先，「巫蠱」是漢武帝的軟肋。

　　話說有一晴空白日，漢武帝打瞌睡，夢見數千個木人手持木杖要攻擊自己。噩夢驚魂，從此，漢武帝開始覺得身體不適，精神恍惚，記憶力也減退了。此時漢武帝已成驚弓之鳥。

再者，「巫蠱」已牽涉衛皇后家族。

　　除公孫家族外，此次「巫蠱」還重創皇后衛子夫家族，包括兩個公主和一個長平侯，宣告衛皇后和太子的失勢。

同時，「巫蠱」易於栽贓。

　　漢武帝雖是一代明君，卻也沒少幹糊塗事。當時，法定的就有不少「莫須有」之罪，如：「腹誹」，你嘴上不說，我認定你肚子裡有意見，憑這一點，就可殺你的頭。「巫蠱」也一樣。說你在地底下埋了詛咒的木偶人，隨時可拿一堆蠱娃娃向皇帝揭發。至於是挖出來的，還是早就準備好搋在衣袋裡的，誰知道？

　　江充屢次揮舞法律大棒，嚴辦皇親國戚，獻媚於漢武帝。眼看武帝日薄西山，時日無多；江充難免七上八下：一朝太子登基，自己豈不是任人宰割？一不做，二不休。江充決定，給垂垂老矣的漢武帝再下一劑猛藥：陷太子劉據於「巫蠱」，讓漢武帝骨肉相殘；一旦把太子拉下馬，自己便可高枕無憂。

　　由於漢武帝愈加迷信鬼神之道、禮遇方術之士，京城聚集的方術及神巫之人也越來越多。他們以邪道惑眾，無所不用其極。也有一些女巫與宮中人士過往甚密，聲稱：在居處埋置小木人，定時祭祀，可以消災免禍。於是不少宮女信以為真，如法炮製。由於彼此之間的猜忌怨恨，互相檢舉揭發對方詛咒皇上。漢武帝大怒，大肆

誅殺後宮之人並株連到朝中人士，死者達數百人。

這一次雖然死傷者眾，但是和衛家沒有任何瓜葛。皇后不在其列，太子也不涉嫌。江充目的沒有達到，就心懷叵測地對漢武帝說：陛下過去多好的身子骨，現在落下了病根，肯定還有人暗埋小木人詛咒。要想枯木回春，只有挖盡小木人，殺光詛咒者。

漢武帝聽後，立即派江充治理巫蠱之獄。江充雷厲風行，帶上一個胡地巫師，在長安城內四處抓人，施以種種酷刑。

巫蠱之獄從京師波及各地，又荼毒了數萬生靈。

讒言毒父子相煎

舉國上下一片白色恐怖。江充見時機已到，推出最後的重磅之舉。他秘授胡巫，稟奏漢武帝：宮中有巫蠱氣。漢武帝大驚，命江充、宦官蘇文、安道侯韓說、御史章贛，結成四人重案組，入宮搜查。

江充先從失寵的妃嬪處挖起，漸漸地延伸到皇后、太子的宮殿，縱橫交錯，遍地開花，弄得皇后和太子連擱床的地方都沒有了。一番挖掘、調查之後，江充聲稱：太子宮中挖出的桐木人特別多，還寫著謀逆的帛書！必須馬上奏明聖上！太子大為驚恐。（充云：於太子宮得木人尤多，又有帛書所言不道，當奏聞，太子懼。）

此時，漢武帝尚在甘泉宮避暑。太子命懸一線，趕緊與少傅石德商量。石德慫恿太子先下手為強，起兵捉拿江充。石德說：如今這些木人，誰也無法證明是巫師預先埋的，還是宮中原有的。只有先假託皇上的命令，捉住江充等人嚴加審訊，揭穿他們的奸謀，才能洗刷冤情。再說皇上在甘泉宮養病，是生是死還很難說。江充何等奸狡，萬一重蹈秦皇公子扶蘇的悲劇，矯詔陷害太子怎麼辦？

太子猶豫不決，打算到甘泉宮親自向父皇謝罪。然而江充肆無忌憚，根本不讓太子脫身。

萬般無奈，太子決定鋌而走險。

征和二年（前91）的七月，太子派人裝扮成武帝的使者，前去捉拿江充一干人。安道侯韓說起了疑心，不肯受詔，被武士們格殺。江充被抓。御史章贛和黃門蘇文僥倖逃至甘泉宮。武士們把江充帶到太子跟前，劉據痛罵江充道：趙賊，你以前離間你們趙國的父子還不夠嗎？現在竟又挑撥我和父皇！太子親自監斬江充，又將胡巫燒死在上林苑中。

太子派人拿著節杖來到未央宮，向母后衛子夫請罪。衛子夫最終選擇「護犢」，即使成為大漢江山的罪人，至愛君王的叛臣，她也不能讓惡毒的巫蠱再次奪走自己的孩子！衛子夫調用宮中所有車馬，打開兵器庫，集合長樂宮所有衛士，全力支持太子。

蘇文和章贛一到甘泉宮，馬上向武帝告發太子謀反。武帝沉吟半晌，說：太子一定是害怕了，又痛恨江充，才做了傻事。於是，派身邊的內侍去召太子前來問話。內侍過去也沒少告太子的刁狀，怕太子殺紅了眼，把自己也宰了，就在外面晃了一圈，回來對武帝說：太子真造反了！他還要殺我，我只好逃回來了！武帝大怒，至此斬斷父子恩情。（蘇文迸走，得亡歸甘泉，說太子無狀。上曰：太子必懼，又忿充等，故有此變。乃使使召太子，使者不敢進，歸報云：太子反已成，欲斬臣，臣逃歸。上大怒。）

漢武帝聰明一世，為什麼會作出太子謀反的錯誤判斷呢？

第一，寵信江充。

如果沒有江充，這場父子悲劇根本無從上演。江充認定，今日不殺太子，武帝百年之時自己必死。江充迫害太子，實質上是內心虛弱的表現。

第二，太子失寵。

如果沒有太子的失寵，這場悲劇便失去了原動力。太子之母衛子夫年邁失寵，太子與武帝政見不合，父子關係已經岌岌可危。閉目塞聽的老皇帝不再把太子視爲掌上明珠，不僅判斷嚴重失誤，處理還會更加苛酷。

第三，近侍撒謊。

如果派去傳喚太子的近侍進城面見太子，說明武帝意圖；太子有機會親自向父皇說明眞相，這場悲劇完全可能避免。漢武帝初聽到「太子造反」，第一反應是太子「病急亂投醫」。作爲父親，他對太子有一個基本的判斷：兒子不是無法無天之人。可惜，這個近侍既膽小又膽大。膽小的是他連面見太子、傳達皇帝旨意的勇氣都沒有；膽大的是他竟然編造太子造反的謊言。

長安城中，謠言四起。丞相劉屈氂聽說太子謀反，慌慌張張地逃到城外，連丞相大印也丟了，派長史（秘書長）乘快馬到甘泉宮報告。

第四個人通報太子謀反！三人已成虎，何況四人？對於這場「巫蠱之禍」，後人往往抱怨武帝冷酷無情；誰能體會體弱多病的老父親聽到兒子謀反，何等寒心！何等震怒！武帝問丞相長史：丞相準備怎麼處理？長史說：丞相已封鎖消息，不敢發兵平叛。武帝大怒：事態已經到這個地步，丞相居然還講面子、要風度！論儒雅，他比得上周公嗎？周公尚且剿滅亂臣管叔、蔡叔，丞相居然坐視不理？漢武帝顧不上病痛，從甘泉宮中出來，親臨長安城西指揮平叛。武帝下詔徵召京城臨近各縣的士兵，各地二千石以下的官員由丞相調遣。在平叛動員會上，漢武帝明白無誤地告訴所有士兵：誰全力捕殺反賊，我大大有賞！又親自策劃作戰陣形：用牛車結陣，堅閉城門，不許放走一個反賊！

漢武帝等於向天下人宣告：太子劉據不再是我的兒子，而是大漢的敵人！

太子這邊如何應對呢？首先，太子向百官講明自己用兵的合法性：皇上病重，困在甘泉宮，不知是否有變故，而奸臣江充已經準備作亂。緊接著，太子假傳聖旨釋放長安城裡的囚犯，發給武器，由少傅石德和門客張光統率，抵抗丞相的軍隊。他又派使者持節杖，徵召駐紮在長水及宣曲的胡人騎兵軍團，沒想到漢武帝的侍郎趕來，告訴胡人：太子的節杖是假的，不要聽他的命令！原來，漢朝的節杖本來是純赤色的，太子使者持的就是這種赤杖。這次漢武帝加上了黃色的旄纓，用以防偽。於是，太子使者被斬。胡人騎兵軍團掉轉矛頭，攻打太子軍隊。

太子想到北軍護軍使者任安，請求他發北軍精兵助戰。但任安實在不想蹚這父子相殘的渾水。

如果任安幫了太子，太子失敗，他是同案犯，一定會被殺；如果他不幫太子，太子屈死，太子平反之日，他也活不了。

宦海沉浮，身不由己，只有居其間者才知個中甘苦。

任安的選擇是接受太子之節，卻不出兵。但是，漢武帝並不理會他的苦心，反而認為任安首鼠兩端，對朝廷懷有二心，任安最後仍未逃一死。

正規軍調不動，太子只好徵召民兵。受盡江充「巫蠱」禍害的長安平民，聽說太子殺了江充，都願意幫助太子挺過難關。太子之兵終於正面遭遇丞相大軍。雙方混戰五天，死傷數萬人。長安城血流成河，屍橫遍地。

後來人們聽到漢武帝的昭告，才知是太子作亂，於是一哄而散。

太子兵敗，情理之中。

一是太子手中沒有兵權

我們想想那個作壁上觀的任安。他曾是衛青的部下，居然袖手旁觀。如果太子握有兵權，任安會不會拔刀相助？很難說。

二是漢武帝親自主持平叛

漢武帝雖年邁有病，但他對整個政局的掌控能力絕非太子能比。因此，只要武帝宣布太子「造反」，京城的百姓就不會支持太子，太子必敗無疑。

兵敗的太子只能選擇逃亡。那夜，輪到司直田仁守城門。所有的士卒都在等待他的命令，田仁默默無語。終於，侍衛打開城門，太子帶兩個兒子策馬離去。田仁知道，放太子生路，就是逼自己走上絕路。丞相劉屈氂趕來，要殺田仁的頭。御史大夫暴勝之攔住他說：田仁是二千石的官員，要殺他也得先奏明皇上，怎麼能擅自處死呢？他有苦衷啊！田仁怕武帝殺了兒子將來後悔；暴勝之怕丞相冤殺好人將來受到追究。局外人尚且看明了父子相殘，兩敗俱傷；雄才大略的漢武帝卻全然不顧：痛罵暴勝之自作主張，把他關進大牢。暴勝之獄中自殺。

叛亂終於平息，殺戮卻沒有停止。田仁被殺，任安腰斬。任安生前多次致信好友司馬遷，希望太史公能在皇帝面前「推賢進士」，遲遲未得回覆。誰知臨刑前，意外得到了司馬遷的回信。

今少卿抱不測之罪，涉旬月，迫季冬，僕又薄從上雍，恐卒然不可諱，是僕終已不得舒憤懣以曉左右，則長逝者魂魄私恨無窮。

「如今您遭遇不測之罪，再過一個月就是冬末，我不得不隨皇上去雍地，我擔心，一旦您突然離世，那我再也無法向您抒發我的憤懣之情，您的魂魄也會抱恨無窮。」字字泣血、惺惺相惜，那是兩千年前的君子之交、生死之誼！

同時，太子的門客中，只要曾經出入太子宮門者，誅殺；跟隨太子發兵的處謀反罪，族誅；被太子裹脅的普通士卒全部發配敦煌郡，守邊。

漢武帝與皇后衛子夫也到了恩斷情絕的一天。漢武帝派遣使臣

來到未央宮，收繳皇后的印璽和綬帶，衛子夫懸樑自盡。

難舉棋生死相隔

逆子出逃，漢武帝怒氣未消，群臣戰戰兢兢。

恰在此時，壺關（今山西壺關縣）三老（掌管教化）令狐茂冒死上書武帝：

1.皇太子與皇上父子關係至親至密，絕非世間其他關係可比；

2.江充是一布衣，卻奉皇上之命迫害太子；

3.太子受到江充的迫害卻不能與父皇溝通，忍無可忍才起兵殺充，兵敗逃亡；

4.子盜父兵，以求自免，並無邪惡之心；

5.速速罷兵，不可讓太子長期在外逃亡。

令狐茂是漢武帝晚年第一個敢於站出來說公道話的人。他說出了人人心中有，又個個口中無的大實話。滿朝文武，莫不知太子冤屈，卻無一人敢於為太子辯冤。令狐茂擔了這個風險。

令狐茂講了兩個問題：一是對太子起兵殺江充的看法，二是勸武帝盡快停止對太子的追殺；入情入理，情真意切。

漢武帝看後，幡然醒悟，但還是不願公開說明赦免太子的事。（天子感寤，然尚未敢顯言赦之也。）漢武帝此時急轉彎，確有難度。君君臣臣，父父子子；難道還要為父的先認錯嗎？

但是，漢武帝晚一天赦免，太子就多一分危險。歷史從來不會因為一個人的內心猶豫而停止進程。就在漢武帝徘徊不定之時，噩耗傳來──太子被逼自殺。

原來，太子逃到湖縣（今河南靈寶縣西北），藏匿在一戶人家。這家人貧窮善良，靠賣鞋供養太子。一天，太子突然想起一位發達的老朋友也在湖縣，希望他能夠接濟自己，減輕恩人一家的

負擔。誰知，送信人被官府的人發現了行蹤。八月，官吏圍捕太子。太子自知無法脫身，緊閉房門，自縊身亡。這家主人在保護太子的格鬥中被殺，太子的兩個兒子全部遇害。

當時山陽縣的男子張富昌還是一名士卒，他一腳踢開房門，新安令史李壽趕快上前抱住太子，解救下來。但是，太子已經氣絕身亡。儘管太子未能救活，但是漢武帝非常感激，事後，封張富昌、李壽二人爲侯。

35.臨終託孤：

漢武帝罪己　顧託得人

巫蠱之禍後，漢武帝面臨三大難題：一是太子「謀反」案如何善後，二是由此引發的內政怎樣調整，三是空缺的太子之位誰來填補。三者息息相關，一著不慎，全盤皆亂。漢武帝怎樣戰勝喪子之痛、殺子之悔，完成生命中最後的使命呢？

了恩怨一夢方醒

戾太子死後，漢武帝徹查「巫蠱」之獄。一件件檢舉，一條條詛咒，一宗宗血案，陰森恐怖，駭人聽聞，筆筆追下去，卻沒有幾個屬實；浮出水面的冤獄越多，漢武帝的追悔越痛。太子是冤屈的，並無謀反之意！漢武帝想給太子平反，但苦於沒有台階可下。

征和三年（前90）九月，高寢郎（管理高祖劉邦陵墓的官員）田千秋，呈上緊急奏摺爲太子鳴冤。

田千秋的上疏非常簡明，只講了三點：

一是兒子盜用父親的軍隊，頂多打一頓。

二是皇上的兒子錯殺了人，判什麼罪？

三是夢中一位白髮老翁教我這麼說。

子弄父兵，罪當笞。天子之子過誤殺人，當何罪哉！臣嘗夢一白頭翁教臣言。

漢武帝晚年，第一個仗義執言的，是山西鄉下的令狐茂（壺關

之老），請求赦免太子；第二個就是這位看守皇家陵園的芝麻官田千秋。難道只有遠離政治中心的人，才能看清事件眞相嗎？當然不是。沒有人說實話，意味著沒有人願意聽實話。漢武帝晚年，內心之敏感脆弱，恰如他的身體。

而田千秋話中有話：

第一，子盜父兵不是罪；

第二，太子錯殺人也不是罪；

第三，這是神人授意。

田千秋這份冒險提案是顆糖衣藥丸，不僅有益，而且順耳。尤其一句「臣嘗夢見一白頭翁教臣言」。漢武帝不是好神仙方術嗎？那麼，這神人來頭還不一般。田千秋是漢高祖劉邦陵寢的守陵官，那麼，他夢見的奇人無疑就是漢高祖劉邦啊！同時，田千秋用平民心看帝王事，將「太子謀反」大大淡化，不過是子盜父兵，打一頓罷了。

多好的台階！

看到田千秋的奏章，漢武帝立即召見他：父子之間外人最難插話，只有你能明白其中的曲折；而且，這又是高祖神靈讓你告訴我，因此，你應當做我的助手。（父子之間，人所難言也，公獨明其不然。此高廟神靈使公教我，公當遂爲吾輔佐。）田千秋以情度人，迅速贏得漢武帝信任。

隨即，漢武帝作了三條決定：

1.任命田千秋爲大鴻臚（管理諸侯國及少數民族事務）；

2.誅滅江充全族，燒死到武帝甘泉宮告太子造反的宦官蘇文，誅殺當初逼殺太子後被封賞的人；

3.修思子宮，建望思之台。

田千秋的上書正式拉開了爲戾太子平反的序幕。

追悔莫及的漢武帝在太子兵敗的長安，修建了「思子宮」；在

太子逃亡自盡的湖縣，蓋起了「歸來望思之台」，天下人無不為之傷感。什麼是世間最珍貴的？已經失去的和永遠得不到的！四十年前，英姿勃發的漢武帝喜得長子劉據，大祭諸神，大赦天下，視若珍寶；然而，當他站在長安城西聲色俱厲地鼓動全軍：堅閉城門，不許放走一個反賊！當他調派的丞相正規軍遭遇慌不擇路的太子平民隊伍，烽火連天，血流成河；當他為尊嚴而猶豫不決，層層士兵正將太子最後棲身的窮家小院重重包圍……他是否想過，有一天也會後悔。對此，後人紛紛題詠，留下不少佳作：

望思台（唐）胡曾

太子銜冤去不回，臨高徒築望思台。至今漢武銷魂處，猶有悲風木上來。

望思台（唐）李山甫

君父昏蒙死不回，漫將平地築高台。九層黃土是何物，銷得向前冤恨來。

望思台（唐）汪遵

不憂家國任奸臣，骨肉翻為篲路人。巫蠱事行冤莫雪，九層徒築見無因。

望思台（唐）鄭還古

讒語能令骨肉離，奸情難測事堪悲。何因掘得江充骨，搗作微塵祭望思。

敞心扉改弦更張

喪子劇痛讓武帝開始反思自己的一生。征和四年（前89）二月，漢武帝到鉅定（今山東廣饒縣北）視察，親自下田犁地，表示對農業的重視。回來又祭祀泰山，求教天地。武帝會見群臣，說：

朕自繼位以來，做了很多荒謬瘋狂的事，讓天下蒼生受苦，追悔莫及。從今天開始，所有勞民傷財的事，一律廢止。

伴隨戾太子事件的平反，漢武帝已進入生命倒數計時，親自犁田，自我批評，都是對國策進行重大調整的信號。

田千秋非常敏感，他第一個聽懂了漢武帝發出的信號。三月，田千秋上書：言神仙之事的方士太多，又沒有明顯功效，臣懇請把他們罷免遣散。

漢武帝點頭，遣散了神仙方士。此後，漢武帝每每對群臣感歎：以前我很愚昧，被方士們欺騙，天下哪有什麼仙人呢，都是胡說八道！節制飲食、服用丹藥，只不過少害病而已。

六月，漢武帝任命田千秋擔任丞相，並且封他為富民侯。

田千秋的出現真是一個奇蹟。他的出現，為漢武帝一度昏聵、虛弱的晚年平添了些許光彩；同時，他順應漢武帝悔恨心理，提出了平反戾太子、遣散方士等重要措施。

田千秋不是科班出身，沒有太多政治素養；如果不是在那種風雨飄搖的特殊年代，他將陪伴高祖的魂魄終老一生。可見「才」不是絕對的，唯天時地利，「才」應運而生。這位平凡的守陵老人，不僅是戾太子事件平反的發起人，而且，他的出現成為漢武帝晚年自我反省的轉捩點，預示漢武帝執行多年的政策進入調整期。

田千秋由此成為漢武帝晚年提拔最快、最得信任的丞相，也是武帝一朝13位丞相中的最後一位。

征和四年（前89），時任搜粟都尉的桑弘羊等人建議，派士兵到西域輪臺（今新疆輪臺縣）屯墾戍邊。桑弘羊是漢武帝最為信任的財政大臣，他的意見深受武帝重視。但這一次，漢武帝不僅沒有採納桑弘羊的建議，還專就此事下了一道詔書，此詔因輪臺屯墾而起，史稱〈輪臺罪己詔〉。

「罪己詔」，特指皇帝承認自己有過錯的詔書，也就是皇帝的自我批評。主要內容有四點：

第一，不許輪臺屯墾戍邊；

第二，自己即位以來的許多政策給百姓帶來痛苦，內心非常追悔；

第三，今後嚴禁增加百姓負擔；

第四，採取各種措施恢復生產。

這份詔書，是中國歷史上第一份帝王罪己詔。不僅對西漢，而且對整個中國歷史，都產生了重大深遠的影響。

從此，漢武帝不再派兵出征，一心一意搞建設，殫精竭慮謀發展。〈輪臺罪己詔〉的頒布，標誌著漢武帝晚年政策發生根本性轉變。在停止連續多年的征伐的同時，將重心轉移到重視農業生產、減輕群眾負擔、恢復民力上來；傷害老百姓或浪費財物的事一概不做。這些政治上的改革，挽救了當時瀕危的局勢。所以說，漢武帝有「亡秦之過，而無亡秦之失」。

執政者「罪己」傳統在中國很早就有。《左傳·莊公十一年》記載：「禹湯罪己，其興也勃；桀紂罪人，其亡也忽焉。」但是，「禹湯罪己」的具體情況沒有保存下來；漢武帝是文獻記載中第一個用「罪己詔」進行自我批評的皇帝。後代皇帝犯了大錯，也會下「罪己詔」，公開認錯。

唯我獨尊、一言九鼎的漢武帝，居然向天下人昭告自己的「德」之過，「才」之失，甚至剖白內心——「非常追悔」，〈輪臺罪己詔〉因此蒙上了淡淡的悲劇氣氛。雖然，封建統治的「罪己」往往只是一種收買人心的手段；而普通善良的人們總是容易因悲劇而動容，為悲劇所感動。不論如何，敢於罪己，置自己過失於天下輿論之中，也可謂大智大勇。

清君側顧託得人

元封五年（前106）對匈作戰中，漢武帝重用李夫人的長兄李廣利。清人論及此事有一句名言：漢武三大將，皆緣內寵。三大將指衛青、霍去病、李廣利。李廣利官運亨通緣於，妹妹李夫人是漢武帝最寵幸的女人；但他遠沒有衛青、霍去病的軍事奇才。

征和三年（前90），匈奴大舉入侵，貳師將軍李廣利掛帥，與其餘兩位將軍，共同出兵。就是這次出兵前的一次談話，使李廣利踏上不歸之路。

出征之前，李廣利和丞相劉屈氂依依惜別，竊竊私語。李廣利希望劉屈氂幫忙做做工作，立昌邑王為太子。

昌邑王是李夫人的兒子，李廣利的外甥。而丞相劉屈氂與李廣利是兒女親家，寵辱相連。戾太子劉據死後，太子之位再次成為朝堂內外的關注焦點。如果昌邑王能當上太子，李廣利、劉屈氂都是受益者。

初，貳師之出也，丞相劉屈氂為祖道，送至渭橋。廣利曰：願君侯早請昌邑王為太子。如立為帝，君侯長何憂乎？屈氂許諾。昌邑王者，貳師將軍女弟李夫人子也。貳師女為屈氂子妻，故共欲立焉。

不料，兩人一番體己話，被旁人聽到後告發了。

大臣私下商議立太子，是大逆不道之罪。追查下去，丞相劉屈氂與夫人還有巫蠱之事。這樣，劉屈氂夫婦首先被處決。（告丞相夫人祝詛上，及與貳師共禱祠，欲令昌邑王為帝。按驗，罪至大逆不道。六月，詔載屈氂櫥車以徇。）接下來，李廣利的妻子也被逮捕。

李廣利在前線得知這一消息，急於邀功自保，率兵冒進；不料戰略失策，又發生內訌，兵敗投降。

　　大漢皇宮，金碧輝煌。龍椅上，端坐「視茫茫，眼蒼蒼」的老皇帝；太子之位卻空空蕩蕩。這是怎樣的誘惑？受舅舅李廣利慫恿，昌邑王第一個向太子位衝刺，第一個鎩羽而歸。

　　如果說昌邑王無辜，燕王旦可謂無識。漢武帝後元元年（前88），燕王劉旦突然上書武帝，要求到武帝身邊任侍衛。漢武帝何等精明，怎麼會看不出他這套把戲？一怒之下，斬殺燕王使者！既而嚴懲燕王私藏逃犯之罪，削了他三個縣的封地。燕王偷雞不成蝕把米，落荒而逃。

　　燕王的弟弟廣陵王胥，平時驕橫不法，同樣未能進入漢武帝的視野。

　　只有幼子劉弗陵和他的母親鉤弋夫人，是漢武帝晚年的最後安慰。劉弗陵身體棒，頭腦好。漢武帝喜愛非常，欲立劉弗陵為太子。（鉤弋夫人之子弗陵年數歲，形體壯大，多知，上奇愛之，心欲立焉。）

　　但是，劉弗陵再了得，也是個孩子。而漢武帝去日無多，一旦駕崩，劉弗陵必須立即當政。他能獨掌江山嗎？想當年，漢武帝做了幾年太子？從七歲到十六歲，整整九年；從一個不諳世事的孩子，成長為恩威並施的天子；劉弗陵不可能有那樣足夠的成長期。因此，必須為他找幾個輔佐朝綱的左膀右臂。漢武帝老了，不再鋒芒畢露；他現在更喜歡沉思，在他的腦海裡，身邊的大臣被一個個翻揀出來，來回掂量比較了幾遍，終於眼前一亮，找到了霍光——只有他可擔此大任。於是，漢武帝非常鄭重地賜給霍光一幅畫。畫的是什麼呢？周公背著成王朝見諸侯。

　　原來，周武王臨終時，兒子成王年幼。於是，周武王就將成王託付給他的弟弟周公姬旦。漢武帝贈送霍光這幅畫，用心良苦，就是要霍光效仿周公，輔佐少主劉弗陵。霍光千恩萬謝，卻未表白自己已經深明聖意。

　　後元二年（前87），漢武帝病危。霍光哭著問漢武帝：陛下如果不測，誰可以繼位大統？漢武帝回答：你到今天，還不理解我送你那幅畫的意思嗎？立我的小兒子劉弗陵，你當周公。霍光不是現在才明白，是不願顯得自己比皇上還聰明，故作糊塗，連連叩頭說：我不如金日磾合適。金日磾馬上說：我不是漢人，還是霍光合適。

　　後元二年正月，漢武帝下詔立幼子劉弗陵爲皇太子，霍光、金日磾、上官桀、桑弘羊、田千秋五人爲輔政大臣。

　　漢武帝下詔的第三天，溘然長辭。

　　司馬光曾在《資治通鑑》裡，毫不留情地批評漢武帝：窮奢極欲，繁刑重斂。內侈宮室，外事四夷。信惑神怪，巡遊無度。使百姓疲敝，起爲盜賊。其所以異於秦始皇者，無幾矣。

　　他認爲，漢武帝的作爲與秦始皇幾乎沒有什麼區別。但是，漢武有秦皇之失，而無秦皇之禍，原因是什麼呢？

　　誅賞嚴明，晚而改過，顧託得人，此其所以有亡秦之失而免亡秦之禍乎。

　　司馬光認爲，「誅賞嚴明，晚而改過，顧託得人」是漢武帝能避免秦亡覆轍的三大原因。

　　漢武帝的「誅賞嚴明」，表現得非常充分。尤其是巫蠱事件，他先逼殺皇太子、皇太孫，甚至連接受太子節令而未採取任何行動的任安也殺，放太子出城門的田仁也殺。但是，平反冤案之時，再將誣告太子、逼殺太子的人全部殺掉。田千秋因爲上書得體，連續提拔，很快當上丞相，封富民侯。

　　但是，以我所見，「誅賞嚴明」自然是武帝值得褒揚之事，但武帝晚年最值得稱道的是「晚而改過」與「顧託得人」。

　　關於「晚而改過」，指武帝以〈輪臺罪己詔〉爲綱領，改革各種弊政。「晚而改過」使長期戰爭狀態下的非正常政策得到調

整，百姓得以休養生息；大大緩和了社會矛盾，保證了國家穩定。

「顧託得人」指讓霍光等五人輔佐幼主劉弗陵。這是漢武帝晚年最耐人尋味的大手筆。

漢武帝在立幼子劉弗陵爲皇太子這一問題上，面臨兩大考驗：

一是劉弗陵的三個哥哥

漢武帝一共有六個兒子：劉據、劉閎、劉旦、劉胥、劉髆、劉弗陵。

長子劉據七歲被立爲太子，後因巫蠱事件被殺，他的三子一女也被殺害，只留下嫡長孫劉詢。次子劉閎，被封爲齊王八年後夭折。昌邑王髆短命，死於漢武帝病故之前。

劉弗陵是幼子，漢武帝立他爲皇太子之時，他還有兩個兄長：燕王旦，廣陵王胥。燕王、廣陵王平日驕橫不法，漢武帝絕不能將江山交給這種不肖子。但是，以他們的劣根性，在武帝百年之後會不會製造麻煩呢？漢武帝不能不考慮啊！

二是劉弗陵的母親鉤弋夫人

據《史記‧外戚世家》中褚少孫的補傳記載：

漢武帝確定立劉弗陵爲太子後，就決心除掉鉤弋夫人。

漢武帝嚴厲斥責鉤弋夫人，鉤弋夫人嚇得脫下首飾，叩頭認罪。漢武帝毫不手軟，立即把鉤弋夫人押送宮廷獄中！這位年輕的寵妃，當年緊握玉鉤出現在年邁的漢武帝面前，有如神話。而今，被拖出宮門仍不停地回頭哀求。漢武帝聲色俱厲：你必須死！

爲什麼一定要除掉鉤弋夫人呢？漢武帝有自己的解釋。

鉤弋夫人死後，有一天，漢武帝閒來無事，問左右侍從：大家對處死鉤弋夫人有什麼看法啊？侍從大著膽子說：馬上要立她的兒

子當太子了，爲什麼還要處死她呢？

漢武帝說：你們這些俗人不明白啊。歷史上國家內亂，起因往往是皇上年少，母親盛年。年輕的太后獨居深宮，寂寞驕奢，淫亂之事難免發生，又沒有人管得了，因爲她是寡居的皇太后。你們沒有聽說過呂后的事嗎？

因此，武帝晚年，所有爲他生過孩子的妃嬪，無論生男生女，全部賜死。

這就是漢武帝的「殺母存子」之法。對於年輕無辜的鉤弋夫人，實在是太無辜、太殘酷；但是，對於即將走入墳墓的漢武帝，不能不說是防患於未然。畢竟，漢代帝王，呂后實在是一個難以擺脫的噩夢。何況鉤弋夫人實在年輕，立爲皇太子時，劉弗陵才八歲，鉤弋夫人不過二十來歲，讓如此青春的皇太后守寡終生，有悖人的本性，會不會鬧出緋聞，惹出事端，實在難料。

漢武帝的識人之明，舉世公認。在「巫蠱之禍」中，他犯了大錯，也吸取了教訓。劉弗陵的哥哥們驕橫不法，絕對不能立爲皇太子。而選擇幼子劉弗陵，雖有無奈之意，也是英明之舉。

不過，漢武帝只說了原因之一，還有一點他沒有講：殺死鉤弋夫人，提前爲霍光輔政掃清障礙。

漢武帝爲什麼選擇霍光擔任首席顧命大臣？霍光是霍去病同父異母的弟弟，十幾歲就入宮，二十多年中，從未出過任何差錯，其謹愼小心無人可比。但是，霍光是臣不是君，必須給他創造一個風調雨順的政治環境。只要鉤弋夫人在，霍光的執政能力將大打折扣。因爲，鉤弋夫人是漢昭帝劉弗陵的母后，皇太后的地位、權威，次於小皇帝劉弗陵，而高於顧命大臣霍光。這樣，她就會成爲漢武帝下世之後的又一個政治中心。

鉤弋夫人如果干政，秉公執政的霍光將會與鉤弋夫人成爲政敵；即使鉤弋夫人不干政，反對霍光的勢力也會聯合鉤弋夫人，打

著太后的旗幟作亂宮廷。無論哪一種情況出現，都會使霍光束手束
腳，寸步難行。

　　後來的歷史證明：漢武帝誅殺鉤弋夫人固然殘酷，但對於維護
漢代政權，也是必要的。

【武帝功過】

36.千秋功過：

文治與武功　誰與評說

　　煌煌大漢，巍巍朝堂，金戈鐵馬，紅粉過客，漢武帝神秘複雜的一生塵埃落定。死者長已矣，後人卻爭議不休。譽之者眾，毀之者亦多。宋朝司馬光《資治通鑑》的評判毫不留情：「窮奢極欲，繁刑重斂。內侈宮室，外事四夷。信惑神怪，巡遊無度。」當代史家翦伯贊的品評則妙趣橫生：「漢武帝是一位較活潑、較天真、重感情的人物。……用劍猶如用情，用情猶如用兵。」那麼，當朝太史公司馬遷，怎樣評價頂頭上司的功過是非？我們今天又該如何看待司馬遷的褒揚指斥呢？

曠代武功

漢武帝是第一個奠定中國遼闊疆域的皇帝

　　千古一帝秦始皇統一六國，建立了秦王朝。但是，以秦帝國的版圖之遼闊，不過是漢武帝時代版圖的二分之一。

　　漢武帝對匈奴用兵44年，如此大事武功，在中國歷代帝王中，前無古人，後無來者。

　　建元元年（前140），武帝執政。其時匈奴氣焰囂張，西域神秘莫測。

　　漢武帝絕不能忍受乃父乃祖的「和親外交」，忍氣吞聲，靠女人、珠寶，換取短暫和平。他有足夠的財力和人力，持久的雄心和野心，去征服、去開拓。

　　漢武帝即位第二年（建元二年，前139），選送張騫出使大月氏，希望借此形成反擊匈奴的戰略聯盟，壓縮匈奴的生存空間，實現對匈奴的戰略包圍。年僅17歲的帝王竟有如此眼光，歷朝歷皇，誰可比擬？張騫出使西域，開闢了千古絲綢之路，促進了東西方經濟與文化的交流；中原漢族政權力量延伸到了今天新疆以西。

　　即位第八年（元光二年，前133），漢武帝第一次運籌帷幄征戰匈奴，卻未能決勝千里，馬邑之戰失利。但是，短暫的失利，絲毫不能影響24歲天子的征戰豪情，反而促使漢武帝破釜沉舟，毅然拋棄漢王朝施行近七十年的和親國策，全力出擊匈奴！變和平體制為戰爭體制，棄祖宗制度啓現實制度。縱然毀譽參半，但其間的勇氣和魄力，令人歎為觀止！

　　漢武帝曾在一篇求賢〈詔〉中說：蓋有非常之功，必待非常之人。這篇躊躇滿志、殷勤懇切的求賢〈詔〉，收錄在蕭統《文選》中，千百年來，英雄傳誦，志士吟詠。當年漢武帝以此「廣延天下人才」，今日反觀漢武帝一生功過，此語更是恰如其分！漢武帝之所以立下非常之功，皆因他就是非常之人！

　　《史記‧衛將軍驃騎列傳》記載漢武帝曾打算親自教霍去病兵法（天子嘗欲教之《孫吳兵法》），霍去病雖未學，但可見漢武帝深通兵法，這是他成為卓越的戰略軍事家的基礎。

　　論及漢武帝一朝的軍事戰役，人們往往言必稱衛青、霍去病、李廣，沒有人注意到璀璨四射的將星、帥才背後，遠在廟堂之上，那位足以與西方亞歷山大、凱撒、拿破崙相匹敵的最高統帥──漢武帝。

　　當年，漢武帝決意改變祖制、對匈開戰，韓安國、汲黯等前朝老臣，公孫弘、主父偃等當朝新銳，紛紛高唱反調。群臣應者寥寥，首戰無功而返，年輕的總指揮卻巋然不動。此後，河南之

戰、漠南之戰、漠北之戰，對匈奴作戰的三大重要戰役，都由漢武帝親自決策部署、選將調兵。至於具體的用兵時間、出兵地點、兵力部署、攻擊方向，漢武帝都事無鉅細，總攬無遺。

與此同時，漢武帝又劍指東方、南方、東南方、東北方，使漢朝的勢力到達今天西方的中亞，西南的雲貴川，東北的黑吉遼，南方的海南與福建，勾勒出了現代中國版圖的基本框架。

這是一次真正意義上的大國崛起。

但44年曠日持久的征戰殺伐，畢竟勞民傷財。對於漢武帝的軍事外交戰略，司馬遷也非常矛盾。《史記‧匈奴列傳》是中國歷史上第一篇少數民族史，司馬遷給匈奴立傳，把匈奴看作炎黃子孫之一，表達了他對這場戰爭的性質定位：這是中華民族內部的一場悲劇，戰爭使雙方付出了極高的代價。

雖然當時的漢帝國，還無法形成統一的多民族背景，兩個民族最好的辦法也應該是和平相處。可惜，到了漢武帝時代，和親政策已走入絕路，不得已而對匈用兵，司馬遷對此是理解的；而戰線越拉越長，漢武帝偶有任人失當，司馬遷也是痛心疾首。

為了寵幸李夫人，漢武帝任命李廣利為貳師將軍，率領數萬人出征，討伐大宛，不過豔羨其汗血寶馬。結果，打了兩年，軍隊損失十分之八。如此輕率，可謂草菅人命！

欲侯寵姬李氏，拜李廣利為貳師將軍。發屬國六千騎，及郡國惡少年數萬人，以往伐宛。期至貳師城，取善馬，故號貳師將軍。

時間是撫平創痛的良藥。和平年代，人心思定，我們早已無法體察戰爭帶來的切膚之痛；所以，今人的評價理智多於感情。而兩千多年前，司馬遷與天下百姓一道，親歷家園變廢墟，忍看朋輩成新鬼；一代史家的良心，使司馬遷不可能面對戰爭之害無動於衷，必然會對漢武帝連年征戰，導致民生凋敝有所批評。

千古文治

漢武帝是第一個用儒家學說統一中國思想文化的皇帝

一統江山容易，聚攏人心困難。秦皇漢武深解其中三昧。秦始皇「焚書坑儒」，漢武帝則「獨尊儒術」。

竇太后去世前，漢武帝就暗度陳倉，設立五經博士，為尊儒打基礎。即位之初，漢武帝迫不及待，舉國推選賢良方正直言敢諫。一位寂寞書生董仲舒，憑〈天人三策〉，石破天驚，脫穎而出。從此，本為民間一家的儒學被指定為官方思想，與政治、皇權緊密相連。

據此，漢武帝創建太學、鄉學，設立舉賢制度，形成了中國獨特的文官制度。秦代至漢初，選拔人才用的是軍功爵制；到了漢武帝時代，逐漸轉變為察舉徵辟制，從根本上解決了大漢人才匱乏的局面。

文景崇黃老，寬厚無為，垂拱而治；漢武帝則一反祖宗定法，尊儒術以約束官吏，效法家而嚴懲貪官，王道霸道，交錯為用。而其中尊儒興教，首立太學，尤予後世以至深影響。倘非此舉，儒家學說何以成「教」？倘非此舉，華夏文明何以存續？倘非此舉，學而優則仕何以體現？

然而，後世不乏對〈天人三策〉、對「獨尊儒術」深惡痛絕者，他們的批評並非毫無道理。

儒家對中國政治：「獨尊儒術」將政治倫理化、倫理政治化，迷信道德至上、教化萬能，力圖建設一種道德自律型的政治。這種重自律輕他律的思路，必然導致強權至上、個人專制。曾經的天朝上國，就這樣一次次與民主政治失之交臂。中國封建社會幾千年，始終無法走出「人治」的泥潭，擺脫因人興廢的歷史慣性。

儒家對民眾心理：且不論到了宋明理學，儒家學說走向極端。單就君君臣臣父父子子夫夫妻妻，中國人就不得不在錯綜複雜的人際關係中，扮演好自己的道德角色。如此，權力崇拜、君尊民卑、官貴民賤、奴性心理年深日久，「救世主」和「清官」情結愈加濃厚，甚至反過來成為昏君和貪官孳生的土壤。

儒家對人才素質：窮則獨善其身，達則兼濟天下。儒家把「道德」作為衡量人才和錄用官員的決定性條件，將「從政」作為實現人生價值的唯一途徑。然而，能有幸為官的是極少數，得明君而施展抱負者，更是十無一二。絕大多數士人鬱鬱終生。名為知人善用，多少人為之貽誤終身。

漢武帝時代，對應內在的儒家統治思想，就是中央集權體制。秦始皇首創了中央集權的政治體制；但是，秦朝短命，未能設計一整套執政方針。西漢王朝，到了漢武帝，徹底肅清了諸侯王分裂勢力，鞏固了中央政權。

對此，司馬遷擊節稱道！〈淮南衡山列傳〉中，太史公曰：

淮南衡山，親為骨肉，疆土千里，列為諸侯。不務遵蕃臣職以承輔天子，而專挾邪僻之計謀為畔逆，仍父子再亡國，各不終其身，為天下笑。

元鼎五年（前112），漢武帝又以諸侯酎金（祭祀太廟時諸侯助祭的獻金）成色不足為由，一次削去106名諸侯的爵位，至此，高祖劉邦所封諸侯王，削捋殆盡。

秦行郡縣，不王不藩，是真正社會政治學意義上的封建體制。劉邦建漢，首封異姓諸王，後封同姓諸王。從政治體制的發展著眼，無疑是一種社會的倒退。繼而，呂后大封諸呂，終釀禍亂。因此，直到景帝朝，乃有吳楚七國之亂。而漢武帝採納主父偃建議，令諸王推恩以封子弟，大力削藩，平淮南、衡山二王之反，奪列侯一百零六人之爵。漢武帝上接秦始皇，行郡縣以推行

國家政令，此後兩漢四百年，雖有外戚、黨錮之禍，但無藩鎮之患。

之後，晉又封藩，乃有八王之亂。唐初鑒於前轍，王而不藩，安史之亂後，肅宗又大事封藩，終以藩鎮割據，斷送唐朝。宋仿唐初，王而不藩，故兩宋無藩鎮之禍。明太祖立國，復大封諸王領藩地，終有燕王朱棣靖康之役，贛王朱辰濠之叛亂。明世宗以藩王入承大統，追贈生父，鬧成著名的大議禮，隨之明亡。清朝力懲前失，王而不藩，定制親王不出國門，故有清一代未有藩禍。

由此可見，古來帝王，由秦始皇至清代宣統，正統偏安者共二百餘人，真正懂得國家政體並善以此治國者，不過秦皇、漢武、宋太祖、清聖祖四人而已。

不僅如此，漢武帝在強化中央集權上多方探索，利用酷吏打擊權貴即其大手筆之一。

打擊不法豪強與貪官污吏，勢在必行。但是，酷吏政治走到極端，難免會帶來各種後遺症。

酷吏王溫舒，嗜血成性，殺人為樂。漢代處決犯人，以十二月為限。春天到來，不能再殺人了，王溫舒迎風感慨：如果讓冬天再長一個月，我的事（處決犯人）就辦完了！（會春，溫舒頓足歎曰：嗟乎！令冬月益展一月，足吾事矣！）

司馬遷對此直言不諱：其好殺伐行威不愛人如此，天子聞之，以為能，遷為中尉。

漢武帝稱讚這樣的殺人魔王，提拔他擔任中尉，賜予更多的生殺大權。慘遭宮刑、深受酷吏之苦的司馬遷，能不有非議嗎？

大司農顏異與張湯意見不合，張湯竟然以「腹誹」罪名殺了顏異。什麼叫「腹誹」？就是肚子裡有意見。這較之一千多年以後，秦檜構陷岳飛的「莫須有」之罪，一樣的荒誕，一樣的恐怖！

告異以它議事，下張湯治異。異與客語，客語：初令下，有不便者，異不應微反唇。湯奏異：當九卿，見令不便，不入言而腹誹，論死。自是之後，有腹誹之法。以此，而公卿大夫多諂諛取容矣。

毀譽參半

漢武帝是第一個用「罪己詔」進行自我批評的皇帝

敢於罪己，置自己過失於天下輿論中心，漢武帝無疑是第一人！至此，後代皇帝犯了大錯，也會下「罪己詔」，公開認錯，展示明君姿態。

當然，封建執政者的「罪己」往往有收買人心之嫌，但總有一定的積極作用。漢武帝首開「罪己」先河，錯而能改、愛憎分明。從中，我們似乎可以一窺這位大漢霸主複雜的內心世界。

直言敢諫的汲黯曾批評漢武帝：皇上殺人太多，即使平日信任的人，也不予寬恕，這樣搞下去，天下人才早晚都會被殺光。漢武帝不為所動，漠然一笑：何世無才，只是人主沒有識得人才的慧眼，如果能夠辨明人才，何必擔心天下無才？（上招延士大夫，常如不足。然性嚴峻，群臣雖素所愛信者，或小有犯法，或欺罔，輒按誅之，無所寬假。汲黯諫曰：陛下求賢甚勞，未盡其用，輒已殺之。以有限之士，恣無已之誅，臣恐天下賢才將盡，陛下誰與共為治乎？黯言之甚怒。上笑而諭之曰：何世無才？患人不能識之耳。苟能識之，何患無人？夫所謂才者，猶有用之器也，有才而不肯盡用。與無才同，不殺何施？）

就是這樣一位視人才如草芥的漢武帝，一方面又極端地愛才、惜才。

封建專制體制下，人才使用有兩大陋習：一是任人唯親，只用

自己熟悉親信的人；二是論資排輩，必須按「三十九級台階」，一級一級往上爬，不能「亂」了規矩。而漢武帝一不會因言廢人：只要有才華，主父偃持不同政見，漢武帝照樣求賢若渴；二是敢於破格提拔：因為有能力，衛青家奴出身，漢武帝依然破格提拔。

不僅如此，漢武帝甚至擯棄正統、容納異類，慧眼發現東方朔，將莊嚴的朝堂變成一個充滿溫情和快樂的休息室，君臣之間宛如玩伴；同時，他不以狎褻而喪失原則，對東方朔的諍言擊節讚歎，言聽計從。

他初讀〈子虛賦〉，即大為傾慕；得見作者司馬相如，如獲至寶，讓他享受與自己同等的寫作待遇。能識人、能容人、能用人，漢武帝千古無二。秦始皇、漢高祖視文人為腐儒，唐太宗、清高宗或能知人，終究雅量闕如。

而他生平中最大的錯誤之一，就是閹割了中國歷史上最偉大的史家──司馬遷。漢武帝因此備受誤解和爭議。

司馬遷在《史記》中對他有褒有貶，班固的《漢書·武帝紀》對他的文治大加讚揚：

班固贊曰：孝武初立，卓然罷黜百家，表章六經，遂疇咨海內，舉其俊茂，與之立功。興太學，修郊祀，改正朔，定曆數，協音律，作詩樂，建封禪，禮百神，紹周後，號令文章，煥然可述，後嗣得遵洪業，而有三代之風。如武帝之雄材大略，不改文景之恭儉以濟斯民，雖詩書所稱，何有加焉。

班固絕口不提漢武帝的武功，表明對漢武帝的武功是有保留的。

到了司馬光的《資治通鑑》，也是批評、表揚兼而有之：

臣光曰：孝武窮奢極欲，繁刑重斂，內侈宮室，外事四夷。信惑神怪，巡遊無度。使百姓疲敝起為盜賊，其所以異於秦始皇者無幾矣。然秦以之亡，漢以之興者，孝武能尊先王之道，知所統

守，受忠直之言。惡人欺蔽，好賢不倦，誅賞嚴明。晚而改過，顧託得人。此其所以有亡秦之失而免亡秦之禍乎？

為什麼人們對漢武帝的評價分歧如此之大呢？

首先，漢武帝是一個非常多面的人。他是一個政治家，非常有政治頭腦；但又是一個普通人，喜怒哀樂俱備。他是一位明君，深知自己的歷史責任；但他又是一位暴君，殺伐任性；他既立下蓋世之功，又給天下蒼生帶來巨大災難；他寵愛他喜歡的女人，可是，他不僅移情別戀，還為了江山，殺掉了自己最寵幸的女人。他絕頂聰明，又異常糊塗；為了傳說中的寶馬，居然不惜犧牲數萬人的生命。當更近地走近他時，我們會發現，在這些對立的角色中，他不是簡單地非此即彼。兩難之地、非常之時，他也會猶豫不定，甚至異常痛苦；同樣有普通人的歡喜和哀愁、小氣和算計、失眠和焦慮。在他果決、自信、大氣的外表下，有一顆惶惑、敏感的心。總之，他就像一個專業演員，對每個角色都有自己最精彩的演繹：本色鮮明、盡職到位。或許在很多時候，他的角色並不討巧，甚至令人厭惡，但是，他的演出是精彩的，他演出了他的「這一個」。然而，我們在對他蓋棺論定時，往往流於偏激，說好時千古一人；說壞時罄竹難書。這樣，分歧就在所難免了。

我們無法使用單一的標準評價任何人。人性本就複雜，更何況封建帝王！或許他的好發自本心，也可能是籠絡人心的手段；或許他的壞是皇權使然，不得已而為之，也可能是天性如此，薄情寡恩。因此，既然我們無法剝離他身上的帝王枷鎖，我們的評價，就只能在他的帝王與凡人兩種身分之間游移。當年天真無邪的「彘兒」，如何蛻變成一個既可愛又可怕的皇帝？怎麼可能一言蔽之、一書盡之？

正所謂：

天風浩蕩，瀚海闌干，金戈鐵馬，萬死千傷，俱往矣；

　　長城巍然，絲路悠長，大賦煌煌，美人淒涼，俱往矣；

　　唇槍舌劍，縱橫捭闔，君臣相傾，千秋家國，俱往矣；

　　威加四海，功震八荒，千載以往，意氣飛揚，俱往矣。

　　唯有孤星冷月，晨鐘暮鼓，青燈黃卷，村社戲場，在年年評說，歲歲興歎。

後 記

　　《王立群讀〈史記〉》的漢武帝部分終於出版了，這是我自2006年在「百家講壇」開講以來出的第一本書。

　　「讀《史記》」何以從漢武帝讀起？

　　《史記》共130篇，其中112篇是人物傳記；「百家講壇」是電視講座節目，二者共同決定了我的讀《史記》只能是以講人物為主。但是，《史記》中的人物非常繁雜，大體集中於春秋戰國、西漢開國、漢武帝三個時期。就漢代部分而言，西漢開國，有易中天教授的「漢代風雲人物」系列，我去年也已經講過項羽、呂后。因此，《史記》中的西漢中期人物就成為我此次「讀《史記》」的首選。

　　西漢中期，人才輩出。如果一個一個人物單獨開講，勢必支離破碎，缺乏相互照應。因此，我有必要採取一個妥當的辦法，這就是選擇此期的一個重要人物，以他的一生為線索，將其他人物穿插其中。而這個中心人物非漢武帝莫屬。

　　這就有了本書的「武帝繼位」、「武帝軍威」、「武帝朝堂」等若干單元。這些單元的取捨，頗費周折，而且，難免失衡。我只能盡其所能，保持一個相對的均衡。

　　本書所述人物以外，武帝朝還有些人物非常重要，但是，不得不捨，如桑弘羊。他是漢武帝一朝經濟政策的主要制訂者，但《史記》無傳。再如蘇武，《史記》也無傳，我既是「讀《史記》」，為名正言順計，只有忍痛割愛。

　　也有些人物，《史記》寫得過於簡潔，彷彿流水帳，寥寥幾句，某年某月某事而已，缺乏細節，人物形象難以確立，當然不適合在電視上講，只能捨棄。

　　因此，本書名爲「讀《史記》之漢武帝」，並非備述武帝一朝的所有人物，只是扼要地介紹了武帝一朝的一些主要人物，爲讀者進一步閱讀《史記》原文掃清一些障礙而已。

　　大家或許還會疑慮，《史記》中的〈今上本紀〉（〈武帝本紀〉）早已佚失，「讀《史記》」何以還從漢武帝入手？

　　《史記》中〈今上本紀〉確實早已佚失，但是，〈今上本紀〉佚失了，不等於漢武帝不能講，也不等於我不能從漢武帝入手講《史記》。因爲，我所講的「漢武帝」，是從《史記》其他傳記中抓取、提煉、重塑的一個漢武帝。

　　事實上，司馬遷在《史記》武帝一朝的所有人物傳記中都寫到了漢武帝，我們很容易發現諸多朝臣、眾多嬪妃的背後都站著一個血肉豐滿，令人愛恨交織的漢武帝。所以，相對於本紀而言，閱讀以列傳爲主的史料，反倒使我們可以看到一個更爲眞實的漢武帝。

　　同理，「讀《史記》」雖然理所當然以《史記》爲主，但是，必須兼及《漢書》、《資治通鑑》、《漢紀》等史料。這是研究歷史的常識。

　　歷史上曾經眞實發生過的一切我們只能稱之爲第一歷史，而第一歷史是永遠無法再現的，一旦過去，就永遠消失了。史學家們記載下來的歷史我們稱之爲第二歷史，第二歷史是對第一歷史的再現。第二歷史由於史學家本人的觀點、立場、視角不同，即使是同一歷史事件，記述得也往往很不相同。

　　比如司馬相如赴卓王孫之宴請，《史記・司馬相如傳》的記述是：「相如不得已強往」；《漢書・司馬相如傳》的記載是：

「相如爲不得已而強往」。這一「爲」字深刻地揭露了司馬相如極想去赴宴而又故作姿態的心理，實在是妙不可言。如果沒有《漢書》的記載，我們對司馬相如的作秀可能還看得不那麼深刻，由於有了《漢書》的記載，我們才可以更深刻地解讀司馬相如「琴挑文君」的眞相。

因此，廣泛占有第二歷史的資料是我們盡可能眞實地還原第一歷史的關鍵。

這裡的資料還不僅僅是指史學文獻，相關的文獻資料也必須充分占有。我們還以〈琴挑文君〉爲例。

最早提出司馬相如劫財的是特別仰慕司馬相如的西漢著名作家揚雄，他的〈解嘲〉一文中說：「司馬長卿，竊貲於卓氏。」揚雄此文名氣極大，又收在《昭明文選》之中，古代哪個「文化人」沒有讀過《昭明文選》？北朝顏之推《顏氏家訓·文章》說：「司馬長卿，竊貲無操。」唐人司馬貞《史記索隱》說：「相如縱誕，竊貲卓氏。」司馬貞的《索隱》是《史記》「三家注」之一，讀《史記》者又有誰不讀《史記索隱》？因此，我提出司馬相如劫財，只不過是對古人的定評作了論證。

至於「百家講壇」主講人講的歷史，則是第三歷史，是主講人心中理解的歷史，同樣甚至更多地需要在廣泛占有資料的前提下進行綜合研究，得出自己的看法，再透過通俗的講述，讓聽眾了解一個王朝，一段歷史。

漢武一代，輝煌威武，值得講述的人和事很多很多，本書因受種種條件限制，不可能盡現，是爲遺憾，亦爲必然。

借此機會，向全國廣大觀眾，向「百家講壇」，向長江文藝出版社，向爲本書審稿的原「中國秦漢史研究會」副會長、著名歷史學家、河南大學教授朱紹侯先生表示衷心的感謝，向「中國《史記》研究會」常務副會長張大可教授，「中國《史記》研究會」副

會長趙生群教授、俞樟華教授，河南大學鞏留柱教授等表示誠摯的謝意。

我的博士生郭寶軍、劉九偉、張自然，碩士生侯冬梅、胡曉傑、段黎、王曉陽，參與了本書最後的製表、文獻覆核等工作，在此一併答謝。

王立群

2007年4月5日於河南大學

國家圖書館出版品預行編目資料

漢武帝：王立群讀《史記》/
王立群著 . 初版 . 臺北市 . 聯經 . 2008
（民 97），376 面；14.8×21 公分 .

ISBN　978-957-08-3281-5（平裝）

1.漢武帝　2.傳記

622.1　　　　　　　　　　　97009017

聯 經 出 版 事 業 公 司

信 用 卡 訂 購 單

信 用 卡 號：☐VISA CARD ☐MASTER CARD ☐聯合信用卡

訂 購 人 姓 名：_____

訂 購 日 期：_____年_____月_____日　(卡片後三碼)

信 用 卡 號：_____ _____ _____ _____

信 用 卡 簽 名：_____(與信用卡上簽名同)

信用卡有效期限：_____年_____月

聯 絡 電 話：日(O)：_____夜(H)：_____

聯 絡 地 址：☐☐☐ _____

_____

訂 購 金 額：新台幣 _____元整

（訂購金額 500 元以下,請加付掛號郵資 50 元）

資 訊 來 源：☐網路　　☐報紙　　☐電台　　☐DM　☐朋友介紹
　　　　　　☐其他 _____

發　　　　票：☐二聯式　　　☐三聯式

發 票 抬 頭：_____

統 一 編 號：_____

※ 如收件人或收件地址不同時，請填：

收 件 人 姓 名：_____ ☐先生　☐小姐

收 件 人 地 址：_____

收 件 人 電 話：日(O) _____夜(H) _____

※茲訂購下列書種,帳款由本人信用卡帳戶支付

書　　　　　　　　名	數量	單價	合　　計
	總　　計		

訂購辦法填妥後

1. 直接傳真 FAX(02)27493734
2. 寄台北市忠孝東路四段 561 號 1 樓
3. 本人親筆簽名並附上卡片後三碼(95 年 8 月 1 日正式實施)

電 話：(02)27683708

聯絡人:王淑蕙小姐(約需 7 個工作天)